Der Engländer Mark Shand ist ein Weltbürger. Die Schulzeit verbrachte er in Großbritannien. Dann zog es ihn nach Australien, wo er als Viehtreiber arbeitete. Nach seiner Rückkehr ging er in London als Kunstexperte zu »Sotheby's«, von da aus in den amerikanischen Kunsthandel. Zwischendurch nahm er am Motorbootrennen von London nach Sydney teil. Nur knapp überlebte er einen Schiffbruch im Südpazifik, waghalsige Expeditionen führten ihn ins Innere von Indonesien. Mit Don McCullin zusammen schrieb er das Buch »Skulduggery«, eine Geschichte über Menschenfresser in Indonesien. Sein Leben verbringt er, wenn er nicht gerade auf einem Elefanten durch Indien reitet, zwischen London und seinem Haus auf Bali.

Mark Shand

Auch Elefanten weinen

Auf einem Dickhäuter
durch Indien

Aus dem Englischen von
Julia Edenhofer

Frederking & Thaler

Für Clio und Tara,
meine Kleine und meine Große,
die ich beide sehr liebe.

Die Deutsche Bibliothek – CIP-Einheitsaufnahme
Shand, Mark:
Auch Elefanten weinen: auf einem Dickhäuter durch Indien /
Mark Shand. [Übers. aus dem Engl. von Julia Edenhofer.] –
München: Frederking und Thaler, 1992
  (Reiseabenteuer)
  ISBN 3-89405-311-9

REISEABENTEUER
herausgegeben von Monika Thaler

© 1992 Frederking & Thaler GmbH, München
Alle Rechte vorbehalten
© 1991 by Mark Shand
Originaltitel: Travels on my Elephant,
erschienen bei Jonathan Cape, London
Aus dem Englischen von Julia Edenhofer
Fotos: Aditya Patankar
Titelgestaltung: Tinka Schlotterer, Frank Duffek
Lektorat und Anhang: Rosemarie Altmann
Herstellung: Tillmann Roeder
Fotosatz: Uhl + Massopust, Aalen
Druck und Bindung: Presse-Druck Augsburg
ISBN: 3-89405-311-9

Inhalt

Prolog

»Habe ich richtig verstanden, daß du einen Elefanten kaufen willst?« drang die Stimme aus Neu-Delhi durch das Telefon an mein Ohr in London. Sogar durch das Zischen und statische Rauschen der Fernverbindung war die Besorgnis in dieser Stimme unüberhörbar.

»Ja«, antwortete ich.

Ich war wieder unruhig und hatte Fernweh. Als ich das letzte Mal unruhig gewesen war, endete es damit, daß ich in Indonesien von Kannibalen verfolgt wurde. Dieses Mal hatte ich mich für eine gemächliche, ruhige Reise durch Indien auf dem Rücken eines Elefanten entschlossen. Die Idee dazu war durch eine Zeichnung entstanden, die ich entdeckte, als ich das Haus meiner Großmutter nach ihrem Tod ausräumte. Die Zeichnung zeigte einen wütenden Elefantenbullen, der gerade dabei war, einen kleinen indischen Mahout, einen Elefantenführer, zu zertrampeln. Ich nahm die Zeichnung mit und vergaß sie – zumindest glaubte ich das.

Ein paar Tage danach schlug ich ein Buch über Indien auf. Von der ersten Seite blickte mich ein freundlicher, backenbärtiger Gentleman an, der einen flotten, federgeschmückten Hut trug und elegant rittlings auf einem Elefanten thronte. Das war Tom Coryat, ein exzentrischer Engländer, der 1916 für zwei Pence am Tag Indien durchquerte. Nachdem er den Hof des großen Mogul-Kaisers Jahangir erreicht hatte, schrieb er nieder: »Bis zu diesem Hof bin ich auf dem Rücken eines Elefanten geritten und ich habe beschlossen, daß eines Tages (mit Gottes Hilfe) in meinem nächsten Buch mein Bild, wie ich auf einem Elefanten sitze, abgedruckt wird.« Jetzt ließ mich der Gedanke nicht mehr los. Mit oder ohne Gottes Hilfe war ich wild dazu entschlossen, dafür zu sorgen, daß mein Bild, wie ich auf einem Elefanten sitze, auch in meinem nächsten Buch abgedruckt wird.

Sofort ging ich in eine Bibliothek, wo ich ein paar Klassiker über Elefanten las. Aus den Notizbüchern Leonardo da Vincis erhielt ich grundlegende Informationen:

Der große Elefant hat von Natur aus Qualitäten, die bei den Menschen selten sind, wie Aufrichtigkeit, Klugheit und Sinn für Gerechtigkeit. Sie sind von sanftem Wesen und erkennen jede Gefahr. Wenn einer von ihnen einen Menschen trifft, der sich verirrt hat, bringt er ihn friedlich wieder auf den richtigen Weg zurück. Ein Elefant ist so friedfertig, daß seine Natur es ihm nicht erlaubt, willentlich eine Kreatur zu verletzen, die schwächer ist als er. Wenn er zufällig einer Vieh- oder Schafherde begegnet, schiebt er sie mit seinem Rüssel zur Seite, um zu vermeiden, daß er sie mit seinen Beinen niedertrampelt; und er verletzt niemals andere Wesen, außer er wird dazu provoziert. Elefanten haben große Furcht vor quiekenden Schweinen und tummeln sich gerne in Flüssen. Sie hassen Ratten. Fliegen werden gerne von ihrem Geruch angezogen und wenn sie sich auf ihren Hinterteilen niederlassen, runzeln die Elefanten einfach ihre Haut, kneifen so ihre tiefen Falten zusammen und töten damit die Fliegen.

Was konnte also schiefgehen? Ich schien mir den besten und nützlichsten Reisegefährten ausgesucht zu haben. Also rief ich einen Freund in Neu-Delhi an. »Ja, ich möchte einen Elefanten kaufen«, teilte ich ihm mit, als ob das der normalste Wunsch der Welt wäre.

»Du mußt verrückt sein«, hörte ich seine Stimme. »Aber wenn du unbedingt willst, glaube ich, daß es machbar ist. Indien ist voll von Elefanten, aber was willst du damit machen, wenn du wieder abfährst? Ich glaube nicht, daß deine Eltern in Sussex über einen Elefanten sehr erfreut wären. Denk nur an ihren wunderschönen Garten. Warum mietest du dir nicht einfach einen Elefanten?«

»Einen mieten?« rief ich. »Das ist doch kein Auto!«

»Ist schon gut, ich werde sehen, was ich für dich tun kann.«

Ich konnte die Resignation in seiner Stimme hören. »Ich schlage vor, daß du inzwischen mit Pepita Verbindung aufnimmst. Ich glaube, daß sie einen Elefanten hat.«

»Vielen, vielen Dank. Wiedersehen.«

»Mark«, hielt er mich lautstark zurück. »Nur noch eine Frage: »Wie gedenkst du darauf zu reisen?«

»Nun, also, hm . . . tja«, stotterte ich schwächlich. »Um ehrlich zu sein, darüber habe ich noch nicht richtig nachgedacht.«

Tatsächlich hatte ich darüber noch nicht nachgedacht. Ich stellte mir einfach vor, daß ich an Bord klettern und losreiten würde.

Pepita Seth ist eine unkonventionelle Engländerin, die mit einem der besten indischen Schauspieler verheiratet ist. Sie ist eine professionelle und sehr talentierte Photographin und hat zehn Jahre in Kerala verbracht und die religiösen Rituale des südlichen Indiens dokumentiert. Damals begann ihre Begeisterung für Elefanten, die die Zeremonien und Festlichkeiten von Kerala ungemein bereichern. Jetzt lebt sie in Delhi. Ich fragte schriftlich bei ihr an, ob ich ihren Elefanten kaufen könnte. Pepita antwortete postwendend. Auf ihrem Briefkopf stand »Vereinigung der Elefantenbesitzer«, was sicherlich der exklusivste Club der ganzen Welt ist. Nein, ich könnte ihren Elefanten nicht kaufen, schrieb sie entrüstet. »Aber ich weiß, wo du einen bekommen kannst. Die Sonepur Mela in Bihar ist der größte Tiermarkt der Welt. Seit Jahrhunderten werden dort Elefanten, Vieh und Pferde verkauft. Ich bin vor drei Jahren dort gewesen und habe an die dreihundert Elefanten gesehen. Manchmal findet der Markt Ende November statt, das kommt auf den Vollmond an.«

Wir hatten jetzt Anfang August, und die Mela fand erst in vier Monaten statt. So lange konnte ich nicht warten. Ich beschloß, sofort nach Indien zu fahren und sobald ich dort angekommen war, würde ich auch sicherlich einen Elefanten finden. Schließlich hatte ich jetzt ein Ziel – nämlich den Ort, an dem ich ihn wieder verkaufen konnte. Jetzt mußte ich nur noch einen finden und auf ihm zum Tiermarkt reiten.

1 Hauptquartier in Sachen Elefant

Indien läßt dich nur das sehen, was es dich sehen lassen will, so, als wären seine Geheimnisse von einer unendlich hohen Wand umgeben. Du versuchst, die Wand zu ersteigen – du fällst herunter, du stellst eine Leiter hin – sie ist zu kurz, aber wenn du geduldig bist, löst sich vielleicht ein Ziegel und dann noch einer. Und wenn du erst einmal durch diese Wand gekommen bist, umarmt dich Indien herzlich. Aber das war etwas, was ich erst noch lernen mußte.

Als ich in Delhi ankam, war meine Leiter zu kurz. Ich wollte alles sofort auf der Stelle. Der Monsunregen hatte eingesetzt. Schwarze, schwere Wolken brachten wie üblich Regen, Feuchtigkeit und Chaos. Straßen wurden überflutet, Taxis gaben ihren Geist auf, Pfauen kreischten. Ich schwitzte, kam nicht voran und bekam Hitzepickel – und dabei war ich erst seit ein paar Tagen hier.

Natürlich mußte ich einen Wahrsager befragen.

»Ja, du bist verheiratet«, stellte er weise fest.

»Nein«, erwiderte ich.

»Aber ich glaube, daß du eine Freundin hast.«

»Ja.«

»Du bist ein sehr glücklicher Mensch, Sir. Schon bald wirst du eine neue Freundin haben. Ich sehe viele Probleme. Aber mach dir keine Sorgen, Sir«, setzte er strahlend hinzu. »Sie werden nur immer schlimmer werden.«

In seiner typischen Großzügigkeit hatte mir mein Freund sein Haus zur Verfügung gestellt. Es wurde das »Hauptquartier in Sachen Elefant«, und er bekam, wenn auch gegen seinen Willen, den Titel eines Koordinators zugeteilt. Während der folgenden Wochen verwandelte sich sein elegantes Speisezimmer in eine Kommandozentrale, von der aus man auch einen Weltkrieg hätte leiten können. Landkarten und Papiere bedeckten den Tisch, Tornister, Medikamente, Moskitonetze, Zelte und Nahrungsmittel stapelten sich in den Ecken. Ständig gingen Leute ein und aus. Das Telefon klingelte unaufhörlich, und seine Hausangestellten machten Überstunden, um uns ständig mit Erfrischungen versorgen zu können. Wildhüter, Naturschutzbeauftragte, pensionierte Shikaris*, Politiker, Journalisten, Beamte, Minister und auch einfache Freunde wurden zu Rate gezogen – lauter wichtige Leute mit vollgepackten Terminkalendern, die alles sausenließen, um mir zu helfen. Die Ziegel waren für mich bereits gelockert worden, auch wenn ich es nicht verdiente. »Jedermann ist so hilfsbereit«, meinte ich skeptisch zu meinen Freund.

»Sie machen sich nicht um dich Sorgen, sondern um den Elefanten«, war seine freundschaftliche Antwort.

In diesem verrückten Durcheinander platzte ich von einem Büro ins nächste und ging den Leuten auf die Nerven. Ich verbrachte einen

---

* Shikari = indischer Ausdruck für Jäger

12

Morgen mit der Diskussion über den Vermehrungszyklus des Gharial, des indischen Süßwasserkrokodils, und einen weiteren damit, den Seevögeln beim Fliegen zuzusehen. Ein Kamel wurde mir zum Kauf angeboten, und ich ertappte mich dabei, daß ich von einem reisenden Vogelverkäufer einen jadegrünen Papagei kaufte, der mich prompt biß. Aufmerksam hörte ich Vorträgen über alte Handelsrouten zu und weniger aufmerksam den Lektionen über Pilgerfahrten und Wanderschaften, die durch Zyklen des Mondes und der Sonne ausgelöst werden.

Ich erfuhr etwas über die großen Tempel und Feste, die ich sehen, über die Dschungel, durch die ich reisen und über die Stämme, auf die ich treffen würde. »Und was ist mit dem Elefanten?« fragte ich jedesmal hoffnungsvoll.

»Indien ist wie ein Elefant«, wurde mir stets mitgeteilt. »Es bewegt sich nur langsam.« Schließlich fiel der letzte Ziegel heraus. Durch meinen Freund lernte ich einen wichtigen Beamten kennen, der viel von der Natur verstand und der, was noch wichtiger war, ein Elefantenexperte war.

»Nach Orissa, in das alte Königreich von Kalinga«, sagte er, während er die Landkarte studierte, die ich vor ihm ausgebreitet hatte, »dorthin sollten Sie gehen. Jahrhundertelang bezahlten die Herrscher ihre Tribute mit Elefanten. Sie trugen den Namen Gajpati, die Herren der Elefanten. Tatsächlich«, fuhr er fort, »werden Sie auf alle Fälle auf irgendeiner alten Elefantenroute reisen. Sie sagten mir, daß Sie Ihre Reise bei der Sonepur Mela in Bihar beenden wollen.«

»Das war nur so eine Idee . . .«

»Nun, wohin gingen diese Abgaben in Form von Elefanten? Nach Pataliputra, der alten Hauptstadt von Indien, oder Patna, wie es heute genannt wird. Sonepur liegt ein paar Meilen nördlich von Patna, auf der anderen Seite des Ganges.« Er hielt einen Augenblick inne und fuhr dann fort: »Heute beginnt oder endet jede große Pilgerfahrt oder Reise in Indien bei einem Tempel oder einem religiösen Ort.« Er lächelte. »Besonders in Ihrem Fall wäre ein glücksbringender Beginn von großer Bedeutung. Sie sollten den großen Sonnentempel in Konarak in Erwägung ziehen, die Schwarze Pagode. Das Hauptgebäude wird von einem geschnitzten Fries getragen, das aus zweitau-

13

send Elefanten besteht, die so lebendig wirken, daß sie in mondhellen Nächten von Besuchern sogar für echte gehalten werden.«

Inzwischen hatte ich eine mehr oder weniger ausgearbeitete Reiseroute, aber immer noch kein Fortbewegungsmittel. »Und wie steht es mit einem Elefanten, Sir?« beharrte ich schüchtern.

»Da wenden Sie sich am besten an den Zoo. Ich werde Ihnen ein Empfehlungsschreiben an den Direktor des Nandankanan-Tierparks geben. Er ist ein hilfsbereiter Mann und leitet eine unserer erfreulicheren Einrichtungen. Wenn jemand einen Elefanten für Sie finden kann, dann er. Aber was auch immer Sie tun wollen, kaufen Sie bloß keinen Muckna.«

»Natürlich nicht«, erwiderte ich im Brustton der Überzeugung und täuschte damit mehr Wissen vor, als ich besaß. Es war offensichtlich, daß er mir nicht glaubte. Er erklärte mir, daß ein Muckna ein Elefantenbulle ohne Stoßzähne sei, der an einer Art Minderwertigkeitskomplex leide und gewöhnlich ausnehmend gefährlich sei.

»So eine Art von Eunuch«, meinte ich strahlend.

»Nun, ja«, erwiderte er und blickte mich etwas verwundert an. »Vermutlich kann man das auch so ausdrücken. Natürlich werden Sie einen Mahout und einen Charkaatiya brauchen.«

Ich sah wahrscheinlich ziemlich dämlich aus.

»Ein Charkaatiya«, erklärte er mir geduldig, »ist ein Mann, der das Futter für den Elefanten schneidet. So ein Tier frißt pro Tag bis zu zweihundert Kilo. In manchen Gebieten wird kein Futter zu finden sein, dort müssen Sie es kaufen. Es ist sehr teuer. Und«, fuhr er fort, »es wäre keine schlechte Idee, sich einen Jeep zuzulegen. Vermutlich können Sie sich in Orissa einen mieten. Sie werden ihn zur Unterstützung brauchen.«

Ich schluckte. Meine Begleitung wuchs unaufhörlich. Der Gedanke, einfach nur aufzusteigen und wegzureiten, verflüchtigte sich zusehends. Inzwischen würde ich sicherlich eine kleine Armee kommandieren.

Seine Informationen kannten keine Grenzen. Er unterwies mich in den verschiedenen Arten von Howdahs,* dem Preis für Elefanten,

---

* Howdah = der Sitz für das Reiten auf Elefanten, meist mit einem Baldachin

14

ihre Freßgewohnheiten, medizinische Betreuung, das Verhalten in Notfällen, Mahouts und Elefanten-Befehle (wovon es vierundachtzig gibt).

Ehe ich ihn verließ, gab er mir einen Brief und sagte mir, daß es beim Elefantenkauf fünf Punkte zu beachten gibt, die man beim Frauenkauf nicht beachten muß, und umgekehrt. Unglücklicherweise konnte er sich nicht daran erinnern, worum es sich dabei handelte.

Als ich heimkam, fand ich meinen Freund, der nervös im Garten auf und ab marschierte.

»Ich werde nach Orissa fahren«, kündigte ich ihm glücklich an.

»Ich weiß«, seufzte er. Er war in Orissa geboren und hatte seine Kindheit dort verbracht.

»Nun, schau doch nicht so unglücklich drein. Du wirst mich endlich los. Du solltest glücklich sein, schließlich werde ich deine Heimat sehen.«

»Genau das macht mir Sorgen«, gab er gereizt zurück. »Du bist dafür prädestiniert, in Schwierigkeiten zu geraten oder verlorenzugehen. Du mußt jemanden mitnehmen. Wie steht es mit deinen Sprachkenntnissen? Wie, um alles in der Welt, willst du auch nur ein Wort verstehen?«

Ich war so besessen davon, einen Elefanten zu finden, daß ich an dieses Problem keinen einzigen Gedanken verschwendet hatte. Sich zwei oder drei Monate nur in Zeichensprache zu verständigen, könnte schwierig werden, um nicht zu sagen unerträglich. »Was soll ich denn tun?« fragte ich ihn ängstlich.

»Ich denke, ich kenne den richtigen Mann. Er ist Photograph. Diese Art von Narretei wird ihm gefallen.«

»Wann kann ich ihn kennenlernen?«

»In ungefähr zehn Minuten«, teilte er mir selbstzufrieden mit. »Ich habe ihn zum Mittagessen eingeladen.«

Zehn Minuten später schlenderte ein gutaussehender, großer Mann in den Garten. Er hatte einen dichten Schnurrbart und trug eine Ray-Ban-Sonnenbrille. Er nahm die Brille ab. »Du!« bellte er mich grimmig an. Überrascht blickte ich mich um. Der Garten war leer. Dann stieß er ein brüllendes Gelächter aus und streckte mir die Hand entgegen.

»Ich bin Aditya Patankar. Wir haben uns schon einmal getroffen - in Holi. Aber ich glaube nicht, daß Sie sich an mich erinnern.«

Bei der Erwähnung des Frühlingsfestes in Holi krümmte ich mich innerlich. Es war eine wilde, bacchantische Angelegenheit gewesen, bei der die Leute einander mit gefärbtem Puder beschmiert hatten. Die Speisen, die traditionell mit Opium zubereitet worden waren, hatten mich außer Gefecht gesetzt, und ich war ohnmächtig in einen Brunnen gefallen.

Er würde nicht mitkommen, dachte ich bei mir.

»Ich weiß nicht viel über Elefanten«, sagte Aditya zu meiner Überraschung. »Als Kind hat mich mein Vater zu den Elefanten in den Stallungen im Palast meines Cousins in Gwalior mitgenommen. Diese Elefanten wurden für zeremonielle Anlässe und für die Tigerjagd benutzt. Vor ungefähr einhundert Jahren hat die regierende Maharani zwei von den gewaltigen Tieren auf das Dach des Palastes ziehen lassen, um sicherzugehen, daß die Decke das riesige Gewicht von zwei venezianischen Lüstern aushalten würde, die sie dort aufhängen wollte. Aber erzählen Sie mir doch erst einmal etwas über Ihre Reise ...«

Während des Mittagessens gab ich das beeindruckende Märchen von einer wohldurchdachten Expedition zum besten.

»Ich glaube Ihnen kein Wort«, meinte er grinsend, »aber ich werde mitkommen. Es gibt einen anderen Grund. Ich bin nämlich ein Maratha* – meine Vorfahren, auf die ich ungemein stolz bin, bildeten eine hervorragende Kampftruppe und es heißt, daß sie die Guerilla-Kampftaktik erfunden haben. Ihr barbarischer Ruf allein genügte, um im Herzen Indiens Angst und Schrecken hervorzurufen. Sowohl Orissa als auch Bihar litten unter ihren Schwertern. Es wird interessant sein, ein paar der Stätten ihrer Heldentaten zu besuchen.«

Ich stellte fest, daß ich extrem viel Glück hatte. Bereits jetzt mochte ich diesen geradlinigen Mann mit der lauten Stimme und den lachenden Augen. Wir waren ein ungleiches Paar, dachte ich bei mir – ein indischer Edelmann und ein abenteuerlicher Engländer, zusammen-

---

* Maratha = Angehöriger eines indischen Volksstammes, der hauptsächlich im Staat Maharashtra lebt

geführt durch das Schicksal, wie bei einer verrückten Expedition des 19. Jahrhunderts. Der einzige Unterschied war, daß es dabei nicht um eine verlorene Stadt oder einen verborgenen Schatz ging, sondern um einen Elefanten.

Zwei Tage später flogen wir nach Bhubaneshwar, der Hauptstadt von Orissa.

2 Ein echter Elefant

Dem langen Arm des Zufalls, der Reisenden oft zu Hilfe kommt, war es zu verdanken, daß der Direktor des Zoos – der Mann, für den ich das Empfehlungsschreiben in der Tasche hatte in derselben Maschine flog wie ich. Soweit er informiert war, standen in Orissa keine Elefanten zum Verkauf, erklärte er uns freundlich. Tatsächlich war auch er auf der Suche nach Elefanten, sowohl für seinen Zoo als auch für einen Tempel. Er schlug uns vor, es in Madras zu versuchen.

»Bis dahin sollten Sie meinen Zoo besuchen. Sehen Sie sich die weißen Tiger und die Känguruhs an, die gerade aus Australien eingetroffen sind.«

»Soviel zum Thema Elefant«, murmelte ich sauer, nachdem wir wieder auf unseren Plätzen saßen. »Wir können genausogut mit der nächsten Maschine nach Delhi zurückfliegen.« Ich versuchte mich zu beruhigen und sagte zu Aditya: »Was um alles in der Welt sollen wir jetzt machen?« Er war eingeschlafen.

Bhubaneshwar – die Stadt der tausend Tempel – versteckte sich unter einer dicken, schwarzen Wolke und glänzte vom feuchten Kuß des Monsunregens. Dampfende Hitze hing in der Luft. Sogar die Spatzen, die sonst jeden indischen Flughafen mit ihrem lebendigen Gekreische erfüllen, gaben keinen Laut von sich und hockten schlaff auf den Ansagelautsprechern.

Im Hotel fragte mich der Empfangschef zuvorkommend: »Sands, stimmt der Name?«

»Nein, er lautet Shand.«

»Willkommen im Prachi Hotel, Mr. Sands. Wie lange werden Sie bleiben?«

»Bis ich einen Elefanten finde.«

»Hervorragend«, meinte er ermutigend und nickte leicht mit dem Kopf.

Wir waren gerade an der Treppe angelangt, als uns ein Page aufhielt. »Sie suchen nach Elefanten, Sir? Ich habe einen Freund, der viele besitzt. In jeder Größe. Soll ich ihn anrufen?«

Ein paar Augenblicke später klopfte es an meine Tür. Ich riß sie auf und erschreckte damit einen älteren Mann, der einen flotten zweiteiligen Safari-Anzug aus Polyester trug. Hinter ihm mühte sich der Page mit einem riesigen Koffer ab.

»Mein Name ist Fakir Charan Tripathy«, sagte der Mann, als er seine Fassung wiedererlangt hatte. »Ich habe Elefanten.«

»Wann können wir sie sehen?«

»Selbstverständlich sofort, Sirs«, antwortete der Mann und öffnete den Koffer. Darinnen befanden sich lange Reihen von Elefanten aus Elfenbein, Ebenholz und Sandelholz.

»Bitte suchen Sie sich welche aus. Allererste Qualität. Ganz billig.«

Aditya versteckte sein Grinsen hinter seinem Schnurrbart und erklärte, daß diese Elefanten nicht unseren Vorstellungen entsprechen würden. Der Mann schien verwirrt zu sein. Dann erschien ein Ausdruck der Verwunderung auf seinem Gesicht: »Aah! Sie wollen einen e-c-h-t-e-n Elefanten!«

Der Page sagte plötzlich: »Ich habe viele Elefanten gesehen.«
»Wo?«

»Vor meinem Haus, Sir. Da gehen sie oft vorbei. Meine Kinder sehen sie sich gerne an.« Voller Scham senkte er den Blick auf seine Hände.« Ich versuche immer, meine Familie im Haus zu halten. Wir sind sehr arm und ich kann es mir nicht leisten, Geld oder Nahrungsmittel zu verschenken. Allein letzte Woche waren drei ...«

»Sadhus!« rief Aditya aus. »Es müssen Sadhus sein, und sie können noch nicht weit gekommen sein. Sie halten in jedem Dorf an, und es dürfte nicht allzu schwierig sein, ihrer Route zu folgen.« Er blickte mich an. »Wissen Sie, Mark, der Elefant wird in vielen Gegenden Indiens verehrt. Er repräsentiert die elefantenköpfige Gottheit Ganesh, unseren Hindugott des Beschützens. Diese Elefanten werden gewöhnlich von Betrügern geritten, die sich als Sadhus oder heilige

18

Männer ausgeben – eine schlaue und sehr einträgliche Kombination. Bettelnd ziehen sie kreuz und quer durch das Land und leben von der Gutgläubigkeit der Menschen, denen es noch schlechter als ihnen selbst geht. Sie bleiben am besten hier im Hotel. Wenn diese Leute Ihr Gesicht sehen, wird sich der Preis für einen Elefanten verdoppeln. Mr. Tripathy, würden Sie mich begleiten?«

»Mit Vergnügen. Gegen eine kleine Gebühr. Aber etwas interessiert mich doch. Warum möchte der Gentleman einen Elefanten kaufen?«

Aditya flüsterte ihm etwas ins Ohr. Daraufhin schüttelte Mr. Tripathy mir mit einem breiten Grinsen die Hand, ehe er das Zimmer verließ.

»Was haben Sie ihm gesagt?« fragte ich scharf.

»Daß Sie Engländer sind.«

»Und was soll das heißen?«

»Nun, jeder hier weiß, daß die Engländer spinnen.«

Aditya kam um drei Uhr morgens zurück, müde, aber voller Stolz. Sie hatten die Elefanten ungefähr sechzig Meilen westlich von Bhubaneshwar in einer kleinen Stadt namens Daspalla gefunden. Es waren tatsächlich Bettelelefanten, die Sadhus gehörten.

»Und, sind sie bereit zu verkaufen?« drängte ich ihn.

»Wir können uns einen aussuchen. Es gibt zwei Weibchen und einen Bullen. Der Bulle stammt aus Nepal und ist ein guter Elefant, jedenfalls haben sie mir das gesagt. Aber was zum Teufel wissen wir über Elefanten? Wir müssen den Rat eines Experten einholen.«

»Wie sind sie?«

»Nun, es sind die üblichen Betrüger, sie . . .«

»Nein, ich meine nicht die Sadhus, ich meine die Elefanten.«

»Groß. Wie alle Elefanten. Ich hab sie mir wirklich nicht so genau angeschaut. Lassen Sie uns jetzt schlafen gehen. Sie haben morgen noch genügend Zeit, sie sich anzusehen.«

Aber ich konnte nicht schlafen. Die ganze Nacht sah alles, worauf mein Blick fiel, wie ein Elefant aus – der Schatten eines Astes, eine mondbeschienene Wolke und sogar der Fernseher. Meine Besessenheit hatte sich offensichtlich in Verrücktheit verwandelt.

Es kostete uns fast den ganzen Tag, den Zoodirektor zu finden, der freundlicherweise einwilligte, uns seinen Chef-Mahout namens Bhim auszuleihen. Unsere Reisegruppe war größer geworden. Jetzt waren wir schon zu viert. Ich, Aditya, Mr. Tripathy mit seinem Koffer voller Elefanten, und ein junger Taxifahrer namens Indrajit, der Aditya in der vergangenen Nacht mit seinem fahrerischen Können beeindruckt hatte. Indrajit war ein hübscher, höflicher junger Mann, der einen energischen Eindruck machte und wilde dunkle Augen hatte – jene Art von Augen, die sogar bei einem Scherz wild blitzten. Aber mich interessierte kein Fahrer, ich konnte es kaum erwarten, meinen ersten Mahout zu sehen.

In Delhi hatte ich mir ein Buch über Elefanten ausgeliehen, das »Der Elefant, die Liebe der Hindus« hieß. Darin waren ganz genau die Qualitäten aufgelistet, die ein Elefantenführer haben mußte:

Der Aufseher der Elefanten sollte intelligent sein, königlich, gerecht, seinem Gott ergeben, rein, wahrhaftig in seinen Unternehmungen, frei von Untugenden, mit kontrollierten Gefühlen, mit gutem Benehmen, tatkräftig, erprobt in der Praxis, geübt in freundlichen Worten, er sollte sein Wissen von einem guten Lehrer haben, klug sein, standhaft, jedermann Schutz gewähren, berühmt sein für seine Heilkünste und furchtlos und allwissend sein.

Der Mahout wartete am Eingang zum Zoo. Bhim war ein Mann unbestimmten Alters, er hatte die Farbe einer Walnuß, O-Beine und schlurfte dahin wie ein verwundeter Soldat. Als wir aus dem Wagen stiegen, salutierte er zittrig, wobei sich seine Arme und Beine nicht ganz koordiniert verhielten. Seinen blutunterlaufenen Augen nach zu urteilen, litt er offensichtlich unter einem gewaltigen Kater. Er kletterte in das Auto und gähnte, wobei er die Ruinen von drei gelben Zähnen entblößte, die beim Sprechen wackelten. »Schlafen jetzt, Sah. Sehr gut. Elefanten später.« Dann schlief er umgehend ein.

Aditya hatte recht gehabt mit Indrajit. Er fuhr mit halsbrecherischer Geschicklichkeit in einer Geschwindigkeit, bei der die Landschaft vor dem Fenster verschwamm. Wir hatten nur einen Unfall, als wir nämlich einen Schlenker machten, um den Zusammenstoß mit

einem Ochsenkarren zu vermeiden und dabei unser hinteres Seiten-
fenster von einem der gewaltigen Hörner des Tieres zertrümmert
wurde. Das Glas explodierte wie eine Handgranate und einige der
Splitter gruben sich in Adityas Gesicht. »Glück gehabt, hat nicht
meine Augen getroffen«, bemerkte er mit stoischer Gelassenheit und
pflückte sich die Splitter aus seiner Wange.

Wir kamen spät nachts in Daspalla an. Die Stadt war wie ausgestor-
ben. Von Elefanten nichts zu sehen. Ich hatte ein Gefühl, als hätte mir
jemand in den Magen geschlagen. »Jesus!« rief ich. »Ich kann es
einfach nicht glauben. Wir haben sie verloren. Sie können sonstwo
sein . . .«

»Nein, Sir«, unterbrach mich Mr. Tripathy ruhig und deutete auf
ein paar wie Brotlaibe geformte Haufen, die mitten auf der Straße
lagen. »Wir müssen nur der Scheiße folgen.«

So fuhren wir weiter durch die Nacht, unsere Augen klebten auf
der Straße und suchten im Licht der Taxischeinwerfer fieberhaft
nach den unverwechselbaren Spuren. Manchmal lag auch nichts auf
der Straße und Mr. Tripathy und Indrajit mußten suchen. Dorfbewohner, die durch die laute Unterhaltung aufgeweckt wurden, erschienen ängstlich und verwirrt, in Decken gehüllt, in den Türen. Die
Antworten auf die Frage nach dem Verbleib der Elefanten klangen
ebenso verwirrt – die Angaben schwankten zwischen zwei Stunden
und sechs Tagen.

Wir kamen zu einer Mautstelle, wo wir uns genauere Auskünfte
erhofften. Der verschlafene Angestellte sagte uns, daß die Elefanten
tatsächlich hier durchgekommen wären. Wir fragten, ob er wisse, wie
lange das in etwa her sei. Nein. Unglücklicherweise sei seine Uhr
kaputt. Aber er versicherte uns, daß es nicht gestern gewesen sei. Wir
kamen näher. Der Kot wurde frischer und wie auf ein Stichwort hin
erwachte Bhim. »Elefanten ganz nah«, sagte er gelassen und rieb sich
seine blutunterlaufenen Augen, während er die Nase aus dem Fenster
streckte. »Kann riechen.«

Wir fuhren um die nächste Kurve. Drei gewaltige Umrisse hoben
sich von der Nacht ab, ihre Schatten tanzten im Flackern eines kleinen
Feuers neben der Straße, um das Bündel aus zinnoberroten und
safrangelben Lumpen lagen.

»Wir werden behaupten, daß Sie ein Tourist sind, der noch nie in seinem Leben einen Elefanten gesehen hat«, flüsterte Aditya mir zu. »Schauen Sie möglichst beeindruckt aus.«

Als ich aus dem Wagen stieg, gerieten die Lumpen plötzlich in Bewegung und ich fand mich von drei glühenden Augenpaaren durchbohrt, die wie Registrierkassen blitzten und über die lange, verfilzte und ölige, schwarze Locken wie ein Vorhang fielen. Ich vergaß schlagartig unsere Lügengeschichte. Wie von einem Magneten angezogen, ging ich auf die Elefanten zu.

Dann sah ich sie. Mein Mund wurde trocken. Ich fühlte mich schwindlig und atemlos. In diesem Augenblick löste sich die alte Wand in ihre Bestandteile auf, und ich konnte durchgehen.

Ein Hinterbein über das andere gekreuzt, lehnte sie unbeteiligt an einem Baum. Wie eine Prostituierte an einer Straßenecke ließ sie jedermann ihr wunderbares, perfekt gerundetes Hinterteil sehen. Mir war klar, daß ich sie unbedingt haben mußte. Plötzlich spielte nichts mehr eine Rolle und ich stellte ziemlich überrascht fest, daß ich mich von einem Augenblick zum anderen in eine asiatische Elefantenkuh verliebt hatte.

Glücklicherweise hatte ich mich in einen perfekten Elefanten verliebt, in eine Elefantin, von der sogar Bhim sagte, daß sie sein Herz zum Klopfen bringen würde. Sie war jung, zwischen fünfundzwanzig und dreißig Jahren alt, aber in ziemlich schlechter Verfassung, was sowohl von der miesen Behandlung als auch von zuwenig Nahrung kam.

Bhim war davon überzeugt, daß sie sich nach vierzehn Tagen in seiner Obhut in einen herrlichen Reitelefanten verwandeln würde. Sie zeigte alle Voraussetzungen dazu – eine gesunde, rosafarbene Zunge ohne schwarze Flecken, freundliche braune Augen ohne weiße Spuren, die richtige Anzahl von Zehennägeln, nämlich achtzehn, jeweils fünf an den Vorderbeinen und vier an den hinteren, starke und stämmige Schenkel und einen perfekt geformten Rücken. Die anderen zwei Elefanten, warnte mich Bhim, seien äußerst gefährlich und würden bald jemand umbringen, wenn sie es nicht schon getan hatten. Er riet mir, sie zu nehmen, ich würde keine bessere finden können.

Als ich mich in Delhi nach dem Preis für einen Elefanten erkundigte hatte, wurde mir eine Summe zwischen 10.000 Rupien und 2 Lakhs* genannt. Ein Bulle ist wegen seines Elfenbeins und auch aus Prestigegründen teurer, aber eine Elefantenkuh sollte man wegen ihres sanfteren Temperaments eher in Betracht ziehen.

Die Sadhus hatten von Anfang an die besseren Karten. Und um die Sache noch zu verschlimmern, hatte sich auf mysteriöse Weise eine Menschenmenge eingefunden, die die Sadhus als Räuber bezeichnete und den »reichen Weißen« dazu drängte, alle drei Elefanten zu kaufen. Die Verhandlungen dokumentierte ich in meinem Tagebuch folgendermaßen: »Ihr erster Preis: 2 Lakhs. Unser erstes Angebot: 60.000 Rupien. Ihr zweiter Preis: 1 Lakh 50.000 Rupien. Unser zweites Angebot: 80.000 Rupien. Ihre dritter Preis: 1 Lakh. Unser drittes Angebot: 85.000 Rupien. Ihr endgültiger Preis: 1 Lakh. Problem. Pattsituation. Heilige Männer geben nicht nach. Menge sehr aufgeregt. Diskutieren die Sache bei einer Tasse Tee. Tee köstlich. Tripathy, Indrajit und Bhim raten, auf unserem Preis zu beharren, sonst würden wir das Gesicht verlieren. Aditya meint, daß wir wahrscheinlich den Elefanten verlieren werden. Kehren zurück und bieten 1 Lakh. Heilige Männer lehnen jetzt ab. Warum? Eigentlich brechen heilige Männer niemals ihr Wort und verletzen Gefühle. Aditya sagt ihnen, daß wir morgen bar bezahlen werden. Heilige Männer brechen ihr Wort, lassen Gefühle Gefühle sein und wollen jetzt mehr. Wieviel? 1.000 Rupien. Warum? In Indien sind gerade Zahlen von böser Vorbedeutung, ungerade Zahlen verheißen Gutes. Verdammte Halsabschneider. Sind einverstanden. Menge sehr enttäuscht.« (1 Lakh entspricht in etwa DM 12.000,-).

Die Bettelmönche oder Bettler teilten uns mit, daß sie den Elefanten nach Daspalla zurückbringen würden. Dort könnten sie eher einen geeigneten Ort finden, um die Elefantenkuh auf den Lastwagen, den wir holen wollten, zu laden. Ehe wir uns auf den Weg machten, ging ich zu ihr. Ich betrachtete ihre gewaltigen, fächelnden Ohren, deren untere Ränder mit ganz blassen rosafarbenen Flecken bedeckt waren, so, als hätte jemand einen Malerpinsel ausgeschleudert. Ich schämte

---

* 1 Lakh = 100.000 Rupien

mich dafür, überhaupt um sie geschachert zu haben. Ich wollte sie gerne berühren, aber ich entdeckte, daß mir der Mut dazu fehlte, ich hatte Angst, daß sie mich zurückweisen würde. Auf dem Rückweg fiel mir dann ein, daß ich nicht einmal ihren Namen wußte.

Mr. Tripathy hatte seinen Koffer voller Elefanten völlig vergessen und schien jetzt genauso vom Kauf eines echten Elefanten besessen zu sein wie wir. Am nächsten Morgen machten er und Indrajit sich auf, um einen Lastwagen zu organisieren, während Aditya und ich den Zoodirektor aufsuchten, um ihn zu fragen, ob wir unseren Elefanten bis zu unserem Reiseantritt bei ihm unterbringen könnten und ob er Bhim erlauben würde, für uns als Mahout zu arbeiten. Auf diese Idee waren wir in der vergangenen Nacht nach dem Genuß von drei Flaschen Rum gekommen. Tripathy und Indrajit waren strikt gegen diesen Einfall und wandten ein, daß Bhim zu alt, zu schwach und zu trunksüchtig wäre. Ich weiß bis heute nicht, ob es auf den Alkohol oder irgendwelche Gefühle zurückzuführen war, aber die Art wie Bhim seine neue Stellung akzeptierte, ließ meine Zweifel verschwinden. »Sir«, sagte er stolz, richtete sich zu seiner vollen Größe von 1,55 m auf und salutierte wieder zittrig, »Raja-Sahib, Daddy, Mummy, jetzt mein Familie. Bhim sich kümmern.«

Der Direktor war etwas erstaunt und skeptisch, willigte aber schließlich ein, den Elefanten in seinem Zoo unterzubringen, wenn auch nur außerhalb des Hauptgeländes, um den Quarantäne-Bestimmungen zu entsprechen. Der Ort, den er uns vorschlug, befand sich in der Nähe von Bhims Haus, was uns sehr gelegen kam. Er zweifelte zwar nicht an Bhims Fähigkeiten bezüglich des Umgangs mit Elefanten, aber er warnte uns, daß Bhim ein Alkoholproblem habe. Doch wenn wir dieses Risiko eingehen wollten, würde er uns keine Steine in den Weg legen.

Als wir zum Hotel zurückkamen, erwartete uns dort bereits der Lastwagen. Er war eine Augenweide. Bei einer ersten Inspektion war es schwierig, vorne und hinten zu unterscheiden.

Es war der Traumwagen sämtlicher Hippies, ein Überbleibsel der 60er Jahre und der Flower-Power-Zeit, über und über verziert mit Blumengirlanden, Bildern von Göttern, Glücksbringern und Lichterketten, die beim Drücken der Bremsen ganz entzückend blinkten. Auf der Rückseite stand »BITTE HUPE BENUTZEN OK« und darunter »TATA«, was ich zunächst als Abschiedsgruß ansah, wobei es sich aber um den Markennamen des Vehikels handelte.

Wir machten uns auf den Weg nach Daspalla und hielten unterwegs bei einem Spirituosengeschäft, um einen »Anheizer« zu kaufen. Der Besitzer, ein ehemaliger Soldat, der sich über unseren Besuch sehr freute, holte zwei Flaschen Bier und drei Gläser heraus. Der Name des Biers war quer über das Bild des Boxchampions Muhammed Ali gedruckt, der mit ausgebreiteten Armen über einem niedergestreckten Gegner stand: »KNOCK OUT, HIGH PUNCH, STARKBIER, GEBRAUT IN BANGALORE«. »Das geht auf's Haus, Gentlemen«, sagte er und hob sein Glas: »Auf England, auf Indien und die Elefanten. Gott sei mit Euch und alles Glück der Briten.«

»Ich bin ja richtig stolz, ein Inder zu sein«, meinte Aditya, als wir zum Laster zurückgingen. »Sie sind gerade Zeuge eines einzigartigen Ereignisses geworden. Bei all meinen Reisen kreuz und quer durch das Land ist mir heute zum ersten Mal ein Drink spendiert worden. Das ist ein gutes Omen für unsere Reise, mein Freund.«

»Glücklicherweise hat er nicht gewußt, daß Sie ein Maratha sind«, erwiderte ich, »ansonsten wäre seine Gastfreundlichkeit vielleicht anders ausgefallen, im Hinblick auf die Plünderungen, die Ihre Vorfahren vor zweihundert Jahren in Orissa verübt haben.«

»Ach ja, das Schwert der Marathas. Das waren noch Zeiten«, schwärmte er verträumt. »Stellen Sie sich vor, Mark, vielleicht haben meine Ahnen genau hier, an dieser Stelle, einen ihrer brillanten Siege davongetragen!«

»Leider war das an einem Ort namens Barmul Gorge, der sich irgendwo hier in der Nähe befindet. Das war ihr letztes Gefecht in Orissa. Die englische Armee unter dem Marquis Wellesley hat sie davongefegt.«

Als wir die Bettelmönche endlich in einem verlassenen Schulhaus am Stadtrand von Daspalla fanden, schliefen sie schon. Ich konnte die Elefanten zwar nicht sehen, aber ich konnte sie fressen hören, das scharfe Knacken der brechenden Äste durchfuhr die stille Nacht wie Pistolenschüsse. Aditya hockte sich neben einen der Schläfer und ich hörte eine kurze, undeutliche Unterhaltung. Dann zog sich der Bettelmönch seine Decke über den Kopf, drehte sich herum und schlief wieder ein. Ein seltsames Benehmen, dachte ich, für einen Mann, der im Begriff war, über 4.000 Pfund zu erhalten. Aditya erhob sich, sein Gesicht zeigte eine Mischung aus Ärger und Unglauben.

»Sie wollen nicht verkaufen. Sie haben ihre Meinung geändert.«

»Sie scherzen.«

»Ich bin nicht in der Stimmung zu scherzen«, zischte er. »Wissen Sie, was dieser Bastard zu mir gesagt hat, als ich ihm klarmachte, daß er sein Wort gebrochen und uns ziemlich viel Unkosten verursacht hat? Er sagte, es sei sein gutes Recht, Leute in Ungelegenheiten zu bringen. Wir würden das ständig machen.«

Indrajit und Tripathy gesellten sich zu uns. Als Aditya die Situation erklärte, mußten wir sie gewaltsam daran hindern, die Bettelmönche zu verprügeln. Die waren inzwischen hellwach und hielten etliche grobe Äxte und Speere umklammert. Voller Entsetzen überlegte ich mir, daß sie die vermutlich schon an den Elefanten ausprobiert hatten.

»Wir verschwenden nur Zeit«, sagte Aditya. »Es gibt nur einen Ausweg. Wir gehen zur Polizei.«

Die Polizeistation war leer, abgesehen von einer Fledermaus, die einsam unter der Decke ihre Kreise zog. Aus dem hinteren Teil des Gebäudes hörten wir ein Schnarchen. Indrajit verschwand. Ein paar Minuten später kehrte er zurück, gefolgt von einem mürrischen Mann mit zerzaustem Haar, der hastig ein Khakihemd in einen zerdrückten Lunghi* stopfte. Er deutete auf ein paar Stühle und schlüpfte hinter ein Pult. Er blickte mich an, als wäre er gerade aus einem Alptraum erwacht, um jetzt sofort in den nächsten zu stolpern.

Aditya erklärte die Situation. Der Polizist blinzelte wie eine Eule und schrieb sorgfältig einen Bericht nieder.

»Meiner Meinung nach«, erklärte er schließlich und stieß gähnend seinen Stuhl zurück, »scheint hier kein Verbrechen vorzuliegen.«

»Aber natürlich, verdammt noch mal«, schrie ich und verlor mein letztes bißchen Beherrschung. »Sie haben meinen Elefanten!« Ich warf ihm eine Visitenkarte hin, die ich von einem ranghohen Beamten der Regierung in Orissa erhalten hatte.

---

* Lunghi: ein langes Stück Baumwollstoff, das von den indischen Männern als Lendentuch, Schärpe, Turban oder Hosenrock getragen wird

Zu meiner Überraschung riß der Polizist unübersehbar seine Augen auf. Innerhalb kürzester Zeit standen sämtliche Mitglieder der Polizeistreitkräfte von Daspalla vor dem Pult und bekamen die Order, die Bettler festzunehmen. Der Haufen kehrte mit dem Mann zurück, mit dem Aditya gesprochen hatte. Es hätte uns eine gewisse Befriedigung beschert, wenn der Mann mit einer Bajonettspitze vorangetrieben worden wäre oder wenn er wenigstens Handschellen getragen hätte, aber er schien mit seinen Überwältigern in bestem Einvernehmen zu stehen. Er betrat die Polizeistation, nahm sich eine Zigarette aus einem Päckchen auf dem Tisch, zündete sie an einem Streichholz an, das ihm ein Polizist entgegenhielt und ließ sich unbekümmert in einer Ecke nieder. Vor der Station hatte sich eine Menschenmenge angesammelt. Die meisten waren auf unserer Seite, aber ein Teil der Leute wurde ungemütlich, als das Gerücht die Runde machte, daß ich den Elefanten nur kaufen wolle, um ihn zu töten. Aus ihm würde ich, mit Hilfe einer riesigen Spritze, Zauberflüssigkeit holen und diese als Aphrodisiakum verkaufen. Der Polizeichef befürchtete einen Aufstand und ließ die Menge auseinandertreiben.

Bis jetzt hatte der Bettelmönch lediglich seinen Namen preisgegeben: Rajpath. Als aber einer der Polizisten mit einem Bambusstock zu ihm trat, brach er mit gut einstudierter Theatralik zusammen und wimmerte, daß der Elefant nicht ihm gehören würde, sondern seinem Boß, der in einem Dorf in der Nähe von Benares im Staate Uttar Pradesh wohnte.

»Warum, zum Teufel, hat er uns das denn nicht sofort gesagt?« fragte ich Aditya voller Skepsis.

In den nächsten zwei Stunden fanden merkwürdige Verhandlungen statt, bei denen sich die Polizisten als Vermittler betätigten. Einmal waren sie mit Aditya, Tripathy und Indrajit in ein ernstes Gespräch vertieft, im nächsten Augenblick unterhielten sie sich mit Rajpath durch die Gitterstäbe der Zelle, in der er jetzt saß. Ich stand währenddessen draußen und verbrachte eine angenehme Nacht mit Diskussionen über die Vorteile englischer und indischer Kricket-Teams, die ich mit einem der jungen Polizisten führte.

In den frühen Morgenstunden gab es ein Ergebnis. Seltsamerweise durfte Rajpath den Elefanten jetzt verkaufen. Auf Grund einer Vollmacht seines Bosses lag das Schicksal des Elefanten völlig in Rajpaths Ermessen. Er hatte die Erlaubnis, ein offizielles Schriftstück über den Verkauf und die Quittung des Kaufpreises zu unterzeichnen, die wir aus Bhubaneshwar mitgebracht hatten. Beide Dokumente würden offiziell von der Polizei beglaubigt werden und Rajpath würde sich anschließend sofort auf den Weg nach Benares machen, um dem Besitzer das Geld auszuhändigen.

Der Vertrag war offensichtlich hieb- und stichfest, aber es gab einen Punkt, der mich bewegte. Wie konnten wir denn, in Anbetracht seines vorherigen Benehmens, sicher sein, daß Rajpath das Geld auch wirklich überbringen würde?

Wir beschlossen, daß Aditya ihn nach Benares begleiten und die Verhandlungen mit dem Besitzer persönlich zu Ende bringen würde. Ich mußte nach Delhi fliegen, um Probleme wegen der Verlängerung meines Visums aus der Welt zu schaffen.

In der Zwischenzeit würden Mr. Tripathy und Indrajit ein Auge auf den Elefanten haben, und wir würden uns alle in ein paar Tagen wieder in Bhubaneshwar treffen.

Nachdem ich in Delhi alles erledigt hatte, rief ich meinen Freund an. In seinem Salon dachten wir über einen Namen für meinen Elefanten nach. Auf dem Tisch stand eine Sammlung von Miniatur-Elefanten aus Elfenbein. Er nahm einen davon und gab ihn mir. Er war wunderschön. In den Körper war ein verschlungenes Muster aus lauter winzigen Sternen geschnitzt. »In Hindi«, erklärte er mir, »ist das Wort für Stern »Tara«, und, was noch wichtiger ist, Tara ist eine unserer Göttinnen. Was hältst Du von diesem Namen?«

»Tara, Tara, Tara«, ließ ich das Wort über meine Zunge rollen. Ich mochte es. Es war ein wunderbarer Name für einen wunderbaren Elefanten. Eine Göttin und ein Stern. Sie verdiente das.

Im Hotelzimmer in Bhubaneshwar erwartete mich ein glückliches Trio. Aditya übergab mir mit einem bedeutungsvollen Blick ein Dokument, das über und über bedeckt war mit blauen Siegeln, einem Wirrwarr von unleserlichen Unterschriften und einem Haufen Fingerabdrücke. »Jetzt sind Sie der unumschränkte Besitzer eines weiblichen Elefanten namens Toofan Champa.«

»Sie heißt Tara«, unterbrach ich ihn.

»Dann sind Sie der unumschränkte Besitzer eines weiblichen Elefanten namens Tara, Alter ungefähr dreißig Jahre, Höhe ungefähr 2.30 m, mit schwarzer Stirn und schwarzem Körper, Pigmentflecken auf beiden Ohren, mit achtzehn Zehennägeln, 18 cm langen Stoßzähnen und einer verheilten Narbe auf der Mitte ihres Rückens. Übrigens«, setzte er hinzu, »Rajpath kam mit mir zurück. Er sagte mir, daß ein Elefant seine Zeit braucht, bis er sich an einen neuen Mahout gewöhnt hat. Er wird mit Bhim arbeiten.«

Während wir auf den glücklichen Abschluß tranken, erzählte mir Aditya von seiner Reise. Zuerst befürchtete er, daß Rajpath einfach aus dem Zug verschwinden könnte, aber der Bettelmönch starrte die ganze Reise über nur bedrückt und niedergeschlagen aus dem Fenster, bis sogar Aditya mit ihm Mitleid bekam. Als sie in Benares ankamen, engagierte Aditya einen Rechtsanwalt. Mit einem Taxi fuhren sie nach Lakeshar, das nordwestlich von Benares liegt.

Der Besitzer des Elefanten war ein älterer Mann von offensichtlich hohem Stand. Er wohnte im größten Haus am Platze und war von ihrem Kommen keineswegs überrascht. Neben ihm saß einer der Bettelmönche, der augenscheinlich vorausgefahren war, um ihn zu warnen. Auch der Rest seiner Familie war anwesend. Insgesamt waren es fünfzehn Personen. Als Aditya das bewußt wurde, fing er an, sich Sorgen zu machen. Aber alles ging gut. Der Gentleman war durchaus bereit, den Elefanten zu verkaufen. Es gab auch kein Feilschen mehr und die Papiere, die der Rechtsanwalt mitgebracht hatte, wurden ohne Umschweife beglaubigt und unterzeichnet. Das Geld wechselte den Besitzer und jedes Familienmitglied wollte es zählen. Das dauerte einige Zeit, aber schließlich war jeder zufrieden, und der Abschluß wurde mit einigen Gläsern süßer, heißer Milch begossen. Bevor sie aufbrachen, erklärte der alte Mann, daß er sich jetzt einen anderen Elefanten kaufen würde. Als er und sein Bruder noch jung gewesen seien, waren ihre Frauen nicht in der Lage, ihnen einen Erben zur Welt zu bringen. Ein Sadhu wurde befragt, der ihnen riet, dafür zu sorgen, daß »Ganesh« immer in der Nähe ihres Hauses sei. Sie kauften sofort einen Elefanten und kurze Zeit später bekam sein Bruder einen Sohn.

»Wenn er die ganze Zeit einen Elefanten in der Nähe seines Hauses haben soll«, wunderte ich mich, »warum hält sich das Tier dann ständig in Orissa auf?«

»Er kann es sich nicht leisten, ihn das ganze Jahr über bei sich zu haben«, erklärte Aditya. »Das Futter für einen Elefanten kostet pro Woche ungefähr 300 Rupien, was in Indien ziemlich viel Geld ist. Von November bis März, das ist bei uns in Indien die Hochzeitssaison, verleiht er den Elefanten. Es bringt Glück, bei solchen Ereignissen »Ganesh« dabeizuhaben.

Den Rest des Jahres steht das Tier nur herum und kostet Geld, also macht er mit Bettelmönchen wie Rajpath einen Handel. Während der Nebensaison überläßt er das Tier ihnen und sie verdienen sich mit Betteln recht gut ihren Unterhalt. Er bekommt sogar einen Teil ihrer Einnahmen.«

Ich war sehr erstaunt: »Das ist aber ein vernünftiges Arrangement.«

»Eigentlich ist es ein ziemlich weit verbreitetes Geschäft, besonders in der Gegend von Benares. Manche dieser Edelmänner besitzen dreißig oder vierzig Elefanten. Das lohnt sich auf viele Arten. Leider ist das Halten von Elefanten immer weniger Brauch. Können Sie sich Indien ohne Elefanten vorstellen?«

Jeder im Hotel schien Anteil an Taras Schicksal zu nehmen. Als ich ankam, erzählte mir der Empfangschef, daß der Elefant sich geweigert hätte, den Laster zu besteigen. Aditya lachte. »Das war vielleicht eine Sache. Diese zwei« – er nickte Tripathy und Indrajit zu – »waren ziemlich sauer. Sie wollten, daß die Dame Sie bereits im Zoo erwarten sollte.

Indrajit hat sogar versucht, auf ihr zu reiten, als ob sie ein riesiges Taxi wäre. Und der arme Mr. Tripathy wurde fast plattgedrückt, als sie in die andere Richtung marschierte. Schuld an dem Ärger hatten die Leute. Sie können sich sicher das Ganze vorstellen – all das Geschrei und Gejohle. Die Arme war einem Nervenzusammenbruch nahe.«

»Wo sind sie jetzt?«

»Noch unterwegs. Los, fahren wir und sehen uns Ihre neue Freundin an.«

Nachdem wir zwanzig Meilen gefahren waren, entdeckten wir die drei unter einem riesigen Banyan-Baum,* wo sie Schutz vor der Sonne gesucht hatten. Mir fiel auf, daß ich Tara jetzt zum ersten Mal in vollem Tageslicht sah. Wie es so oft im Leben und in der Liebe passiert, zeigte sie jetzt ein ganz anderes Gesicht. Sogar für meine ungeübten Augen schien sie halb verhungert zu sein. Ihr fehlte der gerundete Leib, den ich immer mit dem Anblick von Elefanten verbunden habe. Man konnte deutlich ihre Rippen sehen, und die Haut hing ihr faltig wie ein schlechtsitzender Anzug herunter. In diesem Augenblick sah sie genau nach dem aus, was sie war – ein Bettler. Erst in diesem Moment, als ich diesen gewaltigen Knochenhaufen betrachtete, wurde mir die Absurdität der Situation klar. Sie gehörte mir. Ich war Besitzer einer Elefantenkuh und der Gedanke erschien mir so drollig, daß ich lauthals loslachte. Ich beherrschte mich aber schnell wieder, denn ich befürchtete – und das war sogar noch absurder – daß sie vielleicht annehmen könnte, ich würde über sie lachen, und ich wollte ihre Gefühle nicht verletzen.

Ich wußte auch nicht so genau, wie ich mich ihr nähern sollte. Sie war ja nun nicht unbedingt ein Schoßtierchen, wie eine Katze oder ein Hund oder auch ein Hamster, das man hochheben und knuddeln oder streicheln kann, und von dem man dann als Belohnung ein zufriedenes Schnurren oder ein feuchtes Ablecken oder, im Falle des Hamsters, ein scharfes Zwicken bekommt. Aber sie löste umgehend das Problem. Als ich mich ihr nervös näherte, streckte sie ihren Rüssel aus und begann, ungemein vorsichtig mein Hemd zu untersuchen. Sie freundet sich mit mir an, dachte ich glücklich, geradezu gerührt von diesem unübersehbaren Ausdruck von Zuneigung. Ihr Tasten stoppte abrupt in der Nähe meiner Hosentaschen, in die sie schnell ihren Rüssel steckte und ohne Umschweife mein Mittagessen – einen Apfel – herausholte, den sie mit einem begeisterten Quieken in ihr Maul warf. Der Weg zu Taras Herz führte offensichtlich durch ihren Magen. Ich beauftragte Indrajit, ihr etwas zum Fressen zu besorgen.

Nach zwei Kilo Reis, den sie fraß, indem sie ihren Rüssel in den Sack steckte und den Inhalt wie ein Staubsauger heraussaugte, vier

---

* Banyan-Baum: Ficus benghalensis, wächst in tropischen Gebieten von Indien, hat lange Luftwurzeln, die in den Boden wachsen und neue Stämme bilden

Stauden Bananen und dreiundzwanzig Kokosnüssen, schien ihr Hunger etwas gestillt zu sein und sie furzte laut, als wollte sie sich damit bedanken. Während ich ihr dabei zusah, wie sie die letzte Kokosnuß mit ihren Zähnen zermalmte, schlossen sich zufrieden ihre Augen mit den dunklen Wimpern, die geradezu unecht wirkten.

3 Bandobast

In Hindi bedeutet das Wort »Bandobast« soviel wie »Vorbereitung«, und die nächsten beiden Wochen waren voll mit Bandobast. Am 15. September würde das große Fest von Ganesh, dem elefantenköpfigen Gott, gefeiert werden. Gab es einen passenderen und günstigeren Tag, um unsere Reise zu beginnen?

Rajpath hatte fünf Tage mit Bhim und Tara im Zoo verbracht, um den Elefanten an den neuen Mahout zu gewöhnen. Tara akzeptierte ihren neuen Herrn und Meister bemerkenswert schnell. Obwohl die Sprache der Mahouts überall gleich ist – sie kommt eigentlich aus dem alten Sanskrit – schwankt die Aussprache von Region zu Region. Rajpath kommandierte laut und scharf. Bhim dagegen sprach sanft und mehr in einem Singsang. Das gab mir Mut, denn ich hatte befürchtet, daß mein englischer Akzent das Tier völlig verwirren würde. Aber sie war ein ausgesprochen kluger Elefant, obwohl Rajpath mich vor seiner Abfahrt vor einer ihrer Schwächen warnte: tiefes Wasser. Er riet uns, Tara jedes Mal vor dem Baden die Vorderbeine zu fesseln. Ich hielt das eigentlich nicht für eine Schwäche. Alle Elefanten lieben Wasser, sogar ich wußte das und so vergaß ich die Warnung.

Taras Tag begann mit einem morgendlichen Imbiß, der aus dreißig Kilo Reis bestand, eingewickelt in Reisblätter, garniert mit ein paar speziellen Wurzeln (wegen der Verdauung) und von Bhim in Bündeln serviert, die wie riesige Vogelnester aussahen. Anschließend verschwand die Dame hinter einem Berg von Frischfutter, das aus Bambus und aus Ästen des Peepul*-Baumes bestand, von denen sie aller-

---

* Peepul-Baum: Ficus religiosa, in Indien heimischer Baum, der von den Buddhisten als heilig betrachtet wird

dings nur die Rinde verspeiste. Wenn sie Glück hatte, waren auch ein paar Zuckerrohrstangen dabei. Wenn sie sich langsam, aber sicher durch diesen Berg durchgearbeitet hatte, geruhte sie erst am späten Nachmittag wieder zu erscheinen, worauf ihr Futtertrog für die Nacht aufgefüllt wurde. Zusätzlich delektierte sie sich an Kleinigkeiten, die sie von den Busladungen voller Zoobesucher erhielt. Der Höhepunkt war allerdings die Schleckerei, die ich ihr bei meinen täglichen Besuchen mitbrachte: Gur. Gur ist ungeklärter Zuckersirup, und für Elefanten schmeckt er wie die beste Gänseleberpastete für einen Feinschmecker. Sie sind ganz verrückt danach. Jedesmal, wenn ich auftauchte, ließ Tara jedes andere Futter, das sie gerade im Maul hatte, fallen, hob den Rüssel, wackelte mit den Ohren und stampfte wie ein ungeduldiges Kind mit den Füßen auf den Boden. Ich wurde ihr Lieblingsbesucher und ich gebe durchaus zu, daß ein Großteil ihrer anfänglichen Zuneigung auf diesen Mitbringseln beruhte.

Aber es gab immer noch eine Schwierigkeit. Wie würden wir den enormen Appetit dieses Tieres während unserer Reise befriedigen können? Ich hatte keine Ahnung, wo ich einen Charkaatiya, einen Futterschneider, herbekommen sollte.

»Kein Problem, Raja-Sahib«, erklärte mir Bhim. »Mein Freund Gokul wird helfen uns.« Er stellte mir einen schüchternen jungen Mann mit finsterem Gesicht vor, den Aditya sofort eingehend ausfragte. Gokuls quäkende Stimme gewann bei jeder Antwort an Selbstbewußtsein, was von Adityas Lachen unterstrichen wurde. Schließlich kam Aditya zu mir. »Nun, wie sieht's aus?«

»Er ist unser Mann. Er ist absolut qualifiziert für diesen Job. Er war schon Sänger, Akrobat, Tänzer und erst kürzlich Holzfäller. Jetzt hat er andere Ambitionen. Er möchte Mahout werden, genau wie Sie.«

Fachleute sind der Meinung, daß eine Tonne ein Gewicht sei, das ein Elefant bei einer langen Reise gut tragen könnte. In hügeligem Gebiet sollte man das Gewicht auf ungefähr siebenhundert Kilo verringern. Aber diese Fachleute gingen dabei von einem ausgewachsenen, männlichen Elefanten aus, Tara dagegen war eine Elefantenkuh und eigentlich ziemlich klein, obwohl sie augenblicklich ja ihr bestes tat, um diesen Zustand zu ändern. Allein ihr Gepäckgeschirr war recht schwer. Es bestand aus einem weichgepolsterten Sattelkissen, ungefähr 2 cm dick, das von ihrem Rist bis zu ihrem Rumpf auflag und seitlich halb über ihre Flanken hing. Auf dieses Kissen kam der Gudda oder Sattel, der aus grober Sackleinwand bestand, ausgestopft mit Stroh, in den Maßen: 1,80 m lang, 1,30 m breit, 35 cm dick, mit einem Gewicht von ungefähr einhundertundfünfzig Pfund. Dieser Sattel hatte der Länge nach eine Öffnung, die bis zu einem gewissen Maße den Druck auf das Rückgrat verringerte, eine der empfindlichsten Stellen jedes Elefanten.

Der Elefantenkenner G.P. Sanderson behauptete: »Ein wunder Rücken kann einen Elefanten oft für Monate arbeitsunfähig machen, manchmal sogar für Jahre, und kann unter Umständen sogar lebensgefährlich sein.« Auf den Gudda kam dann noch der Howdah, von denen es etliche kunstfertig verzierte Exemplare gibt. In unserem Fall war er ganz simpel und glich einem schweren, rechteckigen, umgedrehten Tisch mit vier Füßen, hatte ein Kissen zum Draufsetzen und Querleisten zum Festhalten an jeder Seite, um uns vor dem Herunterfallen zu bewahren. Dieses ganze Ungetüm wurde dann nur von einem dicken Seil gehalten, das um Taras Kopf und Taille und unter ihrem Schwanz herumgeschlungen war. Um ein Scheuern zu verhindern, läuft das Seil durch einen Schwanzriemen, der nicht aus Leder, sondern aus Metall besteht, und die Form eines gebogenen Rohres hat.

Unsere persönlichen Sachen, die ganze Ausrüstung, die man für eine lange Expedition benötigt, wie Zelte, Schlafsäcke, Kameras, Kochgeschirr, Nahrungsmittel, Lampen, Äxte, Kerosin, Wasser, Fackeln und so weiter – hing so an beiden Seiten des Howdahs, daß das Gewicht gleichmäßig verteilt war und auf dem oberen Teil ihrer Rippen lag und nicht auf ihrem Rückgrat. Bei dieser Aufzählung fehlten Taras Futter, ihre Ketten und Fußfesseln und, was das allerwichtigste war, wir vier.

Es stellte sich immer eindeutiger heraus, daß wir, wie mir ja schon in Delhi geraten worden war, einen Begleitwagen brauchen würden. Mit einem Wagen, der den Großteil unseres Gepäcks transportierte, könnten wir relativ unbelastet durch das Land reisen und alle paar Tage an vorher festgelegten Treffpunkten versorgt werden. In der Theorie klang das recht einfach, aber man würde sehen müssen, ob das auch in der Praxis funktionierte.

Einen Begleitwagen zu finden war natürlich einfacher, als einen Elefanten zu finden, und von Freunden bekamen wir freundlicherweise für die Dauer der ganzen Reise einen Jeep mit Anhänger geliehen. Mit dem Jeep kam auch ein Fahrer namens Khusto, denn ohne diesen Fahrer hätten wir den Jeep nicht bekommen. Aber sowohl ich als auch Aditya waren der Meinung, daß irgend etwas an Khusto war, das Ärger verhieß, obwohl wir beide nicht hätten sagen können, was es nun genau war. So war zum Beispiel die Kommunikation mit ihm ein Problem, was an den gewaltigen, gut durchgekauten Batzen von »Paan« lag, die ständig in seinem Mund steckten und die ihm das Aussehen eines Eichhörnchens mit Mumps gaben. Außerdem war er wohl eher ein Modegeck als ein Mechaniker. Das einzige Ersatzteil, das er für diese lange und schwierige Reise als notwendig erachtete, war ein zusätzlicher Seitenspiegel. Und er verbrachte den größten Teil der Zeit damit, sein hochtoupiertes Haar mit einem glänzenden roten Kamm in Form zu bringen, der in der hinteren Tasche seiner engen Khakihose steckte. Indrajit, auf dessen Scharfsinn und Ehrlichkeit wir uns inzwischen voll verließen, meldete ebenfalls Bedenken an. Zu unserer großen Erleichterung bestand er darauf, als Ersatzfahrer mitzukommen.

Obwohl ich genau wußte, daß er ablehnen würde, fragte ich doch Mr. Tripathy, ob er uns nicht auch begleiten wolle. Tränen standen in seinen Augen. Er drückte meine Hand und ich war genauso tief gerührt wie er. »Für solche Abenteuer bin ich zu alt, Sir. Aber ich habe beschlossen, daß ich mit meiner Belohnung ein neues Geschäft anfangen werde.«

Ich war erstaunt: »Was für ein Geschäft?«

»Ich werde Goldschürfer«, verkündete er mit entwaffnender Inkonsequenz. »Ich werde Gold und Diamanten finden. Und mit diesen Reichtümern werde ich Elefanten kaufen.«

»Aber Elefanten haben Sie doch schon vorher verkauft«, meinte ich überrascht.

Seine weisen alten Augen lachten mich an: »Nein, Sir, e-c-h-t-e Elefanten. Wenn Sie nach Orissa zurückkommen, werde ich sie an Sie verkaufen.«

4 Farben, Pujas und Pandits

Man hatte uns erzählt, daß die Sonepur Mela zwei Wochen dauerte, und daß der wichtigste Tag – Kartik Purnima (der Tag des Vollmonds) – auf den 23. November fiel. Vor diesem günstigen Tag konnte ein Elefant weder gekauft noch verkauft werden. Um ganz sicherzugehen, planten wir, um den 17. November herum auf der Mela einzutreffen, damit blieben uns für unsere gesamte Reise genau vierundsechzig Tage. Mit Hilfe einiger ziemlich altertümlicher Karten legten wir unsere Route fest. Nach meinen Berechnungen (die natürlich unanfechtbar waren) würde die zurückzulegende Strecke ungefähr siebenhundertundfünfzig Meilen betragen, was in etwa der Entfernung zwischen New York und Chicago oder München und Rom entsprach.

»Vier Meilen oder gut sieben Kilometer in der Stunde ist eine angemessene Geschwindigkeit für Elefanten, besonders langbeinige Exemplare können es aber auch auf fünf Meilen bringen«, schrieb Sanderson, der Fachmann. Tara hatte wunderschöne lange Beine. Sogar wenn wir nur vier Stunden am Tag unterwegs waren, wobei wir sehr früh morgens aufbrechen mußten, um der schlimmsten Hitze zu entgehen, schienen wir ausreichend Zeit zu haben.

Ich konnte es noch gar nicht glauben. Wir waren bereit, unsere Reise am allergünstigsten Tag des Jahres zu beginnen. Ein paar Freunde hatten eine besondere Puja für uns arrangiert, die uns Glück bringen sollte. Frühmorgens am 14. September, am Tag vor unserer Abreise, gingen Aditya und ich in den Zoo, um zuzusehen, wie Tara von ein paar Studenten der Kunstschule in Bhubaneshwar für die Puja herausgeputzt wurde.

Normalerweise wird die Bemalung der Elefanten von den Mahouts vorgenommen – sie sind auf diesem Gebiet Spezialisten und verwenden dazu Kreide und gefärbten Ton – die mit dem großen Tier vertraut sind und dessen Schrullen und gefährliche Schwachpunkte kennen. Sie können dadurch in aller Ruhe arbeiten. Die Studenten waren verständlicherweise nervös. Einen Elefanten zu bemalen ist etwas anderes als eine unbelebte Leinwand. Außerdem arbeiteten die Studenten mit Wasserfarben und umrundeten Tara ständig vorsichtig,

36

während sie mit ihren Pinseln Farbkleckser auftrugen. Tara, die zum einen genauso nervös war und vielleicht auch durch das Kitzeln der Pinselhaare auf ihrer Haut beunruhigt wurde, schüttelte heftig ihren Kopf und wedelte mit Schwanz und Rüssel derartig schwungvoll herum, daß Studenten, Farbtöpfe und Pinsel durch die Luft flogen.

Bhim und ein weiterer Mahout übernahmen sofort das Kommando und zwangen sie dazu, sich hinzusetzen. Sie packten ihren Rüssel und ihren Schwanz und hielten sie fest. Abgesehen von ihren aufgeregt klappenden Ohren blieb Tara jetzt ruhig genug, so daß die Studenten an ihr arbeiten konnten. Mit großartiger Phantasie, einer Begabung, die offensichtlich unter den Künstlern von Orissa häufiger vorkam, wurde Tara in eine Braut verwandelt. Die Innenseiten ihrer Ohren wurden mit gemalten Ohrringen aus gelben Diamanten und Rubinen verziert, ihre Stirn schmückten Fransen aus Perlschnüren, ihr Körper wurde mit einem Gitterwerk aus Blumen überzogen, dort blühten Lotus, Orchideen und blutroter Hibiskus, und um ihre Beine wanden sich silberne und goldene Fußkettchen. Sie sah hinreißend aus, eine Prinzessin, die dem edelsten König zur Ehre gereichen würde.

Als der Lastwagen eintraf, der Tara nach Konarak transportieren sollte, fuhr er rücklings an die Seite einer breiten Steinterrasse, die ungefähr 1,20 m hoch war. Sie erstreckte sich entlang der gesamten Vorderfront des Zoo-Museums, eines langen, weißen Gebäudes, von dessen Dach üppige Bougainvillea herunterwuchsen. Im Inneren des Lasters lag jede Delikatesse, die das Herz eines Elefanten erfreuen konnte: saftige Zuckerrohrstangen, dicke Bündel Baumbusblätter und drei oder vier riesige Stauden Bananen. Bhim führte eine prächtige und nur lose angehobbelte Tara die Stufen der Terrasse hinauf. Dann erreichten sie den Laster und blieben stehen. Tara erkundete von ihrem Standplatz aus mit ihrem Rüssel das Innere des Lasters. Sie streckte ihn überall hin, berührte und untersuchte jedes einzelne Stück. Dann lehnte sie sich nach vorne und schaffte es, ein Stück der Schleckereien zu erreichen, das sie sich prompt ins Maul stopfte. Bhim schob sie vorwärts. Sie blieb ungeweglich stehen. Zwei oder drei der anderen Mahouts des Zoos betraten, mit Stöcken bewaffnet, hinter ihr die Terrasse und schlugen ihr von hinten auf die Beine, während ein anderer in den Laster kletterte und versuchte, ihr das Futter schmackhaft zu machen. Mit einem wütenden Quieken drehte sie sich heftig um und ließ die Mahouts und eine Gruppe von begeisterten Zuschauern in alle Richtungen davonstieben. Dann blieb sie stehen, faßte sich wieder und begann, ruhig und methodisch den Inhalt eines Blumenbeetes am anderen Ende der Terrasse zu vertilgen. Es war unvermeidlich, daß sich eine große Zuschauermenge angesammelt hatte. Schließlich hatte keiner von ihnen erwartet, bei seinem Zoobesuch ein derartiges Schauspiel geboten zu bekommen.

Nach drei Stunden waren sich die Experten (und es gab zu diesem Zeitpunkt bereits eine ganze Menge davon) schließlich einig, daß das die falsche Methode war. Mir kamen allmählich Zweifel an ihrer Befähigung und ich fragte mich, ob sie ein derartiges Unternehmen überhaupt schon jemals über die Bühne gebracht hatten. Die Ankunft eines Elefanten aus dem Zoo, einer großen fügsamen Elefantendame, die theoretisch Tara den richtigen Weg in den Laster zeigen sollte, war auch keine Hilfe. Wieder weigerte sie sich, den Lastwagen zu betreten. Wir waren in einer Sackgasse. Es gab nur einen Ausweg. Tara würde, begleitet von Bhim und Gokul, zu Fuß in das etwa dreißig Meilen entfernte Konarak gehen müssen.

Wir hatten vereinbart, daß wir uns am Abend mit Tara und Bhim beim Regierungsgebäude treffen würden, das in der Nähe des großen Tempels von Konarak lag. Um Mitternacht war immer noch nichts von ihnen zu sehen. Ein Suchtrupp wurde ausgeschickt, der erfolglos zurückkehrte. Um halb acht Uhr am folgenden Morgen war immer noch nichts von Tara zu sehen. Der Pandit*, der die Puja durchführen sollte, betrachtete die frühen Morgenstunden als die richtige Zeit, um Andachtsübungen abzuhalten. Ich hatte mich gewaschen, aber nichts gegessen und war deshalb rein genug dafür.

Zwei Stunden lang saß ich mit gekreuzten Beinen in einer sandigen Höhle vor dem Regierungsgebäude, von der aus man den Golf von Bengalen überblicken konnte. Direkt vor mir stand ein kleiner, rosafarbener Ganesh aus Zement. Ich, als Ausländer, kam mir dabei befangen und wie ein Idiot vor. Sandflöhe krochen in meinen Shorts nach oben und stachen mich in den Allerwertesten. Ich war krank vor

---

* Pandit: auch Pundit, ein Brahmane, der in Sanskrit, Philosophie und Recht bewandert ist

Sorge um Tara. Als der Pandit in einer Wolke von Weihrauch die letzten Beschwörungsformeln murmelte und ich die kleine rosafarbene Gottheit mit einer weiteren Handvoll Nüsse, Blumen und Münzen überschüttete, erreichte uns die Nachricht, daß man Tara fünfzehn Meilen vor Konarak gesehen habe. Die Inder haben ein Sprichwort, das lautet: »Hör auf den Elefanten, es wird regnen.« In diesem Augenblick begann es zu regnen.

Im strömenden Regen zwängten wir uns alle, einschließlich des Pandits, in den Jeep, um ihnen entgegenzufahren. Dem alten Mahout war es schrecklich peinlich, daß er nicht pünktlich in Konarak eingetroffen war, aber Tara hatte plötzlich mit dem rechten Vorderfuß zu lahmen angefangen, und das hatte ihren Marsch verzögert. Der Pandit war recht entgegenkommend und hielt neben einem kleinen Teich am Straßenrand eine zweite Puja ab. Das wurde eine ungemein vergnügliche Sache. Da Taras Bemalung vom Regen abgewaschen worden war, bestäubte Bhim ihre Stirn mit leuchtendrotem Puder und malte darauf das Zeichen des Gottes Shiva, des Zerstörers. Der Pandit segnete uns alle, indem er uns »Tikka«-Punkte auf die Stirn malte, und Tara wurden Kränze aus Ringelblumen und Orchideen umgehängt, die sie vergnügt verspeiste. An einer Stelle der Zeremonie segnete der Pandit Tara, indem er Weihrauchstöcke vor ihrem Kopf hin und her schwenkte. In dem Glauben, daß auch das etwas zum Essen sei, ließ sie durch die Rauchwolken ihren Rüssel vorschießen. Der arme Pandit, der schon so genügend Angst vor diesem riesigen, wohlwollenden Elefanten hatte, machte einen Schritt rückwärts und fiel in den Teich.

Anschließend wurde es als glücksbringend und dem Ereignis entsprechend angesehen, daß ich Tara reiten sollte, auch wenn es nur ein paar Zentimeter waren. Mit Hilfe Bhims, der von oben zog, und von Aditya, Indrajit und Khusto und einer Menge amüsierter Dorfbewohner, die von unten schoben, wurde ich auf Tara hinaufgehievt. In meiner Panik schaffte ich es, auf die falsche Seite zu krabbeln und fand mich plötzlich von Angesicht zu Angesicht mit Bhim wieder. Er drehte mich vorsichtig herum, und unter lauten Bravo-Rufen und Jubelgeschrei ging es los. Ich saß zum allerersten Mal auf einem Elefanten. Ich blickte auf den weit entfernten Erdboden hinab, und als

Tara schneller wurde, war mir klar, daß ich herunterfallen würde. Vermutlich saß ich nicht richtig, denn ihre Schulterblätter hämmerten ständig wie Kolben gegen mein Hinterteil und ich fühlte, wie ich ins Rutschen kam. Dann spürte ich kalten Stahl an meinem Allerwertesten, und Bhim rettete meine Ehre, indem er den Widerhaken seines Ankush* in meine Unterhosen einhängte.

So begann also meine Reise auf einem Elefanten. Ich war voller Stolz, freudig erregt und unglaublich selbstzufrieden. Ich lehnte mich nach vorne, küßte Tara auf ihr weiches, gewaltiges Ohr und flüsterte ihr zu, daß ich sie liebte. Mein Selbstbewußtsein wuchs, als wir so die Straße hinunterritten. Ich drehte mich um und drückte meinen Panamahut in eine, wie ich glaubte, einem Reiter gemäße Form und rief Aditya, der neben uns ging, zu: »Wie sehe ich aus, mein Freund?«

»Lächerlich«, erwiderte er trocken.

Wenn der Zustand unseres Camps in dieser Nacht typisch für die nächsten zwei Monate sein sollte, waren wir vermutlich in echten Schwierigkeiten. Es war mein Fehler. Ich hatte als Lagerplatz eine sandige Stelle in einem kleinen Wäldchen aus Casuarina**-Bäumen ausgesucht, von dem aus man aufs Meer blicken konnte. Ich hatte diesen malerischen Platz aus zwei Gründen ausgewählt. Erstens lag er sehr nahe an Konarak, von wo aus wir am nächsten Morgen ganz offiziell unsere große Reise beginnen würden. Und zweitens hatte ich für diese Reise eine romantische Idee entwickelt. Es sollte eine Reise der Phantasie werden, vom Meer zur Quelle, vom blauen Wasser des Golfs von Bengalen zum göttlichen Ganges, nach Pataliputra, dem alten Sitz des Reiches des Eroberers Ashoka. Es wäre besser gewesen, wenn ich mich statt dessen an mein Pfadfinderwissen erinnert hätte. Zeltheringe halten nicht in einem sandigen Untergrund. Ich hätte auf Bhim hören sollen, daß es genauso effektiv war, Tara an einen dünnen, flachwurzelnden Casuarinabaum anzuketten, wie wenn wir sie mit einem Bindfaden an ein Gänseblümchen angebunden hätten.

Diese Nacht stellte sich als Tollhaus heraus, wobei es nicht sehr hilfreich war, daß ich freigebig etliche Flaschen Rum verteilt hatte, um

---

* Ankush: ein spezieller Stock, der in Indien zum Lenken der Elefanten verwendet wird
** Casuarina: Baumart in Australien und Indien, mit knotigen, blattlosen Ästen

unser erstes Lager gebührend zu feiern. Khusto war nicht mehr ansprechbar. Bhim und Gokul waren kaum mehr imstande zu stehen. Es blieb Aditya und mir überlassen, zu versuchen, die Kontrolle über Tara zu behalten. Dreimal riß sie aus und walzte dabei ein Gebiet nieder, das ungefähr die Größe eines Fußballfeldes hatte. Entlang des entsprechenden Straßenabschnittes standen in kurzen Abständen Schilder, auf denen in großen roten Buchstaben zu lesen war: REGIE-RUNG VON ORISSA, MINISTERIUM FÜR FORSTWIRT-SCHAFT. BETRETEN VERBOTEN. NEUANPFLANZUNG. Unter Androhung eines Alkoholverbots von einer Woche raffte sich Bhim schließlich mysteriöserweise doch schnell auf. Wieder beehrte er uns mit einem seiner zittrigen Salute, und nach mehreren vergeblichen Versuchen, Tara zu besteigen, kündigte er uns an, daß er die volle Kontrolle über sie hätte, und daß er und Gokul sie an einem stabileren Baum eine Meile die Straße hinunter anketten würden.

Aditya und ich rollten uns in einem eingestürzten Zelt zusammen und schliefen sofort ein. Eine Stunde später wurden wir von Ketten-rasseln und lautem Gesang aufgeweckt. Als ich verschlafen aus dem Zelt äugte, sah ich zu meiner Überraschung, wie Bhim auf Tara in voller Geschwindigkeit in der Dämmerung heranpreschte, während Gokul hinter ihnen herstolperte. Mummy (Tara) war ein böses Mäd-chen gewesen, informierte uns Bhim, und hatte ihn zum Narren gehalten. Er hatte sich aber ernsthaft mit ihr unterhalten, und jetzt wußte Mummy, wer der Herr im Hause war. Mummy hatte ihm außerdem gesagt, daß sie bei diesem Baum sehr einsam wäre und daß sie die Nacht lieber bei Daddy (Aditya) und Raja-Sahib (mir) verbrin-gen würde. Und so verbrachten wir also unsere erste Nacht: mit einem faselnden, unzurechnungsfähigen Mahout, einem besoffenen Charkaatiya und einem im Koma liegenden Fahrer, während Tara an die hintere Stoßstange unseres Jeeps gekettet war.

5 Die Schwarze Pagode

Trotz heftigen Protests befahl ich für jeden ein frühmorgendliches Bad im Meer, um die Auswirkungen der Geschehnisse der vergangenen Nacht abzuwaschen. Nur Tara wurde davon ausgenommen, nachdem sie zunächst ihrem Argwohn vor den wogenden Wellen Ausdruck verliehen hatte und anschließend wild trompetend den Strand hinaufgerannt war, was wiederum zur Folge hatte, daß eine Gruppe erstaunter Fischer ihre Netze fallen ließ und sich hinter ihren Booten durch Tauchen in Sicherheit brachte.

Als wir in Konarak einmarschierten, erleuchteten die ersten Strahlen eines herrlichen Sonnenaufgangs die Schwarze Pagode. Das ist ein Tempel von so einzigartiger Erhabenheit und doch von derartiger Sinnlichkeit, daß ich bei seinem ersten Anblick geradezu überwältigt war. Ich hatte vor vielen Jahren das große Glück gehabt, in einer mondhellen Nacht den Taj Mahal ganz allein besichtigen zu können, und hatte geglaubt, daß nichts, was mir noch jemals vor Augen kommen könnte, diese Schönheit übertreffen würde. Aber der Taj Mahal ist ein Mausoleum, ein Grabmal, eine schweigende Schönheit, während Konarak lebendig ist, ein Stein, der ständig in Bewegung ist – himmlische Nymphen mit schwellenden Brüsten und wohlgerundeten Hüften, der Rhythmus der Liebenden und die Ekstase auf den Gesichtern der erotischen Statuen. Seine Energie manifestiert sich in den Szenen königlicher Jagden und militärischer Expeditionen, mit Infanterie, Kavallerie und Elefanten, die in vollem Ornat dahermarschieren, und die vom Traum eines ehrgeizigen und mächtigen Herrschers künden.

Der Tempel war Mitte des 13. Jahrhunderts von König Narashima Deva I. aus dem Hause der Ganga-Dynastie von Orissa konstruiert worden. Ursprünglich war er als himmlischer Streitwagen des Sonnengottes entworfen worden, gezogen von sieben herrlich geschnitzten Pferden und getragen von vierundzwanzig einzelnen Rädern. Zwölftausend Männer mühten sich zwölf Jahre lang ununterbrochen ab, um dieses Meisterwerk zu vollenden. Den Namen »Schwarze Pagode« bekam es von den Kapitänen der Küstenschiffe, die das Bauwerk als Orientierungspunkt benutzten. Konarak stellt den Höhepunkt der orissischen Architektur dar, von der behauptet wird, daß die Künstler »wie Titanen bauten und wie Juweliere beendeten«. Auf der Nordseite stehen zwei lebensechte Elefanten, die mit wunderbarem Realismus ausgearbeitet sind. Zwischen diesen Elefanten aus Stein, neben denen sie geradezu zwergenhaft wirkte, machte Tara ihr zeremonielles »Pranam«, indem sie ihren Rüssel zum Gruß erhob. Der Oberpriester von Konarak trat heraus, um sie zu segnen.

Als die Schatten der Schwarzen Pagode kürzer wurden, begannen wir voller Triumph unsere Reise. Eine fröhliche Menge applaudierte uns, und viele von ihnen lachten sich halb tot über die lächerliche Figur, die vorausging und einen Hut trug, der mit seinen unzähligen Blumengirlanden eigentlich wie ein Damenhut aussah.

Die Gegend sah ähnlich wie in Indonesien aus: üppig, sinnlich und grün. Meilenweit erstreckten sich Reisfelder, nur unterbrochen von Bambusstauden und Palmen. Davon hoben sich

plötzlich Farbtupfen ab, als sich Männer in leuchtenden Lunghis in smaragdgrün, azurblau und safrangelb, das zu einem lachsrosa verblaßt war, erhoben, uns einen Augenblick anstarrten, dann freundlich winkten und grüßten, während sich ihre dunklen, muskulösen Körper schwarz gegen das Grün abhoben. Rote Milane kreisten über uns im warmen Aufwind, und bunte und blaue Eisvögel schwebten bewegungslos über den Feldern. Dann legten sie die Flügel an, tauchten wie Pfeile ins Wasser und flogen mit Fröschen, Fischen oder kleinen Schlangen in den Schnäbeln wieder auf.

»Wie heißen die?« fragte ich Aditya und deutete auf schlanke, glänzend schwarze Vögel mit langen, stark zerzausten Schwänzen, die aufgereiht auf den Telefondrähten saßen und wie eine Sammlung eleganter, kleiner schwarzer Hüte aussahen, die im Schaufenster einer Hutmacherin ausgestellt sind.

»Das sind Drongos«, erklärte er mir stolz. Aditya war begeisterter Amateur-Ornitologe und schien sehr erleichtert darüber zu sein, daß sich unsere Unterhaltung offensichtlich nicht nur um Tara drehen würde. »Das sind kluge Vögel«, fuhr er fort. »Sie reiten auf den Rücken von grasenden Rindern und fangen die Insekten, die durch die Füße der Tiere aufgescheucht werden. Wenn wir Glück haben, werden wir einen Flaggensylphen-Drongo sehen. Sie sind sehr viel größer und haben zwei lange spatelförmige Federn wie Fahnen in ihrem Schwanz. Ich wollte immer einen haben. Sie sind hervorragende Nachahmer.«

Wer an uns vorbeikam, blieb verwundert stehen. Einige starrten nur, anderen blieb der Mund offen. Wieder andere machten mit ihrem Fahrrad kehrt, um uns zu folgen und ich konnte Fetzen der Gespräche mit Bhim hören. »Haathi-wallah, Konarak.« Daraufhin lächelten sie schüchtern und legten die Handflächen zum Gruß zusammen. Aber ganz verrückt wurden die Kinder. In jedem Dorf kamen sie kreischend und lachend und rufend angelaufen. »Haathi, haathi, haathi«, riefen sie und liefen hinter uns her. Ein oder zwei der Mutigeren wagten sich vor Tara und fütterten sie mit Bambus und Zuckerrohr.

In einigen Dörfern machten wir Rast und tranken Tee, den besten Tee, den ich je getrunken hatte, gesüßt mit Zucker und Kardamom. Sofort sammelte sich eine Menschenmenge um Tara, und Papiertüten mit »Ludoos«, süßen, gelben, runden Kuchen, wurden ihr angeboten. Tara entzückte die Menge damit, daß sie die ganze Papiertüte ins Maul schob. Dann versorgte sie sich großzügig mit Bergen von Süßigkeiten und Kuchen, die in den Auslagen vor dem Geschäft lagen. Manchmal erzürnte ihre Gier den Besitzer, worauf Bhim ihr absichtlich einen dicken Kuß auf den Rüssel drückte, sie freundlich ausschimpfte, worauf sie ihre kleinen, braunen Augen wie ein unartiges, kleines Mädchen niederschlug. »Mummy lernen gutes Benehmen«, erklärte er mir voller Ernst. »Sie zu gierig. Sie haben schlechte Gewohnheiten. Sie jetzt Haathi von Raja-Sahib. Sie auch müssen so benehmen.«

Wir machten uns Sorgen, weil sich Taras Fuß nicht zu bessern schien. Sie humpelte stark und Bhim entdeckte schließlich den Grund für ihr Lahmen – eine Infektion, ausgelöst durch eine schmerzende Fußfessel aus Metall mit kleinen Dornen, die nach innen gerichtet waren, die Rajpath ihr immer angelegt hatte. Einer der Dornen hatte ein tiefes Geschwür verursacht, aber Bhim versicherte mir, daß es ihr bald bessergehen würde, wenn er erst jede Nacht Kompressen aus heißem Salzwasser anlegen würde. Bis dahin durfte nur er sie reiten. Der Howdah wurde heruntergenommen, weil er zu schwer war. Bhims Wissen über Krankheiten von Elefanten beruhigte mich zwar, aber trotzdem machte ich ein Aufhebens darum wie ein werdender Vater. Aber die Welt war für mich wieder in Ordnung, als ich ihr dabei zusah, wie sie so geschäftig vor mir herstampfte, ihren Schwanz schwenkte und den Rüssel unentwegt von einer Seite zur anderen schwingen ließ und Äste von Bäumen abbrach, mit ihren großen Ohren wackelte und zufrieden und geräuschvoll mit vollen Backen mampfte. Ich war rundum glücklich und tätschelte ihren großen, dicken Bauch.

»Ist sie nicht wirklich wunderbar, Aditya?«

»Ja, Mark.«

»Nein, ich glaube, daß sie der absolut schönste Elefant auf der ganzen weiten Welt ist, oder etwa nicht?«

»Ja, Mark.« Ich merkte, daß ich auf dem besten Weg war, ihn um den Verstand zu bringen.

In Anbetracht der Tatsache, daß es unser erster Reisetag war und Tara lahmte, schlugen wir nach einem Marsch von nur zwölf Meilen unser Lager an einem breiten Fluß am Rand eines Dorfes namens Nimpalla auf. Es gibt zwei wichtige Voraussetzungen für den richtigen Lagerplatz, wenn man mit einem Elefanten unterwegs ist: erstens Wasser zum Baden und Trinken und zweitens ein kräftiger Baum mit dichtem Laub, an den man den Elefanten bedenkenlos anketten kann und der ihn sowohl vor der Sonne beschützt, als ihm auch vielleicht sogar genügend Futter liefert. Wir hatten Glück, einen Platz zu finden, auf den beides zutraf. Am Flußrand standen etliche alte Peepul-Bäume, die so widerstandsfähig waren wie Eichen. Blitzschnell war Gokul, mit der Geschicklichkeit eines Affen und mit einer Axt bewaffnet, in den oberen Ästen verschwunden, und bald kam Taras Mittagessen heruntergeflogen.

Wenn es nach mir ging, sollten unsere künftigen Lagerstellen, wenn möglich weit weg von jedem Dorf aufgeschlagen werden. Ich hatte mich noch nicht an die riesige Menschenmenge gewöhnt, die unser Auftauchen jedes Mal zusammentrommelte. Mir war klar, daß ich nicht das Recht hatte, mich darüber zu beschweren, schließlich reiste ich durch ihr Land und lagerte vermutlich auf ihrem Gebiet. Ein Elefant mit einem Ausländer war verständlicherweise eine Sache, die man bestaunen mußte, aber ich war noch zu sehr Tourist, um eine derartige Neugier ertragen zu können. Deshalb war ich nicht gerade in bester Laune, als zahllose Augen prüfend jede meiner Bewegungen beobachteten, während ich mich mit Aditya abmühte, unser lächerlich kompliziertes Zelt aufzustellen.

»Haut ab«, brüllte ich und wedelte mit den Händen wie eine Marionette, die außer Rand und Band geraten ist. Hunderte von Augenpaaren blinzelten einmal kurz, dann setzten sich meine Quälgeister bequemer auf ihre Fersen und warteten in aller Ruhe darauf, daß die Show weiterging.

»Sie werden nicht weggehen«, erklärte Aditya mir ruhig. »Beachte sie einfach nicht.«

»Kannst du sie nicht irgendwie erschrecken oder so was?«

»Vielleicht«, meinte er, »wenn du diese weißen Socken ausziehst und diese lächerlichen blauen Unterhosen mit irgend etwas bedeckst, dann denken sie eventuell, daß du ein menschliches Wesen bist und nicht eine Kreatur von einem anderen Stern.«

»Ich werde mit Tara ein Bad nehmen«, erwiderte ich mürrisch, als ich sah, daß Bhim sie zum Fluß hinunter führte.

»Das, mein Freund, wird unter Umständen einen Volksaufstand verursachen.«

Einem Elefanten beim Baden zuzusehen ist schon etwas Wunderbares, aber mit einem Elefanten zu baden oder ihn zu waschen, das grenzt bereits ans Paradies. Als ich zum Fluß kam, lag Tara schon der Länge lang mit einem zufriedenen Gesichtsausdruck drin. Bhim und Gokul waren bereits eifrig damit beschäftigt, sie mit Steinen abzureiben und die normalerweise graue Haut ihres wohlgerundeten Hinterteils sah schon richtig schwarz und glänzend aus. Ab und zu tauchte ihr Rüssel wie das Periskop eines U-Boots auf und bespritzte die beiden spielerisch mit Wasser, ehe er wieder untertauchte und sprudelnde Blasen aufsteigen ließ. Ich suchte mir einen passenden Stein, ließ meine Würde Würde sein und nahm an dem Spaß teil.

Nach einer Stunde taten mir meine Arme weh und meine Finger bluteten, aber ich war unglaublich stolz auf mich. Bhim, der meinen Eifer spürte, ließ mir die Ehre zuteil werden, Taras Rüssel, ihre Ohren und die Fläche um ihre Augen säubern zu dürfen. Normalerweise macht das nur der Mahout, der den Elefanten am besten kennt, da diese Stellen ganz besonders empfindlich sind. Aber Bhim sorgte auf alle Fälle dafür, daß der Ankush die ganze Zeit über in einem ihrer Ohren eingehakt war.

»Wenn Mummy das fühlen«, erklärte er, »sie macht Raja-Sahib nicht Ärger.«

Das tat sie tatsächlich nicht, ausgenommen der Augenblick, in dem sie ihre Zuneigung zu meinen Unterhosen entdeckte (ich war froh, daß wenigstens einer sie mochte) und sie halb herunterzog. Das verursachte bei der Menschenmenge, die jetzt am Flußufer kauerte, große Heiterkeit. Dann wurde das ganze Verfahren auf der anderen Seite des Elefanten wiederholt. Bhim gab ein kurzes, scharfes Kommando, Tara richtete sich auf die Knie auf und rollte sich herum, wobei sie eine kleine Flutwelle verursachte. Als ich meinen neuen Job als Assistent des Mahouts zu eifrig ausübte, stellte ich auf schmerzliche Weise fest, daß Tara es absolut nicht leiden konnte, an den Fußsohlen geschrubbt zu werden. Sie war äußerst kitzlig und vom Fußtritt eines Elefanten weggeschleudert zu werden ist eine Erfahrung, die ich nicht unbedingt wiederholen möchte. Ich stellte fest, daß ich immer noch eine Menge zu lernen hatte, oder sie mir noch eine Menge beibringen mußte.

Nachdem Tara gefüttert war, ließen wir uns ein sättigendes Mahl aus Corned beef, Linsen und Reis, gewürzt mit ein paar Chilis, schmecken und verteilten uns um das Lagerfeuer. Diese Zusammenstellung sollte unsere Standardmahlzeit werden, außer wir stöberten gelegentlich ein Huhn oder Ziegenfleisch auf. Keiner von uns schien ein guter Koch zu sein. Vielleicht war Indrajit einer. Die Becher wurden mit sorgsam abgemessenen Rumrationen gefüllt und wir tranken jeder auf die Gesundheit des anderen. Dabei stießen wir mit den Zinnbechern an und murmelten schlaftrunken die Worte »Jai Mata« (Heil der Göttin).

Bhim verlor durch den Alkohol etwas seine Hemmungen und fing zu philosophieren an: »Haathi netter als Menschen. Nur weh tun, wenn du Trick. Niemals essen, bis Haathi essen. Wenn gut Futter, immer treu. Aber nicht nicht stehlen Haathi Essen. Haathi das immer wissen. Haathi warten. Dann Haathi Angriff. Viele Mahouts schlecht, stehlen Haathi Futter. Schlechter Mahout, toter Mahout.«

Ich fragte ihn, wie er zu den Elefanten gekommen war. »Ist in Blut«, antwortete er.

Vor vielen Jahren war sein Vater der Chef-Mahout des Maharadschas von Mayurbhanj gewesen, deshalb war Bhim mit Elefanten aufgewachsen. Aber es gab ein Ereignis, das sein Leben veränderte, und von diesem Augenblick an wußte er, daß es seine Bestimmung war, mit den Haathi zu arbeiten. Er gehörte zum Gefolge einer Tigerjagd, die der Maharadscha zu Ehren von ein paar vornehmen Besuchern im Wald von Mayurbhanj organisiert hatte. Sein Vater und die anderen Mahouts ritten auf den Jagdelefanten, während er und ein weiterer junger Mahout auf den Versorgungselefanten hinterherritten. Plötzlich hatten sie das Gefolge verloren. So mußten sie vollkommen alleine die Nacht im Dschungel verbringen. Bhim wachte vom Geräusch eines Tigers auf, der sich ganz in der Nähe befand. Voller Entsetzen und Angst hörte er, wie der Tiger den anderen Mahout tötete und wegschleppte. Sein eigener Elefant hatte ihn instinktiv beschützt. Er hatte ihn mit dem Rüssel gepackt und zwischen seine Vorderbeine geschoben. Dort bewachte er ihn die ganze Nacht, indem er jedes Mal, wenn sich der Tiger näherte, wütend lostrompetete. Am nächsten Morgen war Bhim wieder in sichere Gefilde geritten.

»Haathi wie Mummy. Bewachen Kind.«

Als ich später in meinem Zelt lag, dachte ich über Bhims Erzählung nach. Sogar über Adityas lautes Schnarchen hinweg konnte ich Tara fröhlich fressen hören – das Krachen und Knacken der Äste, gefolgt von einem zufriedenen Mampfen. Einen Elefanten so nahe zu haben, gab einem ein sicheres Gefühl. Es war, als würde man von einem großen, freundlichen Kindermädchen bewacht, und so schlief ich ein und träumte von Tigern und Tempeln.

Das tosende Gewitter in dieser Nacht war lediglich ein Vorgeschmack darauf, welche Art von Wetter uns die nächsten beiden Wochen ständig verfolgen würde. Sämtliche Zelte waren umgeblasen worden und auf dem Boden stand das Wasser knöcheltief. Als ich versuchte, meine Luftmatratze unter der triefend nassen Zeltleinwand wiederzufinden, trieb sie fröhlich auf den Fluß zu. In der Morgendämmerung

*Ein Knochenbündel –
Tara, als Mark sie zum
ersten Mal sah.*

*Bhim, der Mahout, und Tara
machen sich vorsichtig
bekannt.*

Aditya Patankar

Im Nandankanan Zoo bemalen Kunststudenten Tara, damit sie für die Puja geschmückt ist, die für einen glücklichen Reisebeginn abgehalten wird.

Auf dem Marsch durch Bhubaneshwar/Orissa, der Stadt der »tausend Tempel«: Bhim reitet auf Tara, Mark steht unter dem Regenschirm.

Tara schließt mit einem Steinelefanten Freundschaft, der die Elefantenhöhle in den Udayagiri-Hügeln/Orissa bewacht. Gokul, der Charkaatiya, sitzt auf Tara.

Tara und Mark warten darauf, daß Bhim den Howdah richtig festmacht.

bauten wir schnell unser Lager ab, wobei wir fluchend über unsere Zeltpflöcke und Halteseile stolperten. Begleitet wurde das Ganze von einem ohrenbetäubenden Chor quakender Frösche, die über unser Pech zu lachen schienen.

Ein weiterer Tagesmarsch begann. Aditya und ich gingen mit ganz vorsichtigen Schritten. Wir hatten Wasserblasen an den Füßen. Wir hinkten beide, und Bhim und Gokul hatten Fieber und zitterten unter ihren Schirmen.

»Unter meinem linken großen Zeh entsteht eine Wasserblase«, knurrte Aditya, während wir dahinstolperten.

»Zwei Wasserblasen unter meiner rechten Ferse«, erwiderte ich wimmernd. »Mein Gott, die tun vielleicht weh! Nicht so schnell, ich halt das nicht mehr aus.«

»Sei nicht so wehleidig. Mach sie auf und vergiß den Schmerz. Denk daran, was meine Vorfahren auszuhalten hatten.«

»Deine Vorfahren«, fuhr ich ihn an, »waren Generale und Kommandeure. Ich wette, daß sie niemals irgendwohin zu Fuß gegangen sind; sie ritten garantiert sehr bequem auf Pferden.«

Ich drehte mich um und blickte voller Neid auf Bhim und fragte mich, ob ich wohl jemals auf Tara reiten würde.

Unsere Mißstimmung verwandelte sich in Lachen über das Chaos, das Tara bei unserem Marsch anrichtete. Ziegenhirten versuchten verzweifelt ihre Tiere zusammenzuhalten, die bei Taras Anblick blökend und voller Angst in die Reisfelder rannten. Die Lenker der Ochsenkarren, die auf dem Weg zum Markt waren und ihre Waren ziemlich unsicher schwankend auf ihren klapprigen Karren aufgetürmt hatten, standen auf und schrien »Hut, Hut«, wobei sie wie gnadenlose Jockeys auf ihre Tiere einpeitschten, damit sie möglichst schnell an uns vorbeikamen. Manchmal stiegen sie auch ab und bedeckten die Augen der Tiere. Aber das war umsonst. Die Ochsen, die selbst ziemlich gewaltig waren, spürten, daß etwas, das noch viel größer als sie selbst war, sie bedrohte. Daraufhin rannten sie unhaltbar mit Schaum vor dem Maul davon und verstreuten ihre Ladung auf der Straße. Drei junge Männer auf einem Moped fuhren an uns vorbei und bespritzten uns mit Wasser. Alle drei drehten sich gleichzeitig um, wie um sich zu vergewissern, daß das, was sie gesehen hatten, keine Einbildung war. Das Moped geriet außer Kontrolle, kam von der Straße ab und krachte in ein Schlammloch. Sie waren keineswegs sauer, sondern lachten lauthals, als wir ihnen aus ihrer mißlichen Lage halfen.

In der Nähe der Stadt Hirapur kamen wir an einem herrlichen und offensichtlich vergessenen Tempel vorbei, der von grünen Reisfeldern umgeben war. Um ihn zu erreichen, mußten wir am Rand eines kleinen Sees entlanggehen, in dessen Mitte ein kleiner, überwachsener Schrein stand, wie ein kleiner Pavillon in einem englischen Country-Garten. Der Tempel war ziemlich leer und von merkwürdiger Bauweise – ein perfekter Kreis aus Stein, ungefähr 2,70 m hoch, der nach oben offen war. Betreten konnte man ihn durch einen engen, niedrigen Gang, der lediglich ein Einschnitt in der äußeren Mauer war. Innen standen in kleinen Nischen vierundsechzig wunderschöne Göttinnen, geschnitzt aus schwarzem Chlorit, jede etwa 30 cm hoch, mit dem Gesicht zu einem offenen Pavillon in der Mitte. In diesem Tempel herrschte eine verführerisch sinnliche Stimmung und ich stellte mir orgiastische Liebe vor, begleitet von Musik, Weihrauch, nackter Haut, Farben und Gelächter. Die Mauer war gerade so hoch, daß niemand heimlich hineinblicken konnte. Später entdeckte ich, daß es der Chausath-Yogini-Tempel war, einer von nur vier in ganz Indien, die im 19. Jahrhundert erbaut wurden. Die Göttinnen oder Yoginis waren Dienerinnen der Göttin Durga, deren Figur früher in dem offenen Pavillon in der Mitte gestanden hatte. In diesem Tempel durften nur die Könige von Orissa ihre Gottesdiente abhalten.

Auf der Hauptstraße kamen wir an einem Touristenbus vorbei, der mit quietschenden Bremsen anhielt, wendete und neben uns fuhr. Aufgeregte Rufe »Slon, Slon« drangen aus den offenen Fenster und ich entdeckte, daß der Bus voller Russen war. »Slon« ist das russische Wort für Elefant, und komischerweise das einzige Wort, das ich in dieser Sprache kenne. Tara, die niemals eine Gelegenheit zum Futterfassen ausläßt, arbeitete sich wie eine Professionelle durch den Bus. Ihr langer Rüssel schob sich in jedes Fenster und kehrte mit Orangen, Bananen und Äpfeln und schließlich sogar mit einer Flasche Wodka zurück, die sie, ehe ich sie ihr noch entreißen konnte, an ihr Maul hielt und leer trank. Bhim tadelte sie dafür heftig, indem er ihr das stumpfe

Ende des Ankush auf ihren knochigen Kopf schlug. Das hatte ungefähr genausoviel Effekt, wie wenn man man ein Nashorn mit einem Lutscher schlägt, aber auf Grund seines wehmütigen Blickes, mit dem er die leere Flasche betrachtete, konnte ich ahnen, weshalb er wirklich so wütend war. Glücklicherweise bekamen wir noch eine Flasche gereicht, und dieses Mal prosteten wir uns lautstark zu. »Do dra« (wörtlich: auf den Grund), tönte es von den Russen.

»Jai Mata«, kam es von den Indern, ein seltsames Blubbern war aus Taras Bauch zu hören, und der einzige Engländer äußerte »Up yours«. Mit Hilfe eines Elefanten hatte auch ich mein Scherflein zu »Glasnost« und »Perestrojka« beigetragen.

Für eine kurze Zeit wärmte das heißen Brennen des Wodkas unsere Knochen, und wir marschierten mit langen Schritten dahin und vergaßen den Regen. Bhim, der wie eine fröhliche, ertrunkene Wasserratte aussah, sang eine seltsame, wehmütige Melodie, die durch die Kapuze des Regenmantels gedämpft wurde, den ich ihm geliehen hatte. Tara betrachtete jetzt alles, was sich bewegte - egal ob Lastwagen, Bus, Auto oder Radfahrer – als Essen auf Rädern und marschierte mit schlenkerndem Rüssel diesen Vehikeln direkt in den Weg. Gokul hängte sich kichernd an Taras Schwanz und führte dort einen merkwürdigen kleinen Tanz auf. Aditya und ich unterhielten uns über Blasen. Nur mit Mühe konnte ich mit ihm Schritt halten, als er mir etwas vorführte, das er den »Schlenderschritt« der Maratha-Infanterie nannte.

Durch den strömenden Regen konnten wir gerade noch die verschwommenen Umrisse der Dhauli-Hügel erkennen. Auf einer herausragenden Kuppe hob sich die Vishwa-Shanti-Stupa blendendweiß gegen den schwarzen Himmel ab. Die kuppelförmige Friedens-Pagode wurde in diesem Jahrhundert von Buddhisten in Zusammenarbeit mit den Japanern gebaut, um an den Übertritt des großen indischen Kaisers Ashoka zum Buddhismus zu erinnern.

Über ein paar Felder machten wir einen kurzen Abstecher zum Fluß Daya, der angeblich während des grauenvollen Gemetzels der Schlacht von Kalinga »rot vor Blut« geflossen sein soll. Das Massaker war so furchtbar, daß Ashoka sein blutgetränktes Schwert wegwarf und den Pfad des Friedens beschritt. Auf diesen Feldern war die

Schlacht ausgefochten worden. Unter den schwarzen Regenwolken machte der Ort einen freudlosen und unheimlichen Eindruck. Der Wind umwehte uns wimmernd und brachte uns zum Zittern, aber weniger der Kälte wegen. Vielleicht wegen der Geister der einhunderttausend armen Seelen, die hier abgeschlachtet worden waren. Auch Tara spürte es. Sie bewegte sich nur zögernd vorwärts, hielt spürend und witternd den Rüssel in die Luft. Schließlich blieb sie stehen. Bhim versuchte sie voranzutreiben, und da gab sie ein lautes, widerhallendes Brüllen von sich, das für mich wie ein Angstschrei klang. Mit weit ausgebreiteten Ohren ging sie schnell rückwärts, dann drehte sie sich um und floh.

»Mummy nicht mögen hier«, rief Bhim uns über die Schulter zu und versuchte, das Tier wieder unter Kontrolle zu bekommen.

»Laß uns hier verschwinden«, murmelte ich Aditya zu.

»Nur Gott weiß, wie viele Elefanten hier an dieser Stelle umgekommen sind«, erwiderte Aditya schaudernd. »Das ist ein Elefantenfriedhof. Wie ist es möglich, daß Tara das nach zweieinhalbtausend Jahren noch spürt?«

Irgendwie glaubte ich an diese Möglichkeit, genauso wie ich an die Legende über den Übertritt des Kaisers zum Buddhismus glaubte.

Auf diesen Feldern war er mit seinem blutigen Schwert gestanden und hatte sich an dem Blutbad geweidet. Dann hatte sich der Himmel aufgetan, und Buddha war in einem Strahl von reinem weißem Licht erschienen, in seinen Armen ein totes Kind. »Gib diesem Kind das Leben zurück«, hatte Buddha gefleht. »Wie soll ich denn so ein Wunder bewirken?« hatte Ashoka gefragt. »Du hast so viele Leben genommen«, hatte Buddha geantwortet. »Kann denn ein Mann, der so vornehm und großartig ist wie du, nicht einmal ein einziges Leben zurückgeben?«

Wir gingen auf die Straße zu, die uns zur Stupa bringen würde, bei der Khusto mit dem Jeep auf uns warten sollte. Von Khusto war nichts zu sehen. Wir warteten in der zunehmenden Dunkelheit eine Stunde auf ihn. Tara war unruhig und nervös und ihr Fuß war schrecklich geschwollen. Wir mußten für diese Nacht ein Dach über dem Kopf finden und beschlossen, zum Kloster zu gehen, wo die Mönche uns sicherlich willkommen heißen würden. Wir kamen zu einer breiten, überdachten Veranda mit einem großen Baum mit vielen Blättern ganz dicht daneben.

»Hervorragend«, sagte ich und läutete an der Messingglocke, die an einem Eisengitter hing. Von innen drang schwach der Geruch von Weihrauch heraus. Alles blieb ruhig. Ich läutete abermals.

»Wer ist da?« fragte eine nervöse Stimme, und ein junger Inder preßte sein Gesicht auf der anderen Seite an das Eisengitter.

»Kann ich mit den Mönchen sprechen?« fragte ich höflich.

»Es sind Japaner«, antwortete er.

»Nun, das ist doch sehr nett«, meinte ich, »aber kann ich trotzdem mit ihnen sprechen?«

»Sie sind weg, in Kalkutta.«

»Vielleicht kannst dann du uns helfen. Wir brauchen eine Unterkunft für diese Nacht. Wir frieren alle, wir sind durchnäßt und mein Elefant ist krank.«

»Ihr könnt nicht hierbleiben«, erwiderte er kurz.

»Bist du Buddhist?« fragte ich ihn.

»Ja.«

»Buddha Shuranam Gachami« (möge der Frieden des Buddha mit dir sein), grüßte ich ihn.

»Ihr könnt trotzdem nicht hierbleiben«, beharrte er.

»Aber wir sind müde Reisende. Wir brauchen nicht viel, nur ein Dach über unserem Kopf und einen Baum für den Elefanten.«

»Sie sind ein Ausländer.«

»Ja, aber was spielt denn das für eine Rolle«, rief ich aus und fing an, ärgerlich zu werden. »Der Buddhismus ist universal.«

»Ihr könnt nicht hierbleiben. Bitte. Das ist ein schlechter Ort. Es gibt kein Licht und Morde wurde begangen.«

Aditya zuckte die Achseln. Wir humpelten hinaus in den Regen und fanden mehrere Stunden später in der Dunkelheit ein verlassenes Schulhaus. Nachdem Bhim eine heiße Kompresse auf Taras Bein gelegt hatte, die er aus Damenbinden fabrizierte, die er mysteriöserweise aus seiner Tasche zog, fielen wir wie tot zu Boden und dachten nicht mehr an unser feuchtes Unglück.

Früh am nächsten Morgen kamen wir nach Bhubaneshwar und dort trafen wir Khusto. Mit Paan-gefülltem Mund, aus dem trotzdem der

Geruch nach Rum drang, murmelte er, daß er eine Panne gehabt und sich verfahren hätte. Aditya und ich beschlossen, daß Indrajit sich künftig mit Khusto abwechseln sollte. Taras Bein machte uns am meisten Sorgen und so zogen wir eilig in Richtung Nandankanan, das nördlich von unserer Route lag, um dort einen Zoo-Veterinär zu konsultieren. Bhim schien über unsere Entscheidung überhaupt nicht glücklich zu sein. Nachdem er die modernen medizinischen Methoden mit Hohn und Verachtung überschüttet hatte, hob er hervor, daß im Zoo immer er es gewesen war, der die kranken Elefanten geheilt hatte. Aber ich war unnachgiebig; ich konnte es nicht länger ertragen, Tara so leiden zu sehen.

6 Auf den Spuren des Königs von Bliss

Als wir nach Bhubaneshwar hineinritten, kamen wir an vielen jungen Leuten vorbei, die auf Trommeln schlugen, sangen und Figuren aus Pappmaché mit sich trugen – einige waren riesengroß, einige winzig, aber seltsamerweise waren alle rosafarben angemalt. Die Figuren waren dazu bestimmt, in den Fluß geworfen zu werden. Es war Ganesh Chaturti, der letzte der Feiertage zu Ehren von Ganesh, und die Lieder der jungen Leute baten den elefantenköpfigen Gott, nächstes Jahr möglichst früh wieder zurückzukehren. Doch die melancholischen Abschiedslieder wechselten eigentlich ständig mit fröhlichen Hymnen ab, in denen die Freude über die Wiederkehr des Gottes ausgedrückt wurde. Für mich glich dieser Wechsel Indien selbst, wo stets das Ende eines Ereignisses vom Anfang des nächsten überdeckt wird. Die Menschenmenge drehte sich zu uns um und hatte damit einen neuen Grund zum Feiern gefunden. Am Tag des Ganesh Chaturti einen Elefanten zu sehen verhieß großes Glück. Eine Kapelle mit Posaune und Trompeten und einem Kind mit einer riesigen Pauke gesellte sich zu uns, und so marschierten wir triumphierend wie eine Zirkusparade in Bhubaneshwar ein.

Es gab Zeiten, in denen die Skyline von Bhubaneshwar von mehr als siebentausend Tempeln beherrscht wurde, schließlich hatte die Stadt auch den Beinamen »Wohnsitz der Götter«. Als wir den Tempel

54

des Lingaraj (dem Herrn des Universums) erreichten, hatte es zu regnen angefangen. Dieser Tempel gehört zu den größten und eindrucksvollsten von ganz Bhubaneshwar, seine gewölbte Spitze strebt zu einer Höhe von über 42 m empor. Als die Priester mich, den Fremden, sahen, entrollten sie sich auf dem nassen Steineingang wie Phython-Schlangen aus ihren Körben und rutschten bedrohlich näher, um Geld von mir zu erbetteln. Doch der Anblick des Elefanten, oder besser der Anblick eines »Firinghee*« mit einem Elefanten, brachte sie in arge Gewissenskonflikte; sie konnten sich nicht entscheiden, ob sie dem Elefanten etwas geben oder von mir etwas erbetteln sollten. Da sie erfahrene Geschäftsleute waren, taten sie nichts von beiden.

In einem verkehrsreichen Rondell salutierte ein grinsender Polizist mit einem feschen weißen Tropenhelm und einem Umhang vor uns, blies kräftig in seine Pfeife, hielt den Verkehr für uns an und ließ uns vorbeimarschieren.

»Warum zu Fuß gehen, Sir?« rief mir ein Rikschahfahrer zu. »Ich kann Sie überall hinbringen, zum halben Preis.«

»Nach Patna? In Bihar?« rief ich zurück.

»Kein Problem, Sir. Bitte nehmen Sie Platz.«

»Aber das ist mindestens siebenhundert Meilen entfernt.«

»Dabei würde ich ganz bestimmt sterben. Guten Morgen.« Und mit diesen Worten strampelte er mit seinen dünnen Beinen hastig davon.

Indrajit und Khusto erschienen mit dem Jeep. Jetzt waren wir wieder vollzählig. Wir wiesen die beiden Fahrer an, schon nach Nandankanan vorauszufahren und den Tierarzt über Taras schlimmen Zustand zu informieren. Um ihrem Bein Ruhe zu gönnen, machten wir bei der Hati-Gumpha-Höhle (Elefantenhöhle) in den Udayagiri-Hügeln halt. Zwei steinerne Elefanten bewachen den Eingang. Im Inneren befindet sich, eingemeißelt in gewaltige Steintafeln, die Aufzeichnung über die Regierungszeit von König Kharavela, den bedeutendsten Monarchen von Orissa, Herrscher über das mächtige Kalinga-Reich. Genannt wurde er »König von Bliss, Seine Majestät

---

* Firinghee: Bezeichnung für hellhäutige Menschen, hier speziell für Briten

der Mächtige Eroberer, Sri Kharavela, der Besitzer der Unbesiegbaren Armeen«. Er war es, der den griechischen König Demetrius aus Indien vertrieben hatte. Den Thron hatte er bereits mit fünfzehn Jahren bestiegen und während seiner zwölfjährigen Regierungszeit führte er seine gewaltige Armee von Elefanten, Kavallerie und Streitwagen in das nordwestliche Indien, und brachte damit »Angst und Entsetzen über die Menschen von Magadha, während er seine Pferde und Elefanten aus dem Ganges trinken ließ«.

Ich mochte diesen Gentleman; vielleicht lag es daran, daß ich den Klang seines Namens mochte, oder vielleicht daran, daß ich jetzt, hoch auf dem Elefanten thronend, den Spuren des Königs von Bliss folgte. Genauso wie seine königlichen Elefanten würde auch Tara von den Wassern des Ganges trinken.

So, als wollte sie diese Überlegung unterstützen, rollte Tara plötzlich ihren Rüssel aus und legte ihn um den des steinernen Wachelefanten. In der Elefantensprache bedeutet diese Geste absolute Freundschaft.

In Nandankanan untersuchte der Tierarzt Taras Bein sehr gründlich und verschrieb eine Woche lang starke Antibiotika.

»Wie gibt man einem Elefanten Pillen?« fragte ich. »Im Futter?«

»Aber nein«, antwortete er. »Das ist eine sehr ernste Infektion. Das Serum muß intramuskulär gespritzt werden.«

»Sie meinen, ich muß spritzen?« Mir rutschte das Herz in die Hose. »Ich muß ihr Spritzen geben! Lieber Gott! Schon unter normalen Umständen hasse ich Nadeln. Wie, um alles in der Welt, soll ich einem Elefanten eine Nadel hineinstechen?«

»Das ist ganz einfach. Kommen Sie«, sagte er. »Wir werden ihr die erste jetzt gleich geben.«

Ich wünschte, ich hätte das Selbstvertrauen, das J. H. Williams in seinem Buch »Elefant Bill« zeigt:

Man sollte alle Bedenken sein lassen und einfach auf das Tier zugehen. Dann sollte man es mit der linken Hand freundlich tätscheln und rufen »Hallo, alter Kumpel«. Mit der rechten Hand stößt man die Nadel durch die Haut und spritzt das Serum ein. Dann streichelt man es wieder und dreht sich mit dem Ruf »Los, komm« zum nächsten

Elefanten um. Elefanten können ziemlich viel Schmerzen klaglos ertragen, und sie scheinen zu verstehen, daß alles nur zu ihrem besten geschieht. Aber sie werden das alles nur dann über sich ergehen lassen, wenn der Ausführende voller Selbstvertrauen ist und das Gefühl hat, daß er das richtige tut, denn ein Elefant kann das Fehlen von Selbstvertrauen sehr viel schneller spüren als jedes andere Tier der Welt.

»Können nicht Sie ihr die erste Spritze geben?« schlug ich dem Tierarzt vor, als ich eine Spritze von der Größe eines Granatwerfers zitternd in der Hand hielt.

»Nein«, gab er kurz zur Antwort. »Sie müssen das sofort lernen. Nicht vergessen, Sie müssen sie in einem Schwung bis zum Anschlag hineinstoßen. Wenn sie erst einmal fest drinsitzt, können sie den Kolben ganz einfach runterdrücken.«

»In welche Pobacke?« fragte ich nervös, als ich vor Taras gewaltigem Hinterteil stand. In diesem Augenblick drehte sie ihren Kopf und blickte mich neugierig an.

»Egal welche. Nehmen Sie die, die Ihnen am besten gefällt«, sagte er einfach so dahin. Ich merkte mir einen Punkt, schloß die Augen und stieß die Nadel wie einen Dartpfeil hinein. Mit wütendem Quietschen fuhr Tara empor und verdrückte sich, während eine zerbrochene Spritze gefährlich schwankend aus ihrem Hinterteil ragte.

»Das war völlig falsch«, stellte der Tierarzt unnötigerweise fest. »Sie müssen das mit einer starken, geraden Bewegung machen. Stoßen Sie ihr die Nadel direkt hinein. Jetzt werden wir es noch einmal versuchen.«

Tara wurde wieder eingefangen und zum Sitzen gebracht. Sie warf mir einen ungemein giftigen Blick zu. Ich wiederholte das Ganze und hatte dieses Mal Erfolg. Ich schaffte es sogar, die klebrige Flüssigkeit richtig hineinzuspritzen.

»Das wiederholen Sie während der nächsten sechs Tage jeden Abend. Sie werden bald feststellen, daß sie sich schnell daran gewöhnt. Vermutlich wird sie Ihnen sogar dankbar sein.«

Davon war ich keineswegs überzeugt, vor allen Dingen nicht, nachdem Bhim, der alles in gebührendem Abstand beobachtet hatte, zu mir trat und mir ins Ohr flüsterte. »Raja-Sahib«, sagte er listig, »Mummy Schmerzen. Mummy weiß, wer macht Schmerzen. Mummy böse mit Raja-Sahib. Besser Daddy gibt Spritze. Raja-Sahib verstecken. Wenn Spritze vorbei, gibt Mummy Gur. Mummy dann mögen Raja-Sahib bestimmt wieder«, grinste er und zwinkerte mir zu.

Wir wollten gerade abmarschieren – nachdem wir unserer Ausrüstung eine riesige Box mit Nadeln, Spritzen und Glasphiolen hinzugefügt hatten – als der Tierarzt auf zwei erhabene und verhärtete Kreise in der Haut von Taras beiden Pobacken deutete.

»Wissen Sie, was das bedeutet?« fragte er.

»Das sind Zeichen, die von den Lohatias gemacht werden. Das sind Männer, die in alten Zeiten, als sie die Elefanten noch mit Lassos jagten, sich an die Seile der Schwanzriemen hängten und ihre Elefanten, wenn sie ihnen zu langsam liefen, mit einem kurzen Stock antrieben, der mit eisernen Stacheln besetzt war. Diese Art von Elefantenjagd wurde Mela Shikar genannt und die Art von Elefanten, die dabei benutzt wurden, nannte man Koonki. Diese Elefanten mußten sehr schnell sein.«

Als ich Tara so ansah, wie sie sich Reis ins Maul stopfte, bezweifelte ich, daß sie einen Bus einholen konnte, geschweige denn einen wilden Elefanten.

»Mela Shikar ist natürlich inzwischen verboten«, fuhr der Tierarzt fort, »aber früher wurde diese Art der Jagd im nordöstlichen Teil von Indien ausgeübt, hauptsächlich in Assam. Jetzt haben Sie wenigstens eine Idee, wo sie herstammen könnte.«

Wie durch ein Wunder schien Taras Bein fast sofort besser zu werden. Sie konnte es wieder besser knicken, und mit flottem Tempo marschierten wir im Schatten einer unfertigen Brücke durch das breite, sandige Bett eines ausgetrockneten Flusses. In der Ferne konnten wir die Umrisse von Cuttack sehen, der alten Hauptstadt von Orissa, die in einer geographisch ziemlich ungünstigen Position auf einer Landspitze zwischen zwei gewaltigen Flüssen liegt. Aus diesem Grund hatte sie sich auch nicht ausdehnen können. So wurde 1948 Bhubaneshwar zur Hauptstadt bestimmt. Und einen dieser beiden Flüsse überquerten wir jetzt gerade.

Cuttack brodelte vor Vorfreude, denn der russische Zirkus war in der Stadt. Kleine Busse schoben sich durch den Verkehr, an deren Seiten Plakate klebten, auf denen geschmeidige junge Mädchen in knappen, glänzenden Trikots mit ausgestreckten Armen auf galoppierenden Pferden balancierten. Löwen und Tiger brüllten von Werbezetteln an Bauzäunen und Radfahrer hatten an ihren rostigen Lenkern Megaphone, durch die sie voller Begeisterung die Sehenswürdigkeiten des Zirkus anpriesen. Bleichgesichtige, russische Artisten mischten sich unter die Menge und der Kraftprotz des Zirkus hatte es geschafft, sich in eine Riksha zu zwängen. Auf seinen Knien saß ein Zwerg. Tara und ich grüßten sie freundlich, aber sie hatten nur ein unfreundliches Schweigen für uns übrig.

Auf dem Hauptplatz stand, umgeben von einem Zaun, die Marmorstatue eines Mannes mit gewaltigem Turban und sorgfältig gereinigtem Gesicht. Um seinen Hals hing ein Kranz von Ringelblumen. Es war der Maharadscha von Paralakhemedi, ein sehr populärer Mann, der Orissa 1936 von Bihar abtrennte und es zu einem eigenständigen Staat machte.

Der Besitzer des »Samaj«, der ältesten Zeitung in Orissa, hatte mich eingeladen. Er war ein ehrwürdiger alter Mann mit exquisitem Benehmen, der Aditya und mir eine Gottheit aus Holz überreichte und uns farbenprächtig bestickte Decken um die Schultern legte. Er drückte mir die Hand. »Die Traditionen sterben schnell aus. Was Sie machen, ist eine Inspiration für die Jugend von Orissa.« Dann fragte er mich, ob ich Geld benötigen würde. Ich war überrascht von dieser unverfälschten Geste der Hilfsbereitschaft.

Am Stadtrand von Cuttack kamen wir an den Ruinen des Fort Barabati vorbei. Es war im 13. Jahrhundert errichtet worden und bestand ehemals aus neun Höfen. Im ersten Hof waren die Elefanten, Kamele und Pferde untergebracht. Alles, was heute noch davon übrig ist, ist ein zerbröckelnder Eingang aus Stein und ein Wassergraben.

»An diesem Ort ist viel passiert«, äußerte ich zu Aditya.

»Die Moguln haben sich schon nicht sonderlich gut benommen, aber deine Leute haben dem Ganzen noch die Krone aufgesetzt.«

Die Invasion von Orissa hatte im Jahre 1205 unter dem Vorwand begonnen, die hervorragende Elefantenzucht, für die Orissa berühmt war, zu sichern. Der bemerkenswerteste Raubzug wurde 1360 von dem Kaiser Firoz Shah aus Delhi unternommen, der sich durch den Dschungel von Orissa schlug, den Mahanadi-Fluß überquerte und dieses Fort besetzte, aus dem der König geflohen war. Hier ließ sich Firoz Shah einige Zeit häuslich nieder und jagte Elefanten, und als der verängstigte König Gesandte schickte, die einen Friedensvertrag aushandeln sollten, erwiderte Firoz Shah voller Sarkasmus, er wäre doch nur zur Elefantenjagd gekommen und hätte sich schon gewundert, warum der König geflohen wäre. Der verwirrte Oriya-König schickte ihm daraufhin zwanzig Elefanten und versprach, das jedes Jahr als Tribut zu wiederholen. Erst jetzt kehrte der Kaiser nach Delhi zurück. Fünfhundert Jahre war der Staat von Orissa dann von Mohammedanern besetzt, anschließend brachte die Ankunft der Marathas abermals Verzweiflung und Angst.

»Während der Hungersnot von 1770«, erinnerte ich Aditya, »als die Menschen zu Hunderttausenden starben, seid ihr völlig ausgerastet und habt, so ist es wortwörtlich überliefert, ›wie wilde Bestien im ganzen Land gehaust‹«.

»Erzähl mir mehr davon«, sagte Aditya voller Begeisterung.

»Das ist keine schöne Geschichte, aber ich muß sagen, daß deine Leute in ihrer gewalttätigen Gier sehr tüchtig waren.«

»Darum geht's doch«, erwiderte er. »Es gibt nichts Besseres als eine tüchtige Armee.«

»Zum Glück von Orissa dauerte die Tüchtigkeit deiner Vorfahren nur ein Jahrhundert. Die Briten stürmten das Fort, und das Joch der Marathas wurde damit schließlich zerbrochen.«

»Diese verdammten Briten«, meinte er lachend. »Immer stecken sie ihre Nasen in Dinge, die sie nichts angehen.«

Während der nächsten paar Tage bewegten wir uns langsam nordwärts und kamen damit immer tiefer in das ländliche Orissa. Wir übernachteten in öffentlichen Rasthäusern und Schulen, um nicht wieder unbequeme Regennächte im Zelt verbringen zu müssen. Die Monsunregen fielen noch immer unaufhörlich. Taras Fuß war durch die Injektionen, die Aditya ihr jetzt jeden Abend äußerst fachmännisch verabreichte, fast völlig ausgeheilt. Bhims schlauer Plan schien nicht zu funktionieren, da sie Aditya wesentlich mehr Aufmerksamkeit zollte als mir. Ich war schon fast davon überzeugt, daß der Tierarzt recht gehabt hatte. Tara war Aditya dankbar, daß er ihre Schmerzen geheilt hatte – dadurch waren sie enge Freunde geworden.

Als Vorbereitung auf mein bevorstehendes Training als Mahout-Nachwuchs hatte Bhim Aditya eine Liste mit den grundlegenden Elefantenbefehlen gegeben, die Aditya für mich in Lautschrift niedergeschrieben hatte. Gott sei Dank bestand die Liste nur aus siebzehn Befehlen und nicht aus allen vierundachtzig, von denen mir berichtet worden war. Aber bis ich Hindi gelernt hatte, reichten die siebzehn vollauf. Am Abend, wenn Aditya und ich unsere nassen, blutigen Socken ausgewunden hatten und wir versuchten, die Löcher in unserem blutigen Fleisch mit Elastoplast zu verkleben, übte ich die Befehle.

Agit (Ah-git) – vorwärts/gehen
Peechay (Pie-Tschai) – zurück
Chai ghoom (Tschai guum) – rechts
Chi (tschie) – links
Chhee (wie tschie, aber länger) – pfui
Dhuth (dat) – Halt! – Der wichtigste Befehl, den ich nie so richtig lernte
Maar Thode (Ma toad) – Pause
A Dhur (Äi Dör) – nimm dies/nimm das
Mylay (Mei Läi) – aufstehen
Baitho (Bai To) – runter/auf die Knie
Theeray (Tie Räi) – hinlegen/auf die Seite rollen
Theylay Chhup (Tie Läi Tschap) – trinken
Bey (Bäi) – Schwein
Lay lay (Läi Läi) – Essen/nimm Futter/öffne das Maul. Dieser Befehl war bedeutungslos. Dazu brauchte Tara keine Aufforderung
Utha (Uu ta) – hochheben
Bowl bowl (boul boul) – rede/sag Danke schön

Das ist doch ganz leicht, dachte ich überheblich, und bald wußte ich alle Befehle auswendig.

»Ich hab's«, teilte ich Aditya mit, »teste mich.«

Ich hatte das »Pee« von »Peechay« noch nicht richtig ausgesprochen, da ging er schon an die Decke.

»Um Gottes willen, Mark. Das ist ein Elefant, kein Hund. Du klingst genauso wie die kleine alte Dame im Schottenrock mit ihren Wellingtonstiefeln, die immer im britischen Fernsehen herumstampft und sagt »Sitz. Lauf. Guter Hund.«

»Barbara Woodhouse ist das«, unterbrach ich ihn mürrisch, »und die hat enorm viel Erfolg damit gehabt.«

»Nun, ich muß dir sagen, mein Freund, daß du hier auf einer ganz anderen Party bist. Sprich nicht wie irgendso ein Wischiwaschi-Anfänger, sondern bring Leben hinein.« Er holte Luft. »Dhuth« brüllte er.

Tara grub ihre Vorderbeine in den Sand und blieb stocksteif stehen. Ein weniger erfahrener Mahout wie Bhim wäre heruntergefallen. Aber so wurde er nur nach vorne geschleudert und sein Kopf in Taras Nacken gepreßt, wobei er allerdings fast die Zigarette verschluckte, die er gerade zwischen den Zähnen hatte.

»Ja, ich sehe, was du meinst«, sagte ich bescheiden. »Ich glaube, ich brauche noch etwas mehr Übung.«

In dieser Nacht lagerten wir an einem See, der von nebelverhangenen Hügeln umgeben war. Zur Abwechslung war es diesmal unheimlich still; es gab keine Menschen und nur das leise Bimmeln der hölzernen Glocken der grasenden Kühe war zu hören und nur das Platschen von etwas, das auf unsere Zelte geworfen wurde, störte unseren Frieden. Tara, die an einem Baum hinter uns angekettet war, schaufelte voller Begeisterung ganze Rüsselladungen voller Erde zusammen und warf sie sich über den Kopf. Sie gönnte sich ein Schlammbad. Schon bald glich sie einem riesigen Maulwurfshügel, aber das Einreiben mit Schlamm war ein nützlicher Schutz gegen die Insekten, die sie plagten.

Es war der richtige Abend für alte Mahout-Geschichten. Es war ganz egal, ob sie der Wahrheit entsprachen oder nicht, und als der Rum wirkte, schloß Bhim die Augen und fing zu erzählen an, nicht unbedingt für uns oder überhaupt für jemand anderen – es waren einfach die Erinnerungen eines alten Mannes, für die die richtige Zeit gekommen war. Geringschätzig äußerte er sich über die neuen Methoden des Umgangs mit Elefanten und über die Leute, die meinten, daß sie sie verstünden, aber es doch nicht taten; daß er es gewesen war, der losgeschickt wurde, um einen Elefantenbullen einzufangen, der im Dschungel verrückt spielte, der Verwüstung und Zerstörung über die Dörfer und die Ernte brachte, und bei dem alle modernen Behandlungsmethoden versagt hatten. Der Bulle war kein wilder Elefant gewesen, sondern ein zahmer, der wild geworden war, nachdem er von seinem Mahout verlassen wurde, der vermutlich ein Bettelmönch wie Rajpath gewesen war. Bhim wurde zu ihm geschickt und Bhim hatte eine alte Puja ausgeführt, die ihm von seinem Vater beigebracht worden war. Dafür hatte er im Ohr eines anderen Elefanten einen kleinen Schnitt angebracht, etwas Blut abgezapft und das dem Gott Ganesh als Opfer gebracht. Danach war es ihm möglich gewesen, sich dem Bullen zu nähern und nachdem er dann fünf Tage lang das Tier beruhigt und besänftigt hatte, trug ihn der Bulle auf seinem Rücken in den Zoo.

Bhim erzählte davon, wie er als Kind auf dem Dach eines Busses die Simlipals durchquert hatte, die heute ein riesiges Naturschutzgebiet sind. Der Bus war unter einem Felsvorsprung durchgefahren, und er hatte heißen Atem gefühlt und einen gelben haarigen Blitz gesehen, als ein Tiger auf das Dach sprang und den Mann neben ihm davonschleppte. Und er erzählte von dem Maharadscha von Mayurbhanj, der dem britischen Sammler bei seiner Rückreise nach England einen Baby-Elefanten schenkte; wie das kleine Kalb von einer »großen Maschine« an Bord des Schiffes gehievt wurde; wie als Gegenleistung der Sammler dem Maharadscha tausendundeinen Luftballon in den verschiedensten Farben und geformt wie Tiere geschenkt hatte und wie groß sein Erstaunen und sein Vergnügen gewesen waren, als er sie alle in die Luft steigen sah, als das Schiff langsam den Hafen verließ.

Später in der Nacht wurde ich durch ein leises Tippen auf meine Schulter und ein rumgeschwängertes Flüstern in mein Ohr aufgeweckt.

»Komm, leise, Raja-Sahib, du sehen Mummy schlafen.«

Ich kroch nach draußen, und da lag Tara ruhig auf der Seite, wie ein großer grauer Felsbrocken, ihr Rüssel war um den Hals geschlungen und aus ihm drangen herrlich beruhigende Laute, wie Blasen, die aus dem Mundstück eines Tauchers blubbern.

»Mummy schnarcht«, flüsterte Bhim, »Mummy glücklich.«

7 Rühr-mich-nicht-an

Von einem Tag zum anderen hörten die Monsunregen auf, als hätte jemand auf einen Knopf gedrückt, und die schwarzen Wolken zogen weiter hinunter in den Süden. In der Luft lag eine deutliche Veränderung. Sie schmeckte frisch und lebendig, der frühe Morgen war ein paar Grade kälter, erwärmte sich aber nach Sonnenaufgang rasch. Damit war es Herbst in Indien. Er brachte lange, heiße, goldene Erntetage, Feiern und Festtage.

Auf Anweisung von Bhim hielten wir nach der Mimosenpflanze Ausschau, die auch als »Rühr-mich-nicht-an« bekannt ist. Wenn man sie berührt, schließen sich ihre farnartigen Blätter blitzartig, wie ein zuklappendes Buch. Die Pflanze war ein sehr wichtiger Bestandteil der Puja, die bald abgehalten werden und bei der ich Bhim als meinen Guru annehmen sollte. Bhim nannte sie die »Zeremonie der totalen Kontrolle«.

Sobald Tara die gesegneten Blätter der Mimose und Gur gefressen hatte, erklärte Bhim, würde sie so folgsam wie ein Lamm werden und ich würde zu ihrem vollständigen Herrn und Meister aufsteigen. Ich war recht skeptisch, nicht weil ich Bhim nicht glaubte, sondern weil ich meine eigenen Fähigkeiten, Tara zu kontrollieren, mit jedem Tag mehr anzweifelte. Trotz alledem suchte ich eifrig die Gegend nach dieser Pflanze ab. Ich würde jede Art von Hilfe brauchen, die ich bekommen konnte. Ermutigt wurde ich durch meine Beobachtungen von Gokul. Bei unserem Abmarsch in Nandankanan hatte er sich offensichtlich derselben Zeremonie unterzogen, und jetzt ritt er auf Tara wie ein augebuffter Mahout und trieb sie mit schrillen, spitzen Schreien an.

Wir waren jetzt tief im ländlichen Orissa, und frischer Elefantenkot signalisierte uns, daß wir im Land der Elefanten angekommen waren. Auf den Wipfeln der gigantischen Bambuswälder, die die Reisfelder umgaben, waren Baumhäuser. Wie große Storchennester gebaut erreichte man sie über lange, wacklige Leitern. Das waren Anti-Elefanten-Machans,* auf denen die Dorfbewohner nachts saßen und mit Feuerwerkskörpern, Krachern, lautem Geschrei und lodernden Fakkeln versuchten, die Tiere davon abzuhalten, ihre Felder zu verwüsten. In einem der Dörfer, in dem wir anhielten, um eine Tasse Tee zu trinken, kam der Dorflehrer zu mir.

»Es ist wirklich eine wunderbare Sache, daß Sie heute gekommen sind«, sagte er. »Ein Geschenk der Götter.«

»Namaste«, erwiderte ich. Ich war zwar von dem freundlichen Willkommen angetan, aber auch leicht überrascht.

»Sie werden natürlich hierbleiben und uns helfen?« drängte er.

»Nun, selbstverständlich«, ich war jetzt vollkommen durcheinander, »wenn ich kann.«

»Es ist der Bulle, Sir. Er hat schon fast unser ganzes Getreide aufgefressen. Er hat elf von unseren Leuten getötet. »Sie«, sagte er und deutete auf Tara, »werden ihn mit Ihrem Elefanten fangen.«

»Ihn mit meinem Elefanten fangen?« wiederholte ich erstaunt. Tara schlenderte zufrieden auf der Suche nach etwas Eßbarem um das Teehaus herum. Der Gedanke daran, daß wir vier uns mit Tara an einer verrückten Mela-Shikar-Jagd nach einem höchst gefährlichen Elefantenbullen beteiligen sollten, war absurd. Und doch war es beeindruckend, daß er sich das so einfach vorstellte. »Es tut mir leid. Aber wissen Sie, wir reisen nur einfach durch Ihr wunderbares Land und wir haben nicht die Ausrüstung, um so eine Aufgabe auszuführen. Kann denn die Regierung nicht etwas dagegen unternehmen?«

»Die Regierung«, antwortete er niedergeschlagen, »die tut gar nichts. Der Bulle hat erst elf Leute getötet, Sir. Er muß schon mindestens vierundzwanzig Menschen umbringen, ehe sie auch nur irgendwelche Aktionen in Erwägung zieht.«

Das war lediglich eine von vielen ähnlichen Situationen, mit denen ich auf dieser Reise konfrontiert wurde. Sie betraf das ständig schrumpfende harmonische Verhältnis zwischen der indischen Landbevölkerung und den in freier Wildbahn lebenden Elefanten. Beide

---

* Machan: erhöhte Plattform, die vor allen Dingen bei der Tigerjagd verwendet wird

konnten nichts dafür, und beide waren Opfer ihrer Gier; Gier, die aus dem dringenden Bedürfnis nach Bauholz und der daraus resultierenden massiven Abholzung der Wälder entstand. Elefanten waren Gewohnheitstiere. Jahrhundertelang waren sie auf der Suche nach Nahrung denselben Wanderpfaden gefolgt. Jetzt kommen sie an und finden nichts: Ihre Speisekammer ist vernichtet worden, und in ihrer Verzweiflung fallen sie über das Getreide her, das die Dorfbewohner zum Überleben brauchen. Die Dorfbewohner sind hilflos, und sogar wenn sie sich moderne Feuerwaffen leisten könnten, würden sie diese normalerweise nicht benutzen. Der Elefant ist ein Tier, das sie verehren. Sogar wenn, was höchst selten vorkommt, die Erlaubnis zum Abschuß eines Elefanten, der ständig ihre Felder kahl frißt, erteilt wird, wird der Abschuß wesentlich öfter nicht ausgeführt als umgekehrt. Sie kommen lieber auf die moderne Methode zurück und versuchen, das Tier unter Drogen zu setzen, was in der Praxis eine teure und unpraktische Angelegenheit ist. In einer örtlichen Zeitung hatte ich einen Artikel über einen problematischen Bullen gelesen, der in einem anderen Teil von Orissa große Verwüstungen angerichtet hatte und getötet werden sollte:

Es wurde die Erlaubnis zu seinem Abschuß erteilt. Als sich die Jäger dem Dickhäuter näherten, um ihn abzuschießen, stellten sie fest, daß Tränen aus seinen Augen rannen und daß er sich unterwürfig verhielt. Sie ließen ihren Plan fallen, und der Bulle kehrte in den Wald zurück. Die Experten sind der Meinung, daß die beste Art, die Situation unter Kontrolle zu bringen, die wäre, den Dickhäuter zu fangen. Für jeden widrigen Zwischenfall, den das Tier verursacht hat, behaupten sie, hätte es genügend Provokationen durch die Holzhändler und die anderen Leute gegeben, die von der Nutzung des Waldes leben. Der Forstminister, der über den Fall unterrichtet war, widersetzte sich nachdrücklich allen Vorschlägen, den Elefanten zu töten. Er sicherte zu, daß er die Forstbediensteten anweisen würde, das Tier zu narkotisieren und in den Zoo zu transportieren, wo die notwendigen Arrangements getroffen wurden, um ihn von einem Mahout-Experten aus Assam trainieren zu lassen.

Leider verschlechtert sich die Lage ständig. Der indische Elefant verliert einfach nach und nach seinen kompletten Lebensraum. Erst kürzlich hatte eine Herde von dreißig Tieren nur 20 Meilen vor Kalkutta große Verwüstungen angerichtet. Man kann nur aus tiefstem Herzen hoffen, daß verzweifelte Pläne wie die, nur ausgewählte Tiere überleben zu lassen, nicht durchgeführt werden. Jetzt liegt es am Menschen, die richtige Ausgewogenheit wiederherzustellen. Der Tiger, der bis vor kurzem als fast ausgerottet galt, erholt sich inzwischen hervorragend, dank der Hilfsmittel und Sachkunde, die durch das »Projekt Tiger« bereitgestellt wurden. Der Elefant muß jetzt die gleiche Zuwendung bekommen.

In Mandahat kamen wir zum nächsten gewaltigen Fluß, dem Brahamani. Ein paar Leute hatten uns überzeugend versichert, daß er nur 1,80 m tief wäre und leicht durchquert werden könnte, während andere den Kopf schüttelten und aus eigener Erfahrung berichteten, daß er bereits seine Ufer überflutet hätte. Die letzteren hatten recht: Niemand konnte ihn durchfurten. Wir machten einen kleinen Umweg über eine Straße, die uns zu einer Brücke bei Kabatobandah brachte, wo wir auf den Jeep zu treffen hofften. Die Straße verwandelte sich bald in eine Piste und verlor sich anschließend im Nichts. Wir waren mitten in Feldern voller Baysharam gelandet, einer Art von Busch mit langen, wogenden Stielen, an denen lilafarbene, glockenförmige Blüten wachsen. Weil sie so zahlreich, üppig und tiefwurzelnd wachsen, werden diese Pflanzen auch »Schändlich« genannt. Sie werden als unangenehmes Unkraut betrachtet, das den indischen Farmern enorme Schwierigkeiten bereitet. Die Baysharam gingen dann in Bambuswälder über, die von wilden Elefanten dezimiert worden waren. Und die Bambuswälder führten zu Salwäldern*, die immer noch von Menschen dezimiert werden und in denen das Geräusch von Axthieben unüberhörbar ist.

Wenn man ihre Größe bedenkt, ist es recht überraschend, wie lautlos Elefanten sich bewegen können. Taras Schritte ähnelten, wenn sie sehr laut waren, dem Schlurfen eines alten Mannes mit Filzpantof-

---

* Salpflanzen: gedeihen vor allem in salzhaltigem Boden

feln. Wegen dieser Lautlosigkeit konnten wir uns an alles mit einem Überraschungseffekt heranpirschen, egal ob Tier, Mensch, Vogel oder Insekt. Aditya war darüber besonders glücklich. Wenn wir das Aufblitzen eines goldenen Pirols sahen, eines wunderschönen gelben Vogels mit einem jetschwarzen Strich über dem Auge, der mit einem heiseren »Cheeugh« davonstob, oder den langen, schleierförmigen Schwanz eines Paradies-Fliegenschnäppers entdeckten, trug er seine Beobachtungen jedes Mal voller Begeisterung in ein kleines Buch ein. Einmal ließ Tara einen ganzen Teppich aus großen, gelben Schmetterlingen wie eine Explosion emporstieben. Ein einzelner Schmetterling, der offensichtlich mutiger war als seine Genossen, ließ sich entschlossen auf der Spitze ihres Rüssels nieder. Mehrere Male versuchte sie ihn durch Hinundherschlenkern ihres Rüssels zu vertreiben, vergeblich. Schließlich wurde sie ihn mit einem geräuschvollen Niesen los.

Schließlich wurden die Salzwälder, dünner und wir bewegten uns vorsichtig entlang von Hügelkuppen, die gutbewachte Reisfelder trennten. In den Ecken dieser Felder standen im Schatten von großen Bäumen kleine Stammesschreine. Sie waren der Göttin Devi gewidmet und bestanden aus Gruppen von herrlichen Terrakotta-Figuren von Pferden, Kamelen, Elefanten und Bären, die der Göttin als Geschenke angeboten werden, damit die hier ansässigen Mundas eine reiche Ernte erwarten können. In einiger Entfernung hörten wir Trommeln. Wir trieben Tara an und erreichten eine kleine Ansammlung von strohgedeckten Hütten mit rosafarbenen Wänden, die um einen schlammigen Hof standen, in dem ein Munda-Fest in vollem Gange war. Eine Menschenkette aus Männern und Frauen, dunklen, muskulösen Menschen mit vollen Lippen und hübschen Gesichtern mit hohen Backenknochen, stampften betrunken mit ihren Füßen in den knöcheltiefen Schlamm und führten eine Art von rituellem Hokey-Cokey* auf.

Beim Anblick von Tara, die sich über ihre Mauer lehnte, warfen sie die Arme in die Höhe und begannen laut zu jammern. Das Tempo der Trommel nahm zu, sie wirbelten in immer kleiner werdenden Kreisen herum und fielen schließlich lachend und nach Luft schnappend

---

* Hokey-Cokey: ein Cockney-Song, zu dem ein traditioneller Tanz aufgeführt wird, der mit den Worten des Liedes übereinstimmt

übereinander zu Boden. Eine junge Frau, die einen leuchtend azurblauen, hautengen Sari trug, krabbbelte unter den anderen heraus und ging mit kleinen Tanzschritten zu Tara. Sie kniete sich graziös nieder und berührte Taras Füße voller Ehrerbietung. Anschließend machten das auch alle anderen, und dann boten sie uns Becher aus Blättern an, die eine milchige Flüssigkeit enthielten, die sie aus großen TerrakottaFlaschen gossen. Es war »Handia«, ein in dieser Gegend heimisches Reisbier. Zuerst schmeckte es etwas bitter und prickelnd, aber nach häufigem Kosten begann man sich recht gut und zufrieden zu fühlen.

Die Trommeln begannen wieder zu schlagen. Wir wurden auf die Füße gezogen und um die Mauer gewirbelt. Da wir inzwischen genauso betrunken waren wie unsere Gastgeber, zeigten wir stolz unsere Tanzkünste. Aditya führte einer Art von zackigem Stechschritt vor. Ich versuchte, ihnen Break-Dance zu zeigen, was damit endete, daß mein Kopf fest im Schlamm steckte, während meine Beine in der Luft strampelten. Gokul, der professionelle Artist, erfreute das Publikum mit Purzelbäumen, Handständen und Rollen rückwärts. Nachdem sie eine der Flaschen ausgetrunken hatte, schlug sogar Tara mit den Ohren und schüttelte den Kopf, während Bhim mit den Dorfältesten zusammenhockte und sich mehr auf die ernsteren Dinge des Lebens konzentrierte: auf das Trinken. Als wir schließlich aufbrachen, schenkten die Frauen jedem von uns eine Frangipaniblüte, hängten Tara einen Blumenkranz um den Hals und segneten uns, damit wir eine sichere Reise hätten.

Wir kamen zu einem kleinen Fluß, wo ein Hochwasser die Brücke weggerissen hatte. Ein Mann saß einsam am Ufer und trocknete ein Bündel nasser Briefe. Er erzählte uns, daß er bei dem Versuch, den Fluß zu überqueren, von der Strömung umgerissen worden war und sein Fahrrad jetzt in ein paar Ästen mitten im strudelnden Wasser hing. Bhim und Tara wateten in den Fluß. Gelenkt von seinen scharfen »Utha-Utha«-Kommandos, senkte Tara ihren Rüssel, pflückte das Fahrrad von den Ästen, als ob es eine Feder wäre, und setzte es sanft vor dem dankbaren Postboten nieder.

Aus Neugier schrieb ich mir selbst einen Brief nach London und gab ihn ihm. Als ich drei Monate später heimkam, wartete der Brief schon auf mich. Der Brief sah etwas ramponiert aus, und hinten auf dem Umschlag stand eine Botschaft geschrieben: »Für Haathi-Wallah von K. Rath, Postbote, der ihm aus ganzem Herzen dankt.«

Geleitet vom Vollmond, der die Landschaft in ein mattes Licht tauchte, überquerten wir schließlich auf einer langen Betonbrücke den Brahamani. Es war schon spät, als wir endlich das Camp fanden, und dem Ausdruck auf Indrajits Gesicht nach zu urteilen, hatte es zwischen den beiden Fahrern Ärger gegeben.

»Khusto!« zischte er wütend. »Nicht gut, er hat genommen Rum. Er immer betrunken. Er überhaupt keine Hilfe. Ich mache Zelte, ich koche, er tut nichts. Also ich ihn schlagen. Entweder er gehen, oder ich gehen.«

Aditya und ich blickten uns voller Verzweiflung an. Wir brauchten weder einen häuslichen Streit, noch konnten wir es uns leisten, Indrajit zu verlieren. Er war unersetzlich. Wir überprüften unseren Rum-Vorrat. Indrajit hatte recht. Aus einer unberührten Kiste mit zwölf Flaschen fehlte eine. Wir entdeckten Khusto im Jeep, wo er sein Gesicht kühlte, das noch geschwollener war als sonst. Er murmelte etwas Unverständliches und drehte uns beleidigt den Rücken zu.

»Überlaß das mir, Mark«, meinte Aditya ärgerlich.

In den nächsten zehn Minuten war ein heftiger Wortwechsel zu hören, unterstrichen von metallischen Schlägen, da Aditya mit der Faust an die Seite des Jeeps schlug. Plötzlich hörte er damit auf. Khustos Stimme hatte sich geändert. Jetzt bettelte er. Schließlich schlurfte er in das Licht des Feuers und murmelte Indrajit eine Entschuldigung zu und bot ihm die Hand an. Indrajit nahm sie zögernd und schlug ihm dann mit einem ärgerlichen Lächeln auf die Schulter. Die Krise schien zumindest für den Augenblick gebannt.

»Was hast du zu ihm gesagt?« fragte ich Aditya.

»Das war ganz einfach, mein Freund. Er hat gestohlen, deshalb ist er ein Dieb. Ich habe gedroht, ihn zur Polizeistation zu bringen. Das gab den Ausschlag. Ich habe ihm gesagt, daß ab heute Indrajit der Boß ist.«

»Glaubst du, daß das funktionieren wird?« fragte ich.

»Wir werden sehen. Ich glaube nicht, daß Khusto ein schlechter Kerl ist, er ist nur dumm. Er erzählte mir allen Ernstes, daß seine ganzen Probleme nur davon herrühren, daß er mit einer zu kleinen Zunge geboren worden ist.«

»Was hat denn das damit zu tun?« rief ich ungläubig aus.

»Ich hab keine Ahnung«, lachte er. »Jedenfalls sehen wir die beiden jetzt ein paar Tage lang nicht. Morgen werden wir den Wald von Daitari erreichen, und Bhim hat angekündigt, daß Tara jetzt gesund genug ist, um den Howdah zu tragen.«

»Was ist mit meiner Puja?« drängte ich. »Warum können wir diese verdammte Mimosenpflanze nicht finden?«

»Immer mit der Ruhe, Mark, denk immer daran, das hier ist Indien.«

»Immer mit der Ruhe, ja, ja.« Bei diesem Tempo würde ich bis nach Sonepur zu Fuß gehen, dachte ich finster, während ich meinen Becher Kaffee austrank.

Wir saßen um ein Feuer, das wir auf der zerfallenen Veranda eines verlassenen Hauses neben unserem Camp entfacht hatten. Bhim sprang plötzlich auf und deutete auf die dunklen Umrisse des Hauses. »Nag! Nag!« schrie er voller Entsetzen. Sofort verschwanden alle und ließen mich verwirrt sitzen.

»Was zum Teufel . . .«

»Verschwinde von hier, Mark!« rief Aditya mir zu.

»Würde mir vielleicht jemand sagen was hier los ist?«

»Nag! Nag!«

»Und was zum Teufel ist Nag?«

»Eine Schlange, du Idiot! Eine Kobra!« brüllte Aditya aus dem Jeep, aus dem er, Bhim, Gokul und Indrajit mit Äxten bewaffnet wieder auftauchten.

»Jesus! Eine Schlange! Oh mein Gott!« Ich schoß von der Veranda herunter und floh zu Tara, die mir unter diesen Umständen der sicherste Platz zu sein schien. Auf meinem Weg dahin bemerkte ich, daß Khusto auf das Jeepdach geflüchtet war. Die Männer stürmten in das Haus, und drinnen entstand ein unglaubliches Kampfgetümmel. Rufe und Schreie, gefolgt vom Geräusch von Metall, das auf Stein schlug. Ich schlenderte so lässig wie möglich zum Haus zurück.

»Nun?«

»Nag entkommen«, informierte mich Bhim verdrießlich. »Groß, vielleicht 2,50 m lang.«

»2.50 m!« schrie ich. »Und wo ist sie jetzt?«

»Vielleicht in Zelt«, grinste er mich mit fröhlicher Boshaftigkeit an. Übergenau durchsuchten wir unser Schlafquartier, aber keiner von uns schlief gut in dieser Nacht.

Vor unserem Abmarsch machten Aditya und ich früh am nächsten Morgen einen Ausflug nach Bhuban, das berühmt war als das Dorf mit der höchsten Einwohnerzahl Asiens. Wir kamen nicht nur als Touristen; wir wollten »Bomben« kaufen, Anti-Elefanten-Kugeln, von denen Bhim behauptete, daß wir sie in den nächsten Tagen brauchen würden.

Die Häuser in Bhuban stehen so dicht nebeneinander, daß sich ihre strohgedeckten Dächer über den engen Gäßchen berühren und das Sonnenlicht abhalten. Dort ist nur einspuriger Fußgängerverkehr möglich. Unter den zahlreichen Messing- und Metall-Geschäften, für die Bhuban ebenfalls berühmt ist, entdeckten wir den Bomben-Ver-käufer.

Die Bomben waren hart und rund und hatten in etwa die Größe eines Golfballs. Eingewickelt waren sie in leuchtend buntes Papier. Wenn sie gegen etwas Hartes geworfen wurden, explodierten sie wie Handgranaten. Ich hatte vor diesen heidnischen Granaten eine höllische Angst und hoffte, daß sie auf wilde Tiere eine ähnliche Wirkung haben würden.

Als wir ins Camp zurückkamen, war Tara bereits voll beladen. Sie war sehr unglücklich über ihre schwere Last und rollte ständig den Rüssel über ihren Kopf nach hinten und versuchte, Bhims Knoten aufzuknüpfen. Von vorne sah sie wie eine alte Stadtstreicherin aus. Töpfe, Pfannen, ein Kerosinofen und alte Säcke mit Dosennahrung hingen auf der einen Seite. Auf der anderen baumelten Zelte, Schlaf-säcke, Kissen, Äxte und Kameras. Die gesamte Ausrüstung war in zwei weiße Nylon-Hängematten gepackt worden, die ich aus England mitgebracht hatte, so daß Tara von hinten wie ein groteskes Model mit riesigen Schulterpolstern aussah. Zum Schutz gegen die heiße Sonne war ihr Kopf eingeölt worden und glänzte wie frisch polierte Lederschuhe. Als Gokul, der ihre Reaktion testen wollte, direkt neben ihren Füßen eine der Bomben explodieren ließ, zeigte sie die gleiche Geduld wie ein Kindermädchen mit einem kleinen, ungezogenen Balg. Sie drehte lediglich den Kopf zum ihm und warf ihm einen vorwurfsvollen Blick zu, als wollte sie sagen: »Du albernes Kind.« Ansonsten beschäftigte sie sich weiter damit, die Knoten zu öffnen. Eigentlich war es nicht überraschend, daß sie nicht reagierte. Rajpath mußte sie zu so vielen Festen und Feiertagen in den Dörfern mitgenommen haben, daß Feuerwerkskörper sie nicht mehr erschrecken konnten... Es gibt vier Möglichkeiten, auf einen Elefanten zu klettern. Die erste, diejenige, die wir künftig anwenden würden, ist die einfachste für den Passagier und die unbequemste für den Elefanten. Bei dem Befehl »Baitho« kniet sich der Elefant nieder, und man kann auf den Howdah klettern, indem man auf den vorderen Teil eines der beiden Beine steigt, sich an einem Ohr festhält und hinaufzieht. Früher hatte man dazu eine Leiter benutzt oder war von einem speziellen Klotz aus hinaufgestiegen. Die zweite Methode ist schwieriger. Auf das Kommando »Utha! Utha!« hin hebt der Elefant eines seiner Vorderbeine, und man packt ein Ohr, steigt auf das Bein und wird wie in einem Aufzug hochgehoben. Der dritte Weg geht über das Hinterteil. Der Elefant knickt mit einem seiner Hinterbeine ein, und man hält sich einfach am Schwanz oder am Seil des Schwanzriemens fest. Die vierte Art schafft nur ein Experte, was natürlich die Art ist, die ich gerne eines Tages selbst beherrschen wollte, nämlich mit dem Rüssel. Das sieht so ungemein lässig und elegant und einfach aus. Der Rüssel senkt sich zu Boden, man stellt einen Fuß in den Mittelpunkt, hält sich an beiden Ohren fest und wird hoch- und nach hinten gehoben.

Nachdem ich mühsam, aber erfolgreich an Bord geklettert war, ließ ich mich in dem Howdah nieder und sah, daß Aditya mit seinen Stiefeln aufsteigen wollte.

»Zieh deine Schuhe aus«, sagte ich.

»Was?« rief er mürrisch aus. »Warum denn?«

»Ich weiß nicht, warum. Aber von jetzt an: keine Stiefel, wenn wir auf Tara reiten.« Aus einem unerklärlichen Gefühl heraus hatte ich das Bedürfnis, sie mit der gleichen Ehrfurcht zu behandeln wie das Deck einer Yacht, und es freute mich, als ich Bhim zustimmend mit dem Kopf nicken sah. Vor sich hinschimpfend knüpfte Aditya seine Stiefel auf, warf sie mir zu und kletterte nach oben. Tara erhob sich sofort, und wir wurden sanft nach oben getragen. Endlich wieder auf dem Elefanten, dachte ich voller Freude. Jetzt haben wir die Reise wirklich angefangen.

8 Ein wütender Bulle

Vom ersten Moment an fühlte ich mich auf Tara vollkommen sicher, so, als würde ich in einem Kokon sitzen. Ich wußte, daß mir nichts passieren konnte, solange ich dieses wunderbar gütige Tier unter mir hatte. Von dieser Höhe aus hatte man einen ganz anderen Überblick über die Gegend – ich konnte sowohl das leuchtendgelbe Senffeld in der Ferne sehen als auch die frühmorgendliche Geschäftigkeit auf der anderen Seite einer Dorfmauer. Aber am meisten beeindruckte mich das Gefühl von Unverletzbarkeit. Meine Phantasie ging mit mir durch, und ich wurde zum »König von Bliss«, war von tausend Elefanten umgeben und badete mich im Entsetzen meiner Feinde.

Experten hatten mich gewarnt, daß das Reisen in einem Howdah unbequem, langweilig und sogar schmerzhaft sein würde. Sie hatten vollkommen unrecht. Für mich war die sanft wiegende Bewegung erholsam, offensichtlich zu erholsam. Ich schlief nämlich ein und wachte gerade noch rechtzeitig auf, ehe ich herunterrutschte. Um das künftig zu verhindern, schlang ich ein Seil um mich, das so lang war, daß ich mich zurücklehnen und meine Füße über Taras Hinterteil hängen lassen konnte. Und nachdem ich meinen Walkman eingestöpselt hatte, konnte ich es mir so bequem wie ein Maharadscha machen und den Klängen einer italienischen Oper lauschen, während über mir ein gewaltiger, leerer Himmel vorüberzog, der sich niemals änderte. Ab und zu flog ein kleines Flugzeug wie ein kleiner silberner Pfeil vorüber. Mit taten die Passagiere leid, die dort oben in der Druckkammer saßen und von einem Ziel zum nächsten jagten und keine Möglichkeit hatten, die Schönheit zu sehen, die ich glücklicherweise genießen konnte. Allmählich wurde ich ruhiger und paßte mich dem Schritt eines Landes an, in dem jeder, der sich schnell bewegt, alles verpaßt. Tara beeinflußte mich dabei wie ein geduldiger Lehrer und zeigte mir den rechten Weg.

Inzwischen ging es ständig bergauf, und wir kamen durch Orissas Minengürtel – eine weitläufige, langweilige und unangenehme Gegend, übersät mit gewaltigen steinigen Abhängen, die von den Sprengungen und Bulldozern ausgehöhlt und zernarbt worden waren. In einiger Entfernung konnte ich die bewaldeten Hügel von Daitari in der flirrenden Hitze bläulich schimmern sehen. Es war heiß. Elefanten schwitzen nicht, und so verschaffte sich Tara damit Abkühlung, sich ihren Rüssel ins Maul zu stecken, dort eine Mischung aus Speichel und Wasser heraussaugte und diese über ihre Flanken und unter ihren Bauch sprühte.

Wie die Kamele können auch Elefanten Wasser speichern. Sie haben so eine Art von Auf-und-zu-Ventil, das sie ganz nach Wunsch öffnen oder schließen können. Als die Sonne noch heftiger brannte, stapelte Tara eine Kopfbedeckung aus Stroh und Blättern auf ihrem Kopf auf. Ihre großen Ohren, deren zarte Haut hinten mit dicken Adern überzogen ist, klappten rhythmisch und fungierten als Ventilator, während Bhim ab und zu seine Beine ausstreckte und sie mit den Zehen antrieb. Jede seiner Zehen hatte ein Eigenleben, drückte, streichelte und spielte wie die Finger eines Konzertpianisten. Dann setzte er sich wieder vorne auf den Howdah und bearbeitete ihren Kopf mit den Fersen, indem er sie hin und her rieb. Kommandos waren nicht notwendig. Alles wurde durch Berührung gemacht. Bhim wies mich an, seine Bewegungen sorgfältig zu beobachten und zu lernen. Ein wahrer Meister schweigt. Im Hinblick auf meinen erschreckenden Akzent in der Hindi-Sprache würde das die Sache sicherlich vereinfachen.

Ein weiteres Beispiel für Bhims Können wurde sichtbar, als Gokul, der bis jetzt neben uns gegangen war, in den Fahrersitz stieg. Taras Tempo veränderte sich merkbar, und sie wurde immer langsamer, ganz egal welche Befehle Gokul ihr auch zukreischte. Tara wußte instinktiv, daß sie jetzt das Sagen hatte, und sie nützte die Situation schamlos aus.

Wir kampierten unter einem alleinstehenden Peepulbaum auf dem Gipfel eines kleines Hügels neben der Straße. Die Hitze hatte uns müde gemacht, und wir schliefen fast den ganzen Nachmittag. Am Abend fütterte ich Tara mit Gur. Sie begrüßte mich mit einem liebevollen Rumpeln, schlang ihren Rüssel um mich und zog mich näher zu sich, wobei sie an meinem Körper nach ihrer Leckerei suchte. Der Tierarzt in Nandankanan hatte mir auch ein Entwurmungsmittel für sie gegeben. Eine kleine Dosis des Puders hatte ich in einem dicken Gur-Kloß versteckt.

»Hinlegen, hinlegen, Tara!« befahl ich ihr.

Sie riß das Maul auf und zeigte mir ihre winzigen, zwanzig Zentimeter langen Stoßzähne auf jeder Seite. Außerdem konnte ich einen Blick auf ihre gigantischen Backenzähne erhaschen. Ich legte den Kloß auf ihre dicke, rosafarbene Zunge, die so weich und zart wie Pudding war, und beobachtete, wie sich ihr Gesicht unübersehbar freudig verzog. Doch der Ausdruck ging schnell in ein »Mich kannst du nicht zum Narren halten« über, als sie den Kloß vorsichtig herumdrehte, ihn herausnahm, auf den Boden legte, öffnete, die Medizin herausblies, ihn wieder zusammenklappte und ins Maul zurücksteckte.

Während der nächsten Tage überquerten wir dichtbewaldete Hochebenen, die teilweise über 1000 m hoch lagen, um nach Keonjhar zu kommen, der Hauptstadt dieses großen, bergigen Gebietes. Der steinige Boden, der Laterit oder Eisensandstein genannt wird, hatte eine düstere, dunkelrote Farbe. Als ich einen der Steine aufhob, war ich über sein geringes Gewicht erstaunt und über die großen, runden Vertiefungen, die an einen Schwamm erinnerten. Sämtliche alten Tempel, Forts und Paläste in Orissa waren aus diesem Stein gebaut und, gemischt mit Kies, auch der Großteil der Straßen. Wir kamen nur langsam voran, da Tara wegen der scharfkantigen Steine nur sehr vorsichtig ging, um sich nicht ihre empfindlichen Füße zu verletzen.

Als wir die höheren Regionen erreichten, die von unten wie spitze Gipfel ausgesehen hatten, durchquerten wir ausgedehnte flache Hochebenen. Auf ihnen wuchs grüner Reis, der von Frauen in farbenprächtigen Saris und großen kegelförmigen Strohhüten geerntet wurde. Als die Sonne den Zenit erreichte, suchten sie unter den Bäumen Schatten, sangen und kämmten sich gegenseitig das Haar. Als wir vorbeiritten, kicherten sie und winkten uns zu.

»Das erinnert mich an den Sommer in England«, meinte Aditya.
»Ich wußte gar nicht, daß du dort warst«, sagte ich.

»Ja, 1970. Ich arbeitete in Kent, ich pflückte Hopfen, obwohl ich nicht die Hände in den Schoß legte wie diese Mädchen da. Ich arbeitete von halb sechs Uhr morgens bis sieben Uhr abends. Der Vormann war ein Bastard, ein richtiger Sklaventreiber.«

»Vermutlich hat er dich ganz einfach für einen Sklaven gehalten«, scherzte ich, »direkt von einem Boot, das irgendwo heimlich in der Nacht an der Küste festgemacht hat.«

»Das stimmte ganz und gar nicht«, erwiderte er beleidigt. »Ich kam den ganzen Weg von Indien per Anhalter. Aber ich kann dir sagen, manchmal kam ich mir bei der Art und Weise, wie ich behandelt wurde, wirklich wie ein Sklave vor. Aus dieser Zeit habe ich nicht viele gute Erinnerungen an England.«

»Nun«, murmelte ich philosophisch, »wir sind hier und reiten gemeinsam auf einem Elefanten durch Indien. Was willst du mehr?«

In diesem Augenblick ließ Tara ihren Rüssel vorschießen und griff sich ein Bündel Reis, das zum Trocknen neben die Straße gelegt worden war. Bhim packte den Ankush und stieß ihr mit der scharfen Spitze oben in den Kopf. Sie quiekte und schüttelte schmerzerfüllt den Kopf. Ich sah mit entsetzter Faszination, wie ein Blutstropfen aus ihrer Haut ran. Mit einem Wutschrei riß ich Bhim den Ankush aus der Hand, packte eines der Seile und ließ mich zu Boden.

»Das war's!« schrie ich. »Die Reise ist vorbei. Ich will nicht, daß mein Elefant verletzt wird. Ihr könnt alle schauen, wie ihr wieder heimkommt.«

Wütend stapfte ich die Straße hinunter. Zehn Minuten später holte Aditya mich ein. Ich starrte auf die blutige Spitze des Ankush.

»Vergiß es, Aditya«, sagte ich. »Es gibt nichts, was du sagen kannst.«

»Hör mir zu!« schrie Aditya mich an. »Für wen, in Teufels Namen, hältst du dich eigentlich? Was weißt du schon über Elefanten? Bhim würde den Ankush niemals verwenden, wenn es nicht unbedingt notwendig ist. Ehe du wieder losbrüllst, hör dir an, was er mir gesagt hat. Tara hat gestohlen. Und ich habe dem armen Bauern gerade eine Entschädigung bezahlen müssen. Aber das ist nicht Taras Fehler.

Diese Tricks wurden ihr von Rajpath beigebracht. Viele Bettelmönche erpressen die Leute, indem sie ihren Elefanten den Reis stehlen lassen, bis der Farmer bereit ist zu zahlen. Bhim muß Tara das Stehlen abgewöhnen und der Ankush ist das einzige, was sie versteht.«

Ich setzte mich hin und starrte wütend auf meine nackten Füße.

»Was soll das, Mark. Elefanten sind große, kräftige Tiere. Wenn du anfängst, sie zu verhätscheln, bekommst du Schwierigkeiten. Sie sind intelligent, schlau und verschlagen. Glaub mir, der alte Mann weiß, was er tut. Wenn es ihm nicht jetzt gelingt, sie umzuerziehen, wird es immer schlimmer mit ihr werden.«

»In Ordnung, tut mir leid«, sagte ich, schon etwas besänftigt. »Vermutlich habe ich noch eine Menge zu lernen, aber eines ist sicher, ich werde so etwas niemals machen. Meine Methode wird es sein, sie schamlos mit Gur zu bestechen, aber nicht, sie mit dem scharfen Ankush zu stechen.«

»Wir werden sehen«, antwortete er, »Warte nur, bis du anfängst, sie selbst zu reiten.«

Wir gingen zu Tara zurück, die von ihrer Bestrafung völlig ungerührt zu sein schien. Sie zupfte Wurzeln heraus, schlug sie an ihre Beine, um die Erde zu entfernen, und stopfte sie sich dann ins Maul. Wir kletterten wieder auf sie, und Bhim deutete auf ihren Kopf. »Seh, Raja-Sahib. Ich machen.« Auf der Wunde lag ein kleiner Kräuterumschlag. »Jetzt kein Weh. Bhim tut leid, aber Raja-Sahib muß lernen. Mummy auch lernen.«

Abgesehen von den zahlreichen Anti-Elefanten-Machans, die überall aufgestellt waren, waren die Reisfelder, an denen wir jetzt vorbeikamen, von Anti-Elefanten-Gräben umgeben. Sie waren 2,10 m tief, am oberen Rand 1,50 m breit und verjüngten sich zum Boden hin auf ungefähr einen halben Meter. Wilde Elefanten können diese Gräben nicht überwinden, außer während der Regenzeit, wenn die Gräben verschlammen. Um die Felder waren richtige Zäune aus wuchernden Schlingpflanzen, in denen üppige wilde Minze gedieh, die die Luft mit ihrem scharfen Aroma erfüllte.

Dann betraten wir die schweigsame Dunkelheit des Waldes, und alles war wieder ruhig. Tara blieb plötzlich stehen, ihre gewaltigen Ohren drehten sich nach außen. Sie warf den Rüssel nach oben und schwenkte ihn von einer Seite zur anderen, prüfte und schmeckte die Luft.

»Haathi«, flüsterte Bhim. »Ganz nah.«

Aditya tastete nach seiner Kamera. Dabei stieß er mit ihr an etwas Metallenes. Mit einer heftigen Handbewegung bedeutete ihm Bhim, sich ruhig zu verhalten, und mit einer anderen befahl er Gokul, nach oben zu klettern. Kein Geräusch war zu hören, nur der Klang von tropfendem Wasser. Dann zerriß das scharfe, warnende »Tuk, tuk, tuk« eines Vogels das Schweigen.

Im Augenwinkel sah ich eine leichte Bewegung. Ein kaum wahrnehmbares, sanftes Rauschen war das einzige Anzeichen dafür, daß die Blätter vorsichtig beiseite geschoben wurden. Wie Geister erschienen drei weibliche Elefanten und standen bewegungslos vor uns auf der Straße. Ich konnte spüren, wie Tara unter mir zitterte. Die wilden Elefanten stießen ein tiefes Rumpeln aus und streckten Tara ihre Rüssel entgegen. Sie schienen viel größer zu sein als sie, viel muskulöser, ihre Körper wirkten wie modellierte Panzerplatten. Dann verschwanden sie wieder, genauso schnell und lautlos, wie sie aufgetaucht waren.

Ich seufzte vor Erleichterung und wollte gerade nach einer Zigarette langen, als Bhim wieder sein heftiges Handzeichen gab. Wir hörten eine Bewegung, als würde das Gras von irgendeiner gewaltigen, undefinierbaren Macht geteilt, und plötzlich stand ein riesiger männlicher Elefant vor uns, mit Stoßzähnen, die fast 1,50 m lang waren. Die Stoßzähne waren nicht weiß, wie ich erwartet hatte, sondern gelb und die Spitzen dunkel von seinem Wühlen in der Erde. Tara zitterte heftig, und Bhim hatte Schwierigkeiten, sie ruhig zu halten. Wir standen uns so nah gegenüber, daß ich sogar die Fliegen um die tückischen kleinen Augen des Bullen sehen konnte. Ohne Vorwarnung schlug er mit seinem Rüssel auf den Boden und rief damit ein angsteinflößendes Geräusch hervor, das jemand einmal »wie das Schütteln eines großen, dünnen Metallblechs« beschrieben hatte. Das Geräusch wird verursacht durch die Luft, die bei dem Schlag auf den Boden aus dem Rüssel gepreßt wird.

»Schnell«, zischte Bhim. »Er ärgerlich. Werfen Bomben.«

Gokul, der immer einen ständigen Vorrat davon mit sich trug, schmiß eine auf den Boden. Nichts passierte. Die Bombe explodierte nicht. Der Bulle trat einen Schritt vor, warf seinen Rüssel voller Verachtung in die Luft und stieß ein erschreckendes, schrilles Trompeten aus, als ob er uns warnen würde, näher zu kommen. Dieses Trompeten war so laut, so einhüllend, daß einem schier die Sinne schwanden. Ich schüttelte meinen Kopf, um ihn wieder klarzubekommen.

»Um Gottes willen«, flüsterte ich verzweifelt. »Wirf noch eine.«

Diesmal ging Bhim kein Risiko ein. Er packte eine Bombe, legte sie auf die Sitzfläche des Howdah und schlug mit dem Ankush drauf. Es gab einen blendenden Blitz, eine blaue Rauchwolke – und als sich diese verzogen hatte, war die Straße leer. Wir hörten, wie die Elefanten durch die Bäume brachen, als der verspätete Schock einsetzte. Doch in diesem Augenblick des Schweigens, ehe sich unsere Angst in Lachen verwandelte, war die Luft immer noch voll der ungebändigten Energie des verschwundenen Tieres. Es schien fast unmöglich zu sein, weitergehen zu können. Das Schweigen des Dschungels war nicht mehr beruhigend. Es hatte sich in etwas Bedrohliches verwandelt.

»Was wäre passiert, wenn wir die Bomben nicht gehabt hätten?« fragte ich zitternd.

»Vielleicht Schwierigkeiten«, lachte Bhim. »Vergessen, dir zu sagen. Mummy hitzig.« Er deutete auf die Schläfendrüsen auf beiden Seiten ihres Kopfes, zwei kleine Löcher, aus denen eine schwarze, klebrige Flüssigkeit tropfte.

Ich erinnerte mich an mein Erstaunen, als ich im Zoo den erigierten Penis eines Elefanten gesehen hatte. Er war mindestens 1,20 m lang gewesen und so dick wie das Bein eines Mannes.

9 Firinghee Mahout

Wir schlugen unser Lager neben plätschernden Bächen auf und badeten in dem klaren, frischen Wasser. Futter gab es im Überfluß, und Tara stopfte es genüßlich in sich hinein. Gokul fing Fische, indem er aus seinen Unterhosen und einer Hängematte eine geniale, dammartige Konstruktion fabrizierte. Einmal verfing sich eine große, schwarze Wasserschlange darin. Wir wurden alle zusammen immer kräftiger und gesünder. Aditya und ich verloren allmählich unsere Wohlstandsbäuche. Auch Bhim hatte sich verändert. Das vom Alkohol zerstörte Gesicht war verschwunden. Seine Augen waren klar, und er marschierte hochaufgerichtet wie ein stolzer Infanterist. Er erklärte uns, daß das nichts mit unserer Reise zu tun hätte, sondern mit dem prächtigen Fusel, den er trank. In Nandankanan, erzählte er uns, trank er jeden Tag zwei Flaschen des ortsüblichen Schnapses, den er mit Dünger würzte, um dem ganzen den richtigen Kick zu geben. Manchmal war der Schmerz in seinem Magen so stark, daß er kaum aufrecht gehen konnte.

In dieser Nacht schlugen wir unser bislang schönstes Camp auf. Es lag in der Nähe eines exquisiten kleinen Bungalows aus der Kolonialzeit, von dem der Blick weit über einen großen, ruhigen See ging, und neben einem breiten Betondamm, über den lautstark das Wasser rauschte. Aditya und ich genehmigten uns am Fuße des Damms ein Bad. Mit dem Rücken lehnten wir an dem kalten Stein, während das Wasser über uns herunterdonnerte und zwischen Felsblöcken ins Tal strömte. Auf dem Rückweg stach mir etwas Buntes am Seeufer ins Auge. Es war eine kleine Blumengirlande, aus der abgebrannte Räucherstäbchen ragten. Dicke grüne Salbäume wuchsen fast senkrecht am Ufer empor, und der Boden war ein karmesinroter Teppich aus herabgefallenen Blüten.

Der Besitzer des Bungalows kam heraus, um uns zu begrüßen, Er war ein älterer Mann mit einem dichten weißen Haarschopf, trug eine fesche Khaki-Uniform, an der die Messingknöpfe nur so blitzten. Er war der Dammwächter und lebte bereits seit zwanzig Jahren an diesem abgeschiedenen, herrlichen Ort.

»Fühlen Sie sich nicht einsam?« fragte ich ihn.

»Ich habe meine Hunde, Sir«, antwortete er. Er zwinkerte mir verschwörerisch zu und warf einen Blick auf ein verhängtes Fenster. »Ab und zu habe ich Gesellschaft.« Für einen Augenblick wurde der Vorhang gehoben, und ein hübsches Gesicht blickte neugierig heraus, ehe es hastig wieder verschwand. »Aber mein Garten hält mich ganz schön in Atem. Folgen Sie mir bitte, Sir. Es wäre mir eine Ehre, Ihnen den Garten zu zeigen.«

Er war wirklich wunderschön. Bougainvillea ergoß sich über das Dach des Bungalows, und Jasmin wand sich um die kleinen Säulen. Auf einer Seite lag ein sorgfältig bearbeitetes Gemüsebeet. Auf der anderen befand sich, umgeben von einem Ring aus Schmetterlings-bäumen*, ein makellos grüner Rasen, wie ein manikürter Krokett-Rasen, auf dem ein alter Atco-Rasenmäher stand.

»Ich möchte mich für den Zustand des Rasens entschuldigen«, meinte er bedauernd. »Ich muß ihn jetzt mit der Hand mähen. Es ist mir nicht möglich, für meinen Rasenmäher die fehlenden Ersatzteile zu bekommen. Die Messer sind schon vor Jahren stumpf geworden. Vermutlich könnte ich von der Bergwerksgesellschaft einen japani-schen bekommen, aber die taugen nichts. Sie verstehen einen Rasen nicht so, wie es die Briten tun. Wenn es Ihnen nicht zuviel Umstände macht«, fuhr er dann fort, »könnten Sie mir dann wohl einen Satz Ersatzmesser schicken?«

»Selbstverständlich«, erwiderte ich. »sobald ich dazu imstande bin. Es dauert vermutlich noch eine geraume Weile, denn ich werde erst in einigen Monaten nach England zurückkehren.«

Er lächelte. »Das spielt keine Rolle. Ich habe alle Zeit der Welt.«

Auf dem Weg nach unten wurden die Bäume auf beunruhigende Weise immer weniger. Große Stämme lagen wie abgeschlachtete Leichen neben unserem Weg. Daneben hackten und sägten Männer so fieberhaft, als wären sie dabei, ihre Feinde zu dezimieren. Ich vermutete, daß es nicht mehr lange dauern würde, bis auch die herrlichen Wälder, durch die wir gewandert waren, bald das gleiche Schicksal ereilen würde. Um nicht gesehen zu werden, suchten Dorf-bewohner im Schutz von Brücken nach Gold. In durchlöcherten Kartons siebten sie den Treibsand, der von den tosenden Flüssen angeschwemmt worden war. Aditya versuchte sie zu fotografieren, aber sie versteckten ihre Gesichter. Offensichtlich war ihr Treiben illegal, und bei Entdeckung drohten ihnen vermutlich schwere Stra-fen.

Im Dorf Harichandanpur trafen wir wieder auf Indrajit, Khusto und den Jeep. Das Fahrzeug war von Menschen umringt, die bei unserem

---

* Butea frondosa: ein Baum, der in Indien und Burma heimisch ist und scharlachfarbene Blütentrauben hat

Eintreffen zu einer gewaltigen Menge anwuchsen. Da Indrajit schon mit einem derartigen Aufsehen gerechnet hatte, hatte er das Camp wohlweislich drei Meilen außerhalb des Dorfes aufgeschlagen. Wir versuchten die Menschenmenge abzuschütteln, aber als wir das Camp erreichten, das hinter ein paar Felsbrocken lag und von Mangobäumen umgeben war, stellten wir fest, daß wir von ungefähr fünfhundert Menschen umringt waren. Schließlich hatte sogar Aditya von ihnen die Nase voll und warf eine gutgezielte Anti-Elefanten-Bombe. Das Ergebnis war zufriedenstellend – sie flohen. Allerdings nicht sehr weit, nämlich nur bis zum nächsten Felsbrocken. Dort setzten sie sich so geduldig wie Hyänen nieder.

Indrajit hatte ein paar annehmbare Hühner gefunden und verwöhnte uns mit einem sehr schmackhaften Abendessen. Ich bedankte mich überschwenglich bei ihm und hoffte, daß diese Schmeicheleien weitere kulinarische Köstlichkeiten nach sich ziehen würden. Bis dato war unsere Ernährung etwas einseitig gewesen. Ehe ich einschlief, fiel mir wieder die Mimosen-Pflanze ein.

»Wie steht's mit meinem Puja? Wann findet es statt?« drängte ich Aditya, der eingewickelt wie eine Mumie neben mir lag.

»Morgen«, antwortete er schlaftrunken. »Es ist schon alles in die Wege geleitet.«

»Aber warum morgen? Wie steht's mit der Mimose? Ohne Mimose kann ich es nicht machen. Tara würde mir nicht zuhören«, insistierte ich hartnäckig.

»Morgen, weil ...«, gab er müde Auskunft, »weil Bhim beschlossen hat, daß morgen ein Glückstag ist. Und was die Mimosen betrifft, glaubst du wirklich, daß es irgendeinen Unterschied machen wird?«

»Aber natürlich, inzwischen glaube ich an solche Sachen. Schließlich ist Indien voll davon, und du erklärst mir doch ständig die Theorien des Unbekannten und des Übernatürlichen und die höheren Ebenen des kosmischen Bewußtseins.«

»Laß mich in Ruhe, Mann«, antwortete er und schlief ein.

Mitten in der Nacht wurden wir von einem fürchterlichen Aufruhr geweckt. Metall schepperte, Menschen kreischten hysterisch, und das Innere des Zeltes wurde von Feuerschein erhellt. Aditya und ich stolperten ins Freie, in eine Szene, die aus einem Ku-Klux-Klan-Film hätte stammen können: Die Dorfbewohner rannten mit brennenden Fackeln über die Felder.

»Was ist passiert?« brüllten wir.

»Bhalloo*«, drang Bhims mürrische und gelangweilte Stimme aus seinem Zelt. »Mummy nicht schreien, also kein Ärger.«

Aditya lachte. »Es ist ein Bär, Mark. Er hat auf den Feldern dort drüben nach Erdnüssen gesucht. Die Wachen auf den Felsbrocken müssen ihn entdeckt haben.«

Jedenfalls hatte der Bär es geschafft, die Menge von uns wegzulokken. Außer einer einsamen Silhouette waren die Felsen über unserem Camp leer. Beruhigt krabbelte ich in mein Zelt zurück.

»Kaninchen und Hasen«, sagte ich, als ich meinen Kopf aus dem Zelt in den Morgen steckte.

»Was, wo?« keuchte Aditya und war sofort hellwach.

»Nein, nicht wirklich, das ist nur ein dummer englischer Spruch, den man an jedem ersten Tag eines neuen Monats sagen soll, und heute ist der 1. Oktober. Aber es müssen die ersten Worte sein, sonst funktioniert der Zauber nicht und bringt Unglück.«

»Hoffentlich wirkt es«, gähnte er schläfrig und ließ sich in sein Nest zurückfallen. »Heute ist dein Puja. Heute wirst du Tara reiten, und dafür brauchst du alles Glück der Welt.« Unter einem zitronenfarbenen Morgenhimmel badeten wir Tara in einem kleinen, tiefen, runden Felsteich, der von Unkraut und Lilien umstanden war. Er war so perfekt, als hätte ihn jemand extra für diese Gelegenheit hergestellt. Bhim und Gokul hatten Angst davor, daß es Schlangen geben könnte, und so schütteten wir eimerweise Wasser über Tara, während sie dastand und an dem Unkraut knabberte. Als sich die Menschenmenge allmählich wieder einfand, sattelten wir Tara schnell und machten uns auf den Weg.

Indrajit und Khusto waren bereits zu einer geheimnisvollen Einkaufstour nach Keonjhar aufgebrochen. Ich vermutete, daß das etwas mit meiner Puja zu tun hatte. Ich hatte gesehen, wie Aditya Indrajit ein Stück Papier zugesteckt hatte. Sie würden sich später wieder mit

---

* Bhalloo ist auch der Name des Bären aus dem »Dschungelbuch« von Rudyard Kipling

uns treffen. Ich war schrecklich neugierig und hätte Bhim zu gerne gefragt, welche Rolle ich bei der Zeremonie spielen würde. Ich machte mir immer noch Sorgen, weil wir keine Mimose hatten. Ich wollte alles und jedes wissen, aber Bhim wirkte sehr abweisend und trieb Tara völlig unzugänglich voran. Felder mit Erdnüssen – die Mandeln des armen Mannes – erstreckten sich zu beiden Seiten der Straße und wurden nur von kleinen Ansitzen unterbrochen – Anti-Bären-Machans. Wir hatten die Jagdgründe der Haathi verlassen und befanden uns nun im Gebiet von Bhalloo.

Auf einem Telefondraht saß ein hübscher blauer Vogel mit einem großen Kopf und einem schweren schwarzen Schnabel und keckerte, als wir darunter vorbeiritten.

»Ein Harzer Roller oder Eichelhäher«, rief Aditya begeistert aus und fingerte nach seinem Notizbuch. »Es scheint so, daß heute ein Glückstag für dich ist. Der Roller wird wegen seiner Farbe als ungemein glücksbringend angesehen. Er repräsentiert den Gott Shiva, dessen Hals blau wird, wenn er das Gift der Welt schluckt.«

»Laß mich in Ruhe, Mann«, gab ich unfreundlich zur Antwort. Ich war immer noch sauer darüber, daß Aditya meine Mimose für völlig unwichtig hielt.

Plötzlich wurden wir angehalten. Vier Polizisten auf Fahrrädern blockierten die Straße. Einer von ihnen hielt die Hand hoch, als ob er den Verkehr anhalten würde.

»Guten Morgen, Mr. Sands«, sagte er.

»Guten Morgen, Officer«, erwiderte ich erstaunt. »Sind Sie gekommen, um mich zu verhaften?«

»Lieber Himmel, nein, Sir, um Sie zu begleiten.«

»Mich begleiten? Warum denn? Sind wir in Gefahr?«

»Nein, nein, Mr. Sands. Das ist nur ein Befehl vom Hauptquartier.«

»Welchem Hauptquartier? Welche Befehle?«

»Bhubaneshwar, Sir. Ich weiß nicht, von wem sie stammen, aber wenn es Ihnen recht ist, fahren wir weiter.«

Ich konnte dieses Geheimnis nie enthüllen. Es war eine echte Eskorte und eine sehr köstliche. Zwei Polizisten radelten unsicher schwankend vor uns her, während die anderen beiden hinter uns kurvten, um die Überreste von Taras Frühstück zu vermeiden, die vor ihnen in unregelmäßigen Abständen auf die Straße klatschten. Der Officer blies heftig in seine Pfeife, und der gesamte Verkehr, Busse und Laster und Ochsenkarren, wichen zur Seite aus. Wir kamen uns sehr wichtig vor. Sie bestanden darauf, daß ich ihre Polizeistation besichtigen sollte. Es war ein fleckenloser und netter weißer Bungalow, den die Briten 1927 gebaut hatten und der von einem Garten umgeben war. Drinnen war es kühl, die Zellen waren leer: Hier gab es keine Kriminalität, erzählten sie mir. Neben einem Gestell mit gutgeölten Lee-Enfield-303-Gewehren und einem Bündel Handschellen lag ein seltsames Gebilde, das wie ein Enterhaken an einem langen Seil aussah.

»Wofür was ist denn das?« erkundigte ich mich.

»Für Betrunkene, Sir«, antwortete der Officer. »Wegen der Ernte trinken im Moment viele Leute. Manchmal trinken sie zuviel und fallen in Brunnen. Wir holen sie mit dem Ding wieder heraus.«

Gegen Mittag kamen wir an einem langgestreckten Granithügel vorbei. Bhim deutete darauf und sagte nur »Puja«.

Bei einem Flüßchen stiegen der alte Mann und ich in das trübe Wasser, um uns vor der Zeremonie zu reinigen. Dann stiegen wir zum blanken Gipfel des Hügels empor. Es war ein unheimlicher, einsamer Ort, gehüllt in dunkle Wolken. Der Wind zerrte an unseren Kleidern, und die Wolken bewegten sich aufeinander zu und wurden zu einem monströsen, schwarzen Schirm.

»Es wird regnen«, sagte Aditya plötzlich und brach damit das Schweigen. »Weißt du, das ist wirklich außergewöhnlich, es wird nämlich behauptet ...«

»Ja, ich weiß«, unterbrach ich ihn schnippisch, »wenn es regnet, wird das als glücksbringend betrachtet.«

»Also, Mark«, erwiderte er, ohne zu lächeln, »versuche bitte ernst zu bleiben. Aus irgendwelchen unerklärlichen Gründen sind die Götter dir wohlgesonnen. Jetzt solltest du, um Taras willen, aufpassen, und dann werde ich dir erzählen, was zu tun ist.«

Unten auf der Straße fuhr der Jeep vor, und Indrajit und Khusto kletterten mit einem Sortiment von Päckchen den Hügel empor. Indrajit packte die Schachteln aus. Auf ein großes Metalltablett legte er Bananen, zwei Kokosnüsse, Bündel von Räucherstäbchen und kleine bunte Blumensträuße. Ich wurde aufgefordert, mich zu entkleiden, und dann wickelte man mir einen gestärkten weißen Dhoti um die Hüften, die traditionelle Bekleidung der Inder bei Gottesdiensten. Um den Hals hängten sie mir ein safrangelbes Gumcha, ein Kleidungsstück so groß wie ein kleiner Sarong, und meine Stirn wurde mit Zinnober bemalt. Bhim war genauso gekleidet. Ich stand ihm gegenüber und versuchte ernsthaft auszusehen. Das war ziemlich schwierig, denn Tara untersuchte gerade mit der kalten Spitze ihres Rüssels die Rückseite meines Dhotis.

Mit verschränkten Händen hob ich die Geschenke auf, verbeugte mich vor Bhim und legte sie vor seine Füße. Das wiederholte ich dreimal, und jedesmal beugte ich mich hinunter und berührte seine Füße. Er legte seine Hände leicht auf meinen Kopf und rezitierte ein Mantra. Ich vervollständigte meine Ehrerbietung mit einem Geldgeschenk von 500 Rupien, zu denen ich noch eine Rupie legte, um die Summe ungerade zu machen und damit glücksbringend. Wir blickten beide Tara an. Auf ihrer Stirn leuchtete karmesinrot das Zeichen von Shiva. Dann sprach Bhim ein Mantra über Tara und vollführte mit den brennenden Räucherstäbchen Kreise über ihrem Kopf. Anschließend zerbrachen wir die Kokosnüsse und salbten ihre Füße mit der Milch.

»Raja-Sahib«, informierte mich Bhim, »jetzt machen Mantra an Tara. Dann wir reiten.«

Unvorbereitet, wie ich war, schloß ich meine Augen und rezitierte mit lauter, feierlicher Stimme ein Gedicht von Hilaire Belloc:

> Wenn sich Menschen an dies Tier erinnern
> staunen sie mit Aug' und Ohr
> so ein kleiner Schwanz dahinten
> so ein großer Rüssel davor

Glücklicherweise verstand das keiner. Sie lächelten zustimmend für etwas, was sie für ein ungeheuer mächtiges englisches Mantra hielten. Lediglich Aditya verstand die Worte nur zu gut und schüttelte voller Verzweiflung den Kopf.

Da ich Wert darauf legte, daß der nächste und wesentlich schwierigere Teil der Zeremonie gut über die Bühne ging, schob ich Tara heimlich einen großen Batzen Gur zu.

»Bitte, Tara«, flüsterte ich ihr ins Ohr, »mach es mir nicht zu schwer. Sei nett. Wenn du es bist«, ich schob ihr noch einen Batzen zu, »dann gibt es noch viel mehr von diesem Zeug. Wir werden ganz heimlich mitternächtliche Orgien miteinander feiern. Ich werde Bhim kein Wort davon erzählen. Du weißt, er mag es gar nicht, wenn du zuviel davon frißt, weil es deinem Magen schadet.«

Sie rumpelte friedlich und zwickte ihre Augen zusammen, als ob sie mir damit die Zustimmung zu unserer Verschwörung zuzwinkern wollte. Ich hätte genausogut mit dem Mond reden können. Als ich meinen Fuß auf ihr angehobenes Vorderbein setzte und nach ihrem Ohr griff, schüttelte sie heftig den Kopf. Ich wurde wild hin und her geschleudert – wobei sich mein Dhoti löste – wie eine Ratte von einem Terrier, und dann landete ich mit einem rückgratbrechenden Plumps auf dem Boden.

»Verräterin«, zischte ich ihr wütend zu, »damit ist unser Vertrag hinfällig«, und schlug sie hart auf den Rüssel. Sie wirkte zwar nur sehr bedingt reumütig, aber der nächste Versuch glückte. Allerdings nur mit der Hilfe von Gokul, der kichernd von unten schob, und von Bhim, der ernst von oben zog, bis ich recht unfeierlich auf ihrem Hals Platz nahm. Aber wenn ich heute darüber nachdenke, kann ich ihr keine Schuld geben. Wenn ich an ihrer Stelle an die zarten, leichten Berührungen von Bhim, Gokul und Rajpath gewöhnt gewesen wäre, dann hätte ich sicherlich genauso auf das plötzliche tote Gewicht von einhundertundachtzig Pfund reagiert, das wie ein Schnecke an meinem Ohr klebte. In der Bemühung, wenigstens noch ein wenig von meiner Würde zu retten, streckte ich meine Zehen nachdrücklich hinter ihre Ohren und sagte »Agit«. Nichts geschah. Sie blieb einfach stehen und drehte den Kopf, um mich überrascht anzustarren.

»Los doch, Barbara«, rief Aditya. »Du kannst das doch besser. Es heißt nicht ›Aaahgit‹ wie ›Amen‹, es ist ein kurzer Befehl, und außerdem sollst du nicht murmeln. Brülle.«

Dieses Mal brüllte ich. Zu meiner großen Überraschung setzte Tara sich in Bewegung, und wir ritten den Hügel hinunter.

»Na also«, rief Aditya mir ermutigend zu. »Laß sie nicht los. Sie muß lernen, daß du ihr Herr und Meister bist. Halte den Rücken gerade, zeige etwas Stolz. Das ist ein großer Augenblick für dich. Du bist der erste ›Firinghee‹-Mahout.«

So, als hätte meine Tat die Zustimmung der Götter gefunden, begann es plötzlich leicht zu regnen, und dann hörte es seltsamerweise wieder auf.

Die acht Meilen bis Keonjhar waren eine einzige Quälerei, chaotisch und langsam. Ich hatte meine Reitposition verändert und saß jetzt am Rand des Howdah, um Tara ohne Unterbrechung mit meinen Fersen antreiben zu können. Dann klopfte ich, um sie zu lenken, mit meinen Zehen unter ihre Ohren. Nach einer Meile hatte ich das Gefühl, gerade die Tour de France absolviert zu haben. Meine Beine schmerzten gnadenlos, und meine Zehen bluteten. Tara wanderte einfach wie eine hungrige Lokomotive von einer Seite auf die andere und blieb bei jedem Bambuswäldchen stehen, um sich daran gütlich zu tun. Ganz egal, wie sehr ich flehte, zustieß oder herumhüpfte, sie tat genau das, wonach ihr der Sinn stand. Es war, wie wenn man zum ersten Mal einen Bulldozer steuert. Bhim, der hinter mir kauerte, tat wie ein geduldiger Fahrlehrer sein Bestes, um meine Fehler auszubügeln.

»Du brauchst nur ein bißchen Übung«, bemerkte lässig Aditya, der ausgestreckt auf dem Howdah lümmelte.

»Du kannst nicht erwarten, von heute auf morgen ein Meister zu sein. Bhim hat mir gesagt, daß es mindestens eine Woche dauert, bis Tara sich an dich gewöhnt hat. In dieser Zeit«, merkte er dann zufrieden an, »wird es dir unmöglich sein, dich zu waschen, dich hinzusetzen oder zu schlafen. Und ist dir eigentlich klar«, fügte er noch zufriedener hinzu, »daß du jetzt Bhims Schüler bist und deshalb alles für ihn machen mußt?«

»Was meinst du damit?« grunzte ich und wischte den Schweiß aus meinem Gesicht.

»Nun, du mußt zum Beispiel sein Essen machen und seine Kleider waschen. Solche Sachen eben.«

»Jesus Christus«, sagte ich bitter. »Ich bin den ganzen weiten Weg gekommen, um einen Elefanten zu reiten, nur um zu einem verdammten Kammerdiener degradiert zu werden. Je eher ich diese Mimose finde, desto besser.«

Der Anblick eines unkontrollierbaren Elefanten, auf dem ein fluchender, wild blickender Engländer saß, der wie ein Bettelmönch gekleidet war, rief bei den Vorbeikommenden eine Vielzahl von Reaktionen hervor. Die Frauen scheuchten ihre erschrockenen Kinder in die Sicherheit ihrer Häuser. Einige Männer schüttelten völlig ungläubig den Kopf, während andere sich vor lauter Lachen krümmten. In einem Dorf saß eine Gruppe von Männern gerade auf einem Charpoy* und trank Tee. Sie mußten bei unserem Anblick so sehr lachen, daß das Gestell umkippte und sechs Paar dünne, braune Beine wie Tentakel in der Luft strampelten. Bhim verbrachte den ganzen Nachmittag damit, abwechselnd neugierige Fragen zu beantworten, Tara zu kontrollieren und mich zu beruhigen. Schließlich wurde es ihm zuviel. Als Antwort auf die Standartfrage »Wohin geht ihr?« antwortete er jetzt kurz angebunden »England«.

Aus einem kleinen Haus an der Straße schlurfte ein alter Mann mit einem langen grauen Bart und hielt uns auf. Er sank auf die Knie und warf sich vor Tara in den Staub, während sie mit ihrem Rüssel sanft in seinem Haar wühlte. Nach ihm kam ein hübsches junges Mädchen in einem blutroten Sari mit einer Frangipaniblüte hinter dem Ohr heraus. Nachdem sie Tara die Füße mit Wasser gewaschen hatte, beschenkte sie uns alle mit Kränzen aus Jacarandablüten. In diesem Augenblick erklang hinter uns einer scharfer Schmerzensschrei. Ein kleiner Junge, der Sohn des Mädchens, rannte weinend zu seiner Mutter und drückte seine kleine braune Hand an sein Gesicht. Blut floß durch seine Finger. Er war zu nahe an Taras Schwanz gestanden und hatte fasziniert beobachtet, wie sie ständig mit ihm hin und her wedelte, um die Fliegen zu vertreiben. Die dicken, langen und harten Haare am Schwanzende hatten ihn an der Backe getroffen und sie wie eine Melone aufgeschlitzt. Aditya holte schnell unseren Erste-Hilfe-Kasten, und nachdem er die tiefe Wunde gereinigt hatte, flickte er sie mit Elastoplast zusammen.

»Es tut mir leid«, sagte ich zu dem Mädchen und dem alten Mann.

---

* Charpoy oder Charpai: ein vierbeiniger, hölzerner Rahmen, der mit gewebten Gurten oder Hanfseilen bespannt ist und als Bettunterlage dient

»Ich fürchte, er wird eine häßliche Narbe behalten.«

»Es braucht dir nicht leid zu tun«, antwortete der alte Mann ruhig, »dein Elefant hat meinem Enkelsohn eine große Ehre erwiesen. Er ist von Ganesh gesegnet worden. Er wird immer Glück haben.«

10   Tara flippt aus

Als wir die Außenbezirke von Keonjhar erreichten, war es schon dunkel. Vom Brüllen der Befehle war ich heiser und völlig erschöpft. Die Stadt war einst eine britische Bergstation gewesen und lag in einiger Höhe. Die letzten zehn Meilen hatte ich Tara steile Abhänge hinaufgezwungen. Nach dieser Anstrengung war der Gedanke, die Nacht in einem Zelt zu verbringen, einfach scheußlich. Ich stattete also dem Chef der Bezirksverwaltung einen Besuch ab. Er war ein freundlicher, umgänglicher Mann, der für uns sofort eine Unterkunft im Gerichtsgebäude arrangierte, das vor ungefähr achtzig Jahren vom ehemaligen Maharadscha von Keonjhar gebaut worden war. Heute wurde es normalerweise beim Besuch von hochgestellten Persönlichkeiten und Richtern für deren Unterbringung benutzt.

Es war ein schönes und typisches Beispiel für die angloindische Palastarchitektur, dessen Eindruck lediglich durch eine dicke Schicht von widerlich hellvioletter Farbe beeinträchtigt wurde. Wir hatten das Haus ganz für uns allein. Nachdem wir Tara in dem großen, von einer Mauer umgebenen Garten an einen Mangobaum angekettet hatten, machten wir uns im ersten Stock in einer Suite von vier Zimmern breit, die auf eine geräumige Veranda führten. Sie war von einem hübschen Schmiedeeisengeländer umgeben und möbliert mit altmodischen Teakholz- und Korbstühlen mit Fußstützen, mit Ebenholztischen mit Marmorplatten, und – das war das Beste von allem – mit einem gewaltigen Kühlschrank, den wir sofort mit Bier vollstopften. Als wir so dasaßen und auf die blinkenden Lichter von Keonjhar blickten, kam ein weißgekleideter Diener und füllte unsere Gläser und blickte indigniert auf die tropfenden Kleidungsstücke, die Indrajit einfach über das Balkongeländer gehängt hatte und die dort wie schlaffe Flaggen herunterhingen. Offensichtlich war er von seinen sonstigen Gästen ein besseres Benehmen gewöhnt.

Nachdem wir uns den Luxus eines heißen Bades und eines köstlichen Abendessens gegönnt hatten, streckten Aditya und ich uns in der Dunkelheit auf den bequemen Sesseln aus.

»Wir sollten vielleicht ein paar Tage hierbleiben«, meinte er, räkelte sich in seinem Sessel und nahm einen großen Schluck Bier. »Wir liegen gut im Rennen, und es würde uns allen guttun, hier eine kleine Ruhepause einzulegen«, fügte er hinzu und schaute mir dabei zu, wie ich versuchte, mich schräg in den Sessel zu setzen.

»Nein, mir geht es gut«, jammerte ich. »Ich bin dafür, daß wir weiterreiten.«

»Ganz wie du willst. Aber ich habe wirklich nur an Tara gedacht. Bhim hat mir gesagt, daß sie sich ein bißchen unwohl fühlt.«

»Was?« rief ich und stolperte prompt in seine sorgfältig aufgebaute Falle. »In diesem Fall müssen wir natürlich eine Ruhepause einlegen.«

Wie ich bei Tara die Sache mit dem Gur, so hatte auch Aditya endlich meine Achillesferse entdeckt. Da ich nicht aufrecht gehen konnte, kroch ich auf auf allen vieren auf den Balkon hinaus. Ich konnte Tara gerade noch ausmachen. Sie lehnte zufrieden mit gekreuzten Hinterbeinen an dem Baum und gönnte sich voller Begeisterung eine Staubdusche.

»Gute Nacht, mein Liebling«, rief ich ihr zu. Sie drehte sich um, hob den Rüssel und ließ einen Ton hören, der eine Mischung aus Trompeten und Quieken war und wie ein unterdrücktes Niesen klang. Ich lächelte glücklich. Ich hatte es geschafft.

Am Morgen machten Aditya und ich uns in einer Rikscha auf den Weg, um den alten Palast von Keonjhar zu besichtigen, der angeblich nur noch aus einer zerbröckelnden, leeren Hülle bestand. Da wir stadtauswärts ständig bergauf fuhren, wölbten sich bei dieser Anstrengung die Muskeln unseres Rikschafahrers, und er keuchte in heftigen, kurzen Stößen. Dann wurden wir beim Bergabfahren schneller und fuhren im Leerlauf. Dabei kamen wir an lauter Läden vorbei, in denen Männer Metalltöpfe herstellten, die sie mit kleinen Hämmern in Form brachten. Aus den Wolken tauchte eine mit Schlingpflanzen überwucherte Mauer voller Schießscharten auf, die außerdem taktisch angeordnete Wachtürme hatte, die mit Schlitzen für Pfeile ausstaffiert waren. Wir stiegen aus der Rikscha und gingen durch einen alten Korridor, dessen große hölzerne Tore schief in verrosteten Angeln hingen. Dann konnten wir den verfallenen Palast sehen. Obwohl er vom Dschungel überwuchert und voller grüner Moderflecke war, ließ er immer noch Spuren seiner früheren Eleganz ahnen. Wir schlenderten über einen unkrautüberwucherten Fußpfad, gesäumt von wilden, duftenden Rosen und überschattet von gewaltigen Palmen.

Der Haupteingang wurde von ein paar schweren Bronzekanonen mit der Gestalt von Tigern bewacht. Dort trafen wir auf ein paar schäbige junge Schlingel, die behaupteten, die Wächter dieses Palastes zu sein, und uns gerne alles zeigen wollten. Sie führten uns in die Durbar-Halle, deren Decke einst aus einem schönen runden Fresko bestanden hatte, die jetzt aber nach oben offen war. Der Boden war mit Vogelscheiße bedeckt. Auf den Wänden standen Sprüche wie: »Die Welt ist ein Diener des Geldes« und »Leben ist nur Schmerz«. Sie erzählten uns, daß im Ballsaal früher ein riesiger Kristallüster gehangen hätte, genau an der Stelle, wo heute ein Schwalbennest war.

Als wir uns durch dunkle, feuchte Korridore tasteten, flüchteten kreischend Fledermäuse und berührten unsere Gesichter mit ihren ledrigen Schwingen. Im Zimmer der Gottheit waren schwarze Umrisse alles, was von einer goldenen Statue übriggeblieben war, die vor zwanzig Jahren gestohlen worden war, und in einer Ecke stand, völlig verrostet, die Königliche Nagara – eine gewaltige Kriegstrommel aus Metall. Als er mein Interesse bemerkte, erklärte uns einer der kleinen Bengel wie ein professioneller Reiseführer, daß es ehemals zwei mit menschlicher Haut bespannte Kriegstrommeln gegeben hatte. Wenn sie geschlagen wurden, um vor eindringenden Feinden zu warnen, hatte jede ihren eigenen Klang. »Was ist mit der anderen passiert?« fragte ich. »Spazierengegangen, Sir. Zum See.«

Unter einem enormen Mangobaum, der angeblich tausend Jahre alt sein sollte, markierten Steinplatten eine ausgetrocknete Quelle. Die Legende besagt, daß jeder, der in das Wasser tritt, verschwindet. Von dieser Quelle rührt auch Keonjhars Name her. Er bedeutet im Oriya-Dialekt »Quelle«.

93

Unsere minderjährigen Reiseführer brachten uns in einen großen, hübschen Hof, umgeben von kleinen Pavillons. In der Mitte stand ein Marmorbrunnen, der wie eine offene Lotusblüte geformt war. Die Böden der Pavillons waren früher mit Mosaiken verziert gewesen, und man konnte immer noch ein paar Überreste aus Lapislazuli sehen. Ein reichgeschnitzter, vergoldeter, leerer Rahmen war gegen die Wand gelehnt und erinnerte an längst vergangenen Reichtum. Das war das Empfangszimmer gewesen, in dem einst der Maharadscha seine Besucher begrüßt hatte, wo er ihnen Sorbets und Zuckerwerk mit Opium servieren ließ, während sie sich auf seidenen Kissen räkelten und den Tanzmädchen zusahen. Damit sich seine ausländischen Gäste heimisch fühlen konnten, hatte der Regent entsprechende Bilder herstellen lassen, die an einer Wand immer noch zu erkennen waren – einen Zweimaster in vollem Wind, eine Lady in europäischer Kleidung mit einem kleinen Jungen in Knickerbockern, der sich an ihrem weiten Rock festklammert, einen Zug, der rauchend über eine Brücke fährt. Als wir aufbrechen wollten, fragte uns einer der Jungen, ob wir gerne Ihre Majestät, die Rajmata, kennenlernen würden.

»Die Rajmata!« rief Aditya ungläubig aus. »Lebt sie denn immer noch hier?«

Wir warteten in einem kleinen, feuchten Hof, in dem viele Kübel voller langer, kaktusähnlicher Pflanzen standen, die »Schwiegermutterzungen« heißen und die ihren Namen von deren Form und Schärfe beziehen. Jetzt standen wir an einem Ort, den wir früher niemals hätten betreten dürfen – in dem alten Zenana.* Die Jungen erschienen wieder und trugen auf ihren Armen eine alte Lady, die einen Sari aus einfacher Baumwolle und zerrissene Gummisandalen trug. Nachdem sie einen zerschlissenen Aubussonläufer auf den Boden gelegt hatten, setzten sie die alte Frau vorsichtig in einen wackeligen Korbsessel. Im Halbdunkel hinter ihr flatterten ihre Bediensteten mit verhüllten Gesichtern wie geisterhafte Motten herum. Die Jungen erklärten uns, daß die Rajmata zwar nicht sprechen, aber hören und sehen könnte.

---

* Zenana: vor allem bei den Muslim und den Hindus der Teil des Hauses, der den Frauen und Mädchen vorbehalten ist.

Aditya trat vor und berührte voller Ehrerbietung ihre Füße. Für einen Moment wurden ihre Augen klar und sie lächelte huldvoll, als würde sie sich an bessere Zeiten erinnern, Zeiten, in denen der Palast voller Leben gewesen war, in denen glanzvolle Empfänge stattgefunden hatten, das Rauschen der Seidensaris zu hören gewesen war, wo alles voller Farbe und vor allen Dingen voller Ehrerbietung gewesen war. Jetzt war ihr nur noch das hier geblieben, jetzt saß die stolze alte Frau mit nichts da. Ich wurde sehr traurig.

Die Ehrfurcht der Jungen für die alte Lady berührte uns. Kein Mensch würde sich noch um sie kümmern, erzählten uns die Bengel, als wir gingen, ärgerlich. Ihre Verwandten hatten sie sitzengelassen. Dreimal war sie mit Waffengewalt ausgeraubt worden. Alles war ihr genommen worden. Sie hatten sie gebeten, ihre Wertgegenstände nicht unter dem Bett aufzubewahren, aber wie so viele alte Frauen traute sie den Banken nicht.

»Weißt du, diese westlichen Staaten waren einst wegen ihrer Menschenopfer berühmt«, erzählt mir Aditya auf unserem Rückweg in der Rikscha. »Die Tradition erlaubte den Rajas dieses Staates, während ihrer Krönungsfeier einem Mann den Schädel zu spalten. Seine Familie bekam zum Ausgleich dafür Land, für das sie keine Pacht zahlen mußte. Nachdem die Briten gekommen und die Todesstrafe verboten hatten, hörte ein Commissioner von dieser Sitte und reiste auf der Stelle nach Keonjhar, um dem ein Ende zu machen. Wie du dir vorstellen kannst, war jeder ziemlich sauer darüber, aber der Commissioner, ein praktisch veranlagter Knabe, schaffte es, den regierenden Raja zu besänftigen und das Problem ganz gütlich aus der Welt zu schaffen. Der dem Tode geweihte Mann wurde weiterhin vor den Raja gebracht. Der Raja schwang auch sein Schwert, allerdings ohne den Kopf des Mannes tatsächlich zu berühren, dafür ließ sich der Mann zu Boden fallen und tat so, als ob er tot wäre. Danach wurde dem Mann befohlen, aus dem Königreich zu verschwinden und dafür zu sorgen, daß er dem Raja niemals mehr unter die Augen käme. Er wurde dann auch tatsächlich für tot erklärt, und seine Familie bekam die Entschädigung.«

»Typisch britischer Einfallsreichtum«, verkündete ich triumphierend. »Uns fällt immer etwas ein.«

Früh am nächsten Morgen wurden Aditya und ich von einem entsetzten Indrajit und Gokul geweckt. »Tara weggelaufen!« riefen sie. »In großes Wasserspeicher! Will nicht kommen heraus!«

»Wo ist Bhim?« grummelte ich verschlafen.

»Schläft. Trinkt letzte Nacht zu viel Rum, also wir sie bringen zu Bad.«

»Weckt ihn auf, und dann treffen wir uns beim Wasserspeicher.«

Als wir dort ankamen, war von Tara nichts zu sehen. Die Oberfläche des Wassers war ruhig. Der Wasserspeicher war entsetzlich groß. (Ich erinnerte mich an den Fall eines Elefanten, der auf einen Schwimmausflug von zweihundert Meilen ging und quer durch den Golf von Bengalen von einer Insel zur anderen schwamm. Er brauchte für diese Reise zwölf Jahre, und die Entfernung zwischen einigen Inseln betrug mindestens eine Meile, also über 1800 Meter). Plötzlich durchbrach am anderen Ende des Wasserspeichers die obere Spitze von Taras Rüssel die Oberfläche und blies wie ein Springbrunnen Wasser in die Luft. Mit vergnügtem Trompeten warf sie sich wie ein Tümmler nach vorne und verschwand wieder, sehr zum Vergnügen der großen Menschenmenge, die sich inzwischen um den Wasserspeicher versammelt hatte.

Bhim kam an und brachte einen Speer, den Ankush, eine Menge Früchte und einen großen Sack voller Gur mit. »Nicht Mummy Fehler«, sagte er ärgerlich. »Gokul vergessen Beinkette. Rajpath warnen.«

Gokul quietschte empört auf und versicherte, daß er keine Ahnung von dieser Vorliebe Taras gehabt hatte und daß das alles nicht passiert wäre, wenn Bhim nicht soviel getrunken hätte. Aditya beruhigte die beiden, ehe es zu Handgreiflichkeiten kam, und schlug vor, daß sie ihre Energie lieber auf das Einfangen von Tara konzentrieren sollten.

Bhim stellte sich ins seichte Wasser und rief nach ihr, in der ausgestreckten Hand eine Banane. Sie reagierte sofort und schwamm mit großer Bugwelle quer durch den Speicher, um dann ein paar Meter vor Bhim innezuhalten. Währenddessen hatte sich Indrajit, da Gokul nicht schwimmen konnte, mit dem Speer in der Hand rücklings an sie herangepirscht. Er wartete, trat wie wild Wasser und zielte mit dem Speer auf ihr Hinterteil. Als sie ein bißchen näher kam und den Rüssel ausstreckte, ging Bhim lockend langsam rückwärts. Sie kam noch

96

Blick auf die blühenden Senffelder im nördlichen Orissa.

In Joshipur im Staat Orissa begrüßen zwei blinde Elefanten, die von Bettel-mönchen geritten werden, Tara.

Wenn wir unser Camp aufschlugen, erregte das immer eine gewisse Neugier unter der Bevölkerung.

Tara wird von Kopf bis Fuß abgeschrubbt.

näher, war schon fast im Seichten. Blitzartig riß sie ihm die Banane aus der Hand, warf sie sich ins Maul und zog sich wieder ins Wasser zurück. Sie drehte sich um, sah Indrajit, der von ihrer Heckwelle fast ersäuft worden war, blies ihm eine Wasserfontäne ins Gesicht, vollführte eine Art von Elefanten-Rückwärtsrolle und schwamm triumphierend trompetend davon. Das Publikum applaudierte frenetisch.

Diese Taktik versuchten wir etliche Male. Ohne Erfolg. Schließlich drehte sich Bhim zu mir um. »Raja-Sahib ruft Mummy.«

Aditya war weggegangen, um die Polizei anzurufen, ob sie nicht etwas gegen die Menschenmenge tun konnte, die alles andere als hilfreich war. Er kam mit einem Polizisten zurück, der beim Anblick von Tara, die im Wasser ihre Kunststückchen zeigte, sich seinen Bambusstock unter den Arm klemmte und sich niederließ, um das Schauspiel ebenfalls zu genießen.

Ich folgte Bhims Anweisungen. »Tara! Tara!« brüllte ich befehlend und winkte mit einem Klumpen Gur in meiner Hand. »A Dhur! A dhur! Lay! Lay!« Bei meiner Aussprache lachten die Zuschauer Tränen. Ein paar von ihnen äfften mich sofort nach. Wieder kam Tara schnell durch den See geschwommen. Beim Anblick des Gurs stellte sie ihre Vorderfüße auf das schlammige Ufer. Ich gab ihr ein kleines Stück und packte dann so schnell wie möglich eines ihrer Ohren und versuchte, mich auf ihren Rücken zu schwingen. Sie drehte sich schnell um. Einen Augenblick lang wurde ich wie ein Anfänger beim Wasserskilaufen durchs Wasser gezogen. Als ich einen Mundvoll des schmutzigen Wassers schluckte, ließ ich sie los. Keuchend und spukkend begann ich zurückzuschwimmen. Da fühlte ich, wie mich etwas Langes und Gewundenes umschlang. Wie ein Rettungsschwimmer, der einen Ertrinkenden rettet, trug Tara mich vorwärts und setzte mich wie ein nasses Bündel im seichten Wasser nieder. Dann trompetete sie abermals und blickte mich schadenfroh an, ehe sie wieder in ihrem feuchten Spielplatz verschwand.

»Mummy jetzt nicht kommen«, stellte Bhim fest. »Wir sie lassen. Mummy kommen raus, wenn kalt.«

Fast zwölf Stunden später saß ich abends auf der Veranda des Gerichtsgebäudes, als Gokul erleichtert ausrief: »Tara kommen!«

Als ich hinuntersah, trottete sie gerade zufrieden in den Garten.

97

Wenigstens dafür sei Gott gedankt, dachte ich. Aber damit waren unsere Schwierigkeiten noch nicht vorbei. Jedesmal, wenn Bhim und Gokul versuchten, ihr die Ketten anzulegen, riß sie Bhim die Ketten aus der Hand, wich zurück und warf sie in die Luft.

Wir versuchten den alten Futtertrick. Einer von uns fütterte sie, während der andere versuchte, die zweiteilige Kette einschnappen zu lassen. Es mißlang. Schließlich schlossen wir das Gartentor und trieben sie in eine Ecke, die von zwei Mauern umgeben war. Unter »Baitho, baitho«-Rufen näherten wir uns ihr und stachen sie mit dem Speer in ihre Hinterbeine. Sie ging auf eine der Mauern los und demolierte sie fast. Leicht betäubt stand Tara einen Augenblick lang ruhig da. Bhim ergriff die Chance, krabbelte schnell auf ihren Rücken und gewann mit dem Ankush die Kontrolle über sie. Dann kettete Gokul sie an. Sie sah ungewöhnlich reumütig aus und zwickte ihre Augen fest zusammen, als ich sie mit einem kleinen Stock auf die Spitze ihres Rüssels schlug.

Taras Koller war vorbei, und ich konnte ihr nicht lange böse sein. Schließlich war Sonntag und Gandhis Geburtstag. Es war ein Feiertag, und sie hatte sich etwas Spaß redlich verdient.

11 Tod im Dschungel

Wir ritten nordwestlich in den Staat Mayurbhanj, wobei wir ein Hochplateau in Richtung der Simlipals überquerten, dem riesigen Tigerreservat. Links von uns, ein paar Meilen von der Stelle der Grenze von Bihar entfernt, lag die alte Stadt Kiching, die im 10. und 11. Jahrhundert die Hauptstadt der Bhanjakönige gewesen war.

Nachdem ich so lange darauf gewartet hatte, Tara zu reiten, hatte ich jetzt Angst davor, denn die Schmerzen waren schier unerträglich. Um die Steifheit in meinen Gelenken abzuschütteln, ging ich zu Fuß. Wir kamen an einer Reihe von Männern vorbei, die ein kleines, in Stroh gewickeltes Bündel, an eine lange Stange gebunden, mit sich trugen. Ein Polizist fuhr langsam in einem Jeep dahinter her. Wir hielten an und sprachen mit ihm. Das Bündel enthielt den Körper eines jungen Mädchens, das man früh an diesem Morgen vergewaltigt und verstümmelt neben der Straße gefunden hatte. Tara wurde immer unruhiger, als wäre der Anblick und der Geruch dieser morbiden Situation für sie in höchstem Maße widerwärtig.

Neugierig fragte ich Bhim, ob er schon einmal gehört hätte, daß ein Elefant Fleisch gefressen hätte. Er schüttelte zunächst nachdrücklich den Kopf, doch dann kniff er die Augen zusammen, als versuche er sich an etwas zu erinnern, das vor langer, langer Zeit passiert war. Zögernd erzählte er von einem Zwischenfall. Er ereignete sich während eines öffentlichen Auftritts. Ein Maharadscha saß in einem silbernen Howdah auf einem Zeremonie-Elefanten, der von seinem Mahout geritten wurde. Plötzlich schlängelte der Elefant seinen Rüssel nach hinten, packte das Bein des Mahouts und zog ihn auf den Boden. Wie in alten Zeiten, als in bestimmten Staaten Indiens noch Exekutionen durchgeführt wurden, trat der Elefant auf den Kopf des Mahouts und zermalmte ihn wie eine reife Melone. Er sammelte den blutigen Inhalt des Kopfs mit seinem Rüssel auf und blies eine blutige Fontäne über den Maharadscha. Der Maharadscha war derartig geschockt und beleidigt, daß er die sofortige Tötung des Elefanten anordnete. Doch die anderen Mahouts baten ihn, seine Entscheidung noch einmal zu überdenken. Dieser Mahout, erzählten sie ihm, hatte den Elefanten viele Jahre lang grausam gequält. Der Maharadscha, der diesen Elefanten besonders gern mochte, glaubte ihrer Geschichte und hob das Urteil auf. Der Elefant benahm sich niemals mehr daneben.

»Es gibt einen Zwischenfall, bei dem ein Elefant tatsächlich ein menschliches Wesen fraß«, erzählte ich ihm. »Er ereignete sich vor vielen Jahren in einem Schweizer Zoo.« Bhim blickte mich ungläubig an. »Ein Elefant namens Chang wurde wegen Unfolgsamkeit bestraft und in seinen Stall eingesperrt. Chang hatte eine große Verehrerin, ein junges Mädchen, das über diese Bestrafung so verärgert war, daß es nachts in den Zoo einbrach, um das Tier zu füttern und zu trösten. Sie kehrte nicht nach Hause zurück. Am Morgen fanden die Elefantenwärter Blutspuren auf dem Boden und unter dem Futter eine menschliche Hand und einen Zeh. Bei weiteren Nachforschungen entdeckte man in Changs Ausscheidungen ihre unverdauten Kleider, ihren Hut und ihre Handtasche. Der Elefantenwärter konnte die Verantwortlichen dazu bewegen, das Leben des Elefanten zu verschonen. Aber einige Jahre später packte Chang seinen Wärter und prügelte ihn an den Stäben seines Stalles zu Tode. Chang wurde dann umgebracht.«

»Pah!« murmelte Bhim geringschätzig und spuckte einen dünnen roten Faden Betelsaft aus. Dann beugte er sich vor und legte seine Hände auf Taras große Ohren. »Nicht hören Raja-Sahib, Mummy. Er erzählen schlimme Sachen.«

Ungefähr acht Meilen vor Joshipur, dem Tor in den Nationalpark von Simlipal, stieg ich wieder auf Tara. Wir kamen auf eine verkehrsreiche Fernstraße, die den Kontinent von Kalkutta bis Bombay durchquert. Je strenger ich mit ihr umging, desto besser benahm sie sich, und Bhim erklärte mir, daß ich anfing, Fortschritte zu machen. Mein Hauptproblem war es, den Lastwagen auszuweichen, die gefährlich nahe vorbeidonnerten. Den lieben langen Tag verbrachte ich damit, meinen großen Zeh unter ihr rechtes Ohr zu bohren und ständig »Chi, chi« zu brüllen, damit sie am Straßenrand ging. Wenn sie dann dort war, ging es noch langsamer voran. Am Straßenrand wuchsen nämlich Bäume. Und bei jedem Baum packte sie die herunterhängenden Äste, riß sie ab, rupfte die Blätter ab, zog die Rinde ab und ging dann zum nächsten Baum. Um dieser Gefräßigkeit ein Ende zu machen, schlug ich ihr mit dem stumpfen Ende des Ankush immer wieder auf den Kopf. Aber sie schüttelte einfach nur den Kopf und kümmerte sich ansonsten nicht darum. Ihr Mißfallen äußerte sich lediglich ab und zu dadurch, daß sie mich mit Spucke besprühte.

Trotzdem fing sie an, ihren Lebensunterhalt zu verdienen. Eine ganze Reihe von Lastern hielten nämlich an. Der Beifahrer beugte sich heraus und legte eine Münze in Taras Rüssel, den sie dann nach oben bog, um das Geld auf ihrem Kopf zu plazieren. Nachdem sie jetzt für eine sichere Fahrt von Ganesh gesegnet waren, legten die Fahrer ihre Hände zusammen, machten ihre Verbeugung und fuhren weiter. Manchmal schoß Taras Rüssel in ein offenes Fenster und forderte geradezu eine milde Gabe. Als wir Singada erreichten, waren unsere Taschen voller Münzen. Jetzt hatten wir also eine Möglichkeit gefunden, unsere Reise zu finanzieren. Rajpath hatte sie wirklich gut trainiert.

In Singada fand gerade ein großer Wochenmarkt statt. Ich trieb Tara durch die Menschen- und Tiermassen und verursachte damit eine Stampede. Bullen und Ziegen rissen Tische mit Nahrungsmitteln um, und Tara tat sich an den heruntergefallenen Früchten gütlich. Mit der Entschädigung, die wir bezahlen mußten, waren unsere Taschen bald wieder leer. Frauen in glänzenden roten und blauen Saris hockten in kleinen Gruppen zusammen und verkauften in Kokosnußschalen »Handia«, den örtlichen Fusel. Mit klirrenden Fußkettchen schritten andere schwerelos durch die Menschenmenge und brachten Nachschub. Mit ihren weichen, starken Armen voller Armbänder balancierten sie große, kürbisförmige Terrakotta-Flaschen auf ihren Köpfen. Jeder schien betrunken zu sein und sein sauer verdientes Geld leichten Herzens für all die wunderbaren Dinge auszugeben, die überall angeboten wurden.

Zwei fahrende Rajput-Ärzte mit prächtigen roten Turbanen über ihren mageren, scharfen Gesichtern priesen enthusiastisch die Wirkungskraft ihrer Heilmittel an, die mit Fliegen übersät in kleinen Körben vor ihnen lagen. Am beliebtesten waren Aphrodisiaka – getrocknete Schlangengedärme, Krötenbeine und ein streng riechendes Gebräu aus Kobrazungen und Bärensperma. An einem anderen Stand wurde ein Mann umringt, der viele verschiedene Schlangenarten in Körben vor sich stehen hatte. Die Menge holte tief Luft, als er seine Ärmel hochrollte. Er nahm den Kopf einer Schlange, öffnete ihr gewaltsam das Maul und stieß sich die Giftzähne in den Arm. Dann wand er sich in einem vorgetäuschten Todeskampf, band ein leuchtendrotes Tuch direkt über dem Schlangenbiß um seinen Arm und war auf geheimnisvolle Weise geheilt. Der Menge teilte er mit, daß die Tücher geweiht seien und die Auswirkungen des Giftes sofort zum Stillstand brächten. Er war ein guter Verkäufer, und sein Geschäft lief.

Kurz vor Joshipur hielten wir bei einem Teehaus an der Straße an. Eine Ansammlung blitzender Lastwagen war davor geparkt. Ein kleiner, sehniger Mann mit Schlitzaugen und einer dunkelroten Gesichtsfarbe verwickelte mich in ein Gespräch. Er stammte aus Nepal und war Beifahrer auf einem der Laster.

»Nehmen Sie mich nach England mit«, bat er mich. »Ich werde Ihr Leibwächter sein. Ich bin ein hervorragender Kämpfer.« Er rollte sein

Hemd hoch und zeigte mir eine bläuliche, klumpige Narbe, die von seinem Nabel zu seiner rechten Brustwarze verlief. »Den Mann, der mir das angetan hat, habe ich getötet«, teilte er mir stolz mit. »Diese Leute« fuhr er zusammenhangslos fort und deutete auf ein paar hart aussehende Burschen, die drinnen saßen und Tee tranken, »sind schwach. Keiner kann es mit einem Gurkha* aufnehmen.«

»Ich brauche keinen Leibwächter«, antwortete ich. »Wie Sie sehen, habe ich einen Elefanten.«

»Nun, in diesem Fall befinden Sie sich in guter Gesellschaft. Heute habe ich kein Glück.«

Als wir nach Joshipur hineinkamen, überholte uns ein uniformierter Motorradfahrer mit Schutzbrille und lederner Fliegerkappe. Er sah uns neugierig an und fuhr weiter. Dann hielt er an, drehte um und fuhr wieder an uns vorbei. Dieses Manöver wiederholte er mehrere Male, als ob er sich bei irgend etwas nicht ganz sicher wäre. Schließlich rief er uns zu:

»Bist du Haathi von Konarak?«

»Nein!« brüllte Aditya ihm zu. »Wir sind der Haathi aus Kalkutta. Der Haathi aus Konarak kommt später.«

»Mehr Haathi kommen?« fragte er überrascht.

»Ja«, erwiderte Aditya fröhlich, »morgen kommt einer aus Delhi und übermorgen aus Bombay.«

»Bei allen Göttern, das viel verwirrend!« Und mit diesen Worten raste der Mann davon.

»Verdammte Beamten«, lachte Aditya, »das hat ihm die Sprache verschlagen.«

Joshipur ist zwar der Eingang zum Nationalpark, aber die Erlaubnisscheine dafür werden in Baripada ausgestellt, der Hauptstadt des Staates Mayurbhanj, die ungefähr vierzig Meilen entfernt liegt. Durch das Fenster im Büro sah ich ein leistungsstarkes Funkgerät.

»Wäre es möglich, damit eine Nachricht nach Baripada zu senden?« fragte ich höflich einen jungen, bebrillten Officer.

---

* Gurkha: ein Angehöriger des Hindu-Volkes, das von den Muslims aus Indien vertrieben wurde und anschließend vor allem in Nepal großen Einfluß gewann. Gurkhas wurden wegen ihrer Tapferkeit und Treue sowohl von den Engländern als auch von den Indern als Soldaten bevorzugt

»Es funktioniert nicht«, gab es nervös und kurz angebunden zurück. »Der Park ist geschlossen. Keiner darf rein.«

»Aber in Ihrem Prospekt steht«, widersprach ich, »daß der Park am
1. Oktober aufmacht. Heute haben wir den 5. Oktober.« Keine
Antwort. Zwei ebenfalls gefoppte Australier, die den ganzen Weg von
Delhi gekommen waren, um den Wildpark zu sehen, warteten schon
seit vier Tagen.

»Wir verschwenden nur unsere Zeit, Mark«, sagte Aditya. »Indrajit soll uns nach Baripada fahren, und dort werden wir jemand finden,
der zuständig ist. Vielleicht können wir uns mit dem Maharadscha in
Verbindung setzen, für den du den Brief hast. Er wird uns sicher
helfen können. Bhim, Gokul und Khusto können bei Tara bleiben.«

Als wir Baripada erreichten, wurde uns mitgeteilt, daß der Maharadscha »nicht anwesend« und der Forstbeamte verschwunden sei,
»zum Markt gegangen«. Durch Umhören unter den Einheimischen
fanden wir den wahren Grund heraus. Ein menschenfressender Tiger
war aufgetaucht und hatte erst kürzlich im Süden des Parks jemand
getötet. Deswegen durfte niemand in den Park. Ich war schier verzweifelt, daß wir diesen riesigen Wildpark nicht zu sehen bekommen
sollten, von dessen Schönheit mir seit Beginn der Reise in Orissa die
Ohren vollgesungen wurden. Ich telefonierte mit den Verantwortlichen in Bhubaneshwar. Ich bettelte und drängte. Der Park sei doch
so riesig, argumentierte ich. Über dreitausend Quadratkilometer
groß. Es sei ganz unwahrscheinlich, daß ich auf den Tiger treffen
würde. Schließlich bekam ich eine unbeschränkte Erlaubnis, allerdings nur für den Jeep, nicht für den Elefanten. Zögernd willigte ich
ein. Es war besser als nichts, aber ich war traurig darüber, daß ich
dieses Erlebnis nicht mit Tara würde teilen können.

Drei Stunden warteten wir auf den Forstbeamten, einen hochge-
wachsenen Mann mit laschem Händedruck. Er schien ganz begierig
zu sein, uns loszuwerden, und stellte uns sofort einen Erlaubnisschein
aus, wobei er nervös jede Erwähnung des Menschenfressers vermied.
Auf dem Rückweg nach Joshipur hielten wir bei einem Stammes-
schrein an der Straße an, um unsere Beine auszustrecken. Statuen von
Kühen und Pferden und zwei schwarzen Elefanten aus Granit standen
mit Jasminkränzen geschmückt da. Ein alter Pandit trat aus dem

Schrein und segnete uns. Aditya und ich blickten uns in der Dunkelheit an.

»Denkst du auch das, was ich denke?« fragte er.

»Ja«, antwortete ich.

Wir öffneten den Brief und lasen ihn im Scheinwerferlicht des Jeeps. Er war an den diensthabenden Beamten in Joshipur adressiert.

Ich sprach mit CWLW heute abend um 22.00 Uhr, und er bestätigte unsere frühere Entscheidung, daß der Privatelefant nicht in den Simlipal-Park darf. Sie sollen den Elefanten in Joshipur lassen. Begleiten Sie diese Personen im Parkjeep nach Chahala und Barehipani, aber vermeiden Sie Jenabil wegen unseres Menschenfresser-Problems. Aber das dürfen Sie ihnen nicht erzählen. Die Straßen sind nicht sicher. Erwähnen Sie das nicht.

»Aber die Leute, die Honig aus diesen blanken Felsbrocken sammeln, befinden sich viel tiefer im Park. Wir werden sie nicht sehen können«, jammerte ich. Von dieser Sache hatten wir in Bhubaneshwar erfahren. Ihre Methode, Honig zu sammeln, war einzigartig und nur im Simlipal zu sehen.

Indrajit trat zu uns, und Aditya übersetzte ihm den Inhalt des Schreibens. Er schwieg einen Augenblick. »Vielleicht wir verlieren Parkjeep im Dschungel«, sagte er und zuckte die Achseln. »Wenn wir verlieren, dann können gehen, wohin wir wollen.«

Am nächsten Morgen verließen Indrajit, Aditya und ich das Camp. Ich hatte Bhim gefragt, ob er nicht auch mitkommen wolle, aber er wollte bei Tara bleiben. »Mummy unglücklich, wenn Raja-Sahib und Bhim gehen weg drei Tage«, sagte er. »Ein Tag okay.«

Der Parkjeep begleitete uns in den Simlipal. Es war, als würde man eine fremde Welt betreten, eine Welt, die seit Jahrhunderten unberührt war. Die Fahrspuren waren überwachsen und wurden von riesigen Salbäumen gesäumt. Nach den Monsunregen schmeckte die Luft frisch. In sonnigen Lichtungen standen bewegungslose Pfauen und schlugen ihr wunderschönes Rad, während hoch über ihnen lautstark tropische Stare zwitscherten. Ein getüpfeltes Reh blieb stehen und blickte uns an, ehe es vorsichtig und gelassen durch das

Unterholz verschwand. Überall gab es Anzeichen für Elefanten, alte und frische Losung lag auf der Fahrspur herum. Bei der Erhebung von 1986 hatte man vierhundertundfünfzig Elefanten und die stattliche Anzahl von neunzig Tigern gezählt.

Durch eine Allee von orchideenbewachsenen Bäumen kamen wir nach Chahala, einer alten Jagdhütte des Maharadschas von Mayurbhanj, die inzwischen zu einem Touristen-Camp umgebaut worden war. Der Stil war gotisch, mit gewölbten Decken und riesigen offenen Kaminen. Es war in einem scheußlichen Lila und Grün gestrichen worden. Umgeben war das Haus von einem tiefen Elefantengraben und dahinter lagen – strategisch günstig plaziert – Salzlecken für das Wild. Am nächsten Morgen um fünf Uhr, als noch Nebel in der Luft hing, beobachteten wir, wie Bisons und Rehe zur Salzlecke kamen, gefolgt von einer kleinen Elefantenherde mit zwei Jungen, die sich mit ihren winzigen Rüsseln an den Schwänzen ihrer Mütter festhielten. In einiger Entfernung erklang das tiefe Husten eines Tigers. Die Tiere verschwanden schnell, und die kleinen Elefanten quiekten angsterfüllt.

In Barehipani, der Quelle des Buldhabalanga-Flusses, blickten wir von einer Holzhütte aus über eine wilde Schlucht auf einen Wasserfall, der 390 m tief ins Tal donnerte. In Hindi bedeutet »Barehi« der Faden und »Pani« das Wasser. Denn während der Trockenzeit tröpfelt nur ein dünner Wasserfaden herunter. Der alte Waldhüter beklagte sich bitterlich über die Elefanten. Er erzählte uns, daß sie jede Woche seinen Garten zerstören würden. Fast jedes Jahr mußte die Hütte neu gebaut werden, weil sich die wilden Elefanten ihre Flanken an den dicken Holzbalken rieben. Traurig dachte ich an Tara. Wie sehr hätte sie dieses Paradies geliebt, in dem Elefanten frei umherstreifen konnten, unberührt und ungestört.

Da es keine neuen Nachrichten über den Menschenfresser gab, hielten es unsere Führer für sicher, uns nach Nawana zu bringen, das Dorf der Honigsammler. Wir fuhren von den Hügeln herunter und überquerten weite, üppige Wiesen mit wilden Blumen. Am Dorfrand parkten wir den Jeep und betraten einen kleinen Hof mit Erdmauern. Es war nur ein junger einbeiniger Mann anwesend. Er informierte uns, daß die Dorfbewohner weit weg am anderen Ende des Parks wären, um den Honig der Baumbienen einzusammeln. Nur während des Winters würden sie den Honig der Felsbienen sammeln. Ich war zutiefst enttäuscht.

»Wie wird der Honig gesammelt?« fragte Aditya ihn auf Hindi.

»Das ist ein gefährliches Geschäft, Sir. Wir lassen uns an dicken Ranken zu den Felsnischen herunter, in denen die Bienen in engen Höhlen ihre Nester bauen. Wenn wir ein Nest finden, zünden wir eine Fackel an und werfen sie hinein. Die Bienen flüchten, und wir sammeln den Honig ein.«

»Werdet ihr nicht gestochen?«

»Manchmal, Sir. Aber wir beschmieren unsere Körper mit Kräutern und singen vor der Arbeit immer unsere Mantras. An guten Tagen sammeln wir fünfundzwanzig Kilo Honig.«

»Was ist mit deinem Bein passiert?« fragte Aditya, und ich hielt das für recht unhöflich.

Er grinste kläglich und rieb seinen Stumpf. »Das hat mit unseren Frauen zu tun, Sir. Sie machen die Ranken an den Bäumen oben auf den Felsen fest. Dort stehen sie dann Wache. Unglücklicherweise«, fuhr er fort, »liebte meine Frau einen anderen Mann. Es war ein langer Sturz. Ich hatte Glück.«

Ich sagte den Forstwarten, daß ich gerne mit den Dorfbewohnern sprechen würde, wenn sie vom Honigsammeln zurückkehrten. Sie erlaubten uns, in Nawana zu bleiben. In ein paar Stunden würden sie uns wieder abholen.

»Du wollen gehen nach Jenabil? Jetzt Gelegenheit«, meinte Indrajit begeistert, nachdem die Beamten gegangen waren. »Vielleicht sehen Tiger?« Aditya und ich blickten einander nervös an.

»Nun, warum eigentlich nicht?« sagte ich zögernd zu Aditya.

»Wir sind den ganzen weiten Weg hierher gekommen und haben die Felsbienen verpaßt. Also laßt uns gehen.«

Der Pfad war überwachsen, und aus dem Fehlen von Reifenspuren konnten wir schließen, daß seit Monaten niemand darauf gefahren war. Ein Baum lag über dem Pfad. Bei unseren Anstrengungen, den Baum hochzuhieven, störten wir eine Herde wilder Elefanten auf, die, getarnt durch die dicke, grüne Wand des Dschungels, ganz in der Nähe gegrast hatten. Die Erde bebte, als sie wild trompetend davonstampften. Die Touristen-Lodge in Jenabil war leer. Indrajit fand in dem kleinen Dorf einen Mann, der wußte, wo der Tiger getötet hatte. Zuerst wollte er uns nicht dorthin bringen. Aber als wir ihm eine dicke Belohnung versprachen, willigte er ein. Ich bat Indrajit, den Mann zu fragen, ob wir wohl einen Blick auf diesen Tiger werfen könnten. Der Mann blickte uns entsetzt an und erging sich in einer warnenden Tirade.

»Das ist kein Witz, Sir«, erwiderte er ärgerlich. »Das ist ein großer, männlicher Tiger. Ein Menschenfresser hat meinen Freund getötet, und er wird wieder töten.« Fast sofort verging uns unsere Angeberei. Wir wurden still. Der Mann fuhr fort: »Wir sind arme Leute, Sir. Wir gehen in den Wald, um Lac* aus den Bäumen zu sammeln. Jeden Tag sagt uns unser Pandit, auf welcher Straßenseite wir gehen müssen, um Bagh nicht zu treffen. An diesem Tag waren wir zu zehnt. Der Pandit sagte uns, daß wir rechts gehen sollten, aber mein Freund, Sri Ram Naik, entschied sich, den anderen Weg zu gehen. Ein paar Tage vorher hatte er einen guten, gesunden Baum entdeckt. Er war ein tapferer Mann und hatte schon öfter Bagh mit der Axt vertrieben. So etwas passiert jeden Tag. Wir und Bagh müssen versuchen, zusammen zu leben. Er war ein großer Mann, wie du.« Er deutete auf mich. »Er nahm seinen kleinen Sohn mit. Seine Überreste liegen immer noch dort. Die Polizei hatte zu viel Angst, hinzugehen und sie zu holen. Wir müssen sehr vorsichtig sein, Bagh ist immer noch in der Gegend.«

Wir kamen zu einer Stelle, wo ein Axthieb einen Baum an der Straße markierte. »Das ist die Stelle«, sagte er leise. »Hier gehen wir hinein. Nehmt euch Stöcke und macht viel Lärm, denn Bagh kann einen Meter von euch entfernt sitzen, und ihr werdet ihn nicht sehen.«

Allmählich wurde es Aditya und mir klar, daß wir uns auf etwas Gefährliches und völlig Hirnrissiges eingelassen hatten. Wir hatten keine Waffen, nur Elefantenbomben, die Indrajit fröhlich an uns verteilte. Ihm schien die Gefahr überhaupt nichts auszumachen.

---

* Lac: ein Harz, das von Insekten produziert wird und aus dem Weihrauch hergestellt wird

Vorsichtig betraten wir den Dschungel und steckten bis zur Hüfte im dicken Unterholz. Wir folgten unserem Führer weit verstreut, wobei Aditya und ich uns in der Mitte hielten, während Indrajit mehr den Flügel übernahm. Ab und zu blieb der Führer stehen und suchte nach dem Weg. Als er einen weiteren markierten Baum fand, ging er weiter. Wir brüllten, wir schrien, wir schlugen auf die Büsche und kamen uns doch nackt und schutzlos vor. Dann erreichten wir eine Lichtung. Die Büsche waren flachgestampft, die Bäume am Rand trugen die Spuren von Klauen. Unser Führer deutete auf den getrockneten Schlamm am Boden, wo große, runde Abdrücke zu sehen waren, etwa in der Größe von Suppentellern – die Spuren der Tigerpranken.

Auf einem schmalen Felsbrocken war ein verblaßter Blutfleck zu sehen, dann entdeckten wir eine Gummisandale und noch eine. Dicht daneben lag ein zerrissener und blutiger Lunghi vermodernd auf dem Boden. Dann sahen wir einen Schädel, der in der bleichen Sonne gelblich schimmerte.

»Hier ist es passiert, Sirs«, sagte er zu uns. »Mein Freund blickte zu diesen Bäumen hinauf. Bagh schlug lautlos aus dem Hinterhalt zu. Wir konnten auf der anderen Seite der Straße seine Schreie hören. Wir rannten herbei, aber er war schon tot. Bagh hatte ihn an der Kehle erwischt. Wir versuchten, den Körper zu bergen, aber Bagh war zu groß und zu wütend. Er ging auf uns los, und wir rannten davon.« Unser Führer zitterte, als er den Baum emporblickte. ›O mein Vater, ich bin tot.‹ Das waren seine letzten Worte. Das hat uns sein Sohn erzählt.« Er schauderte wieder. »Wir müssen hier schnell verschwinden, Sirs. Hier ist es nicht sicher.«

Ich drehte den Schädel um und störte eine Ameisenkolonne, die einen Hautfetzen zerkleinerte. Sonst war nichts vorhanden. Der Mann war völlig aufgefressen worden. Keine Knochen, nur der Schädel war als Warnung zurückgeblieben. Ich wollte ihn mitnehmen, aber Aditya hinderte mich daran.

»Laß ihn hier«, befahl er mir. »Er ist ein Teil seines Dschungels geworden.«

Wir sammelten die anderen Überreste ein. Es wurde ein kleines, rührendes Bündel, Dinge, die einst von einem starken und tapferen

Mann getragen worden waren. Sie verdienten etwas Besseres, als im Dschungel zu verrotten, wir würden die Überreste zum Ganges bringen und sie im heiligen Fluß versenken. Unser Führer brachte uns zu dem Haus des Toten. Es war leer. Seine Familie hatte eine Entschädigung von 2000 Rupien bekommen und war weggezogen. Es lagen nur noch ein paar zerbrochene Kochtöpfe auf dem Boden. An den Wänden hingen noch farbige Bleistiftzeichnungen seiner Kinder, sie stellten ein Feld dar, eine Kuh und einen Mann, der zu einem Baum hinaufblickt. Hinter dem Mann steht eine gelbgestreifte Katze mit einer riesigen rosafarbenen Zunge und langen Barthaaren.

Wenn das Willkommen, das Tara mir zukommen ließ, ein Gradmesser für ihre Zuneigung war, dann war ich ein glücklicher Mann. Sie zitterte geradezu vor Begeisterung und rollte ihren Rüssel wie eine gigantische Uhrfeder ein und wieder aus. Sie zerrte an ihren Ketten und gab ein zufriedenes Schnauben von sich. Zur Abwechslung öffnete sie diesmal nicht sofort ihr Maul. Sie berührte lediglich mein Gesicht mit der feuchten Spitze ihres Rüssels und lehnte sich ganz still und mit geschlossenen Augen leicht an mich. Mich überkam ein Gefühl der reinsten Freude und dann ein schmerzliches, denn in etwas mehr als einem Monat würde ich sie verlassen müssen und sie vermutlich nie mehr wiedersehen.

Bhim wollte, daß wir in Baripada seine Familie besuchen sollten. Als wir gingen, schien Tara ziemlich sauer zu sein. Mürrisch schleuderte sie einen Ast in die Luft. Bhims Eltern lebten in einem alten Haus mit Ziegeldach, das trotzig inmitten der näherrückenden Neubauten am Stadtrand stand. In einem sauberen Zimmer, das nur wenig von Öllampen und dem Feuer eines kleinen Herdes erhellt wurde, saß ein großgewachsener, älterer Mann hoch aufgerichtet in einem Schaukelstuhl. Als wir eintraten, schoß er, sein Alter verleugnend, auf und salutierte. Ganz anders als bei Bhim war sein Gesicht seltsamerweise völlig faltenlos. Es wirkte fast knabenhaft und, abgesehen von einem schlimmen Auge, das im Zwielicht milchig glänzte, schien er bei bester Gesundheit zu sein. Als sich meine Augen an das Dämmerlicht gewöhnt hatten, sah ich seine Frau in der Ecke hocken, wo sie mit ein paar Töpfen hantierte. Nachdem sie uns Tee angeboten hatte, kehrte sie wieder an ihren Platz zurück, aber ich spürte, wie mich ihre anklagenden Blicke durchbohrten. Sie murmelte etwas, und Bhim lachte verlegen.

»Sie Angst, Raja-Sahib nehmen einzigen Jungen nach England. Niemals kehren zurück.«

Aditya nahm ihre beiden Hände in seine und versicherte ihr, daß das nicht der Wahrheit entsprach. Sie schien sich ein bißchen zu entspannen, betrachtete mich aber weiterhin mit Argwohn.

Der alte Mann wollte unbedingt von den alten Zeiten sprechen, und mit sanfter, stolzer Stimme erzählte er uns, daß er der Chef-Mahout des verstorbenen Maharadschas gewesen und während dessen Amtszeit oft bei der Sonepur Mela gewesen war. Dort hatte er Elefanten gekauft, von denen jeder 6000 Rupien gekostet hatte, und es hatte drei Monate gedauert, sie heimzubringen. Es gab Zeiten, in denen in den königlichen Ställen zwanzig Elefanten gestanden hatten. Sie waren so gut ausgebildet worden, daß sie sich bei Tigerjagden so lautlos bewegt hatten, daß nicht ein Blatt an den Bäumen gestreift wurde.

Er berührte stolz den Schaukelstuhl. Als er in Rente ging, hatte ihm der Maharadscha diesen Stuhl geschenkt. Als Aditya und ich gingen, nahm er mich beiseite. »Elefanten sind wie menschliche Wesen, Sahib«, flüsterte er. »Sie lieben Gesellschaft. Lassen Sie sie nicht zu lange alleine. Sprechen Sie jeden Abend, bevor Sie schlafen gehen, mit ihr. Erzählen Sie ihr irgendwelche Geschichten.«

Um festzustellen, ob der Maharadscha inzwischen zurückgekehrt war, fuhren wir zum Belgania-Palast. Er war ursprünglich gebaut worden, um königliche Besucher unterzubringen. Heute ist er das Zuhause des Maharadschas, da der ursprüngliche und größere Palast in der Stadt in ein College umgewandelt worden war. Der Palast stand auf einem kleinen Hügel mit prächtigem Blick über Baripada. Es war ein großes Bauwerk, das mit seinem malerischen Säulengang und einem Farbton wie gebranntes Siena einer eleganten florentinischen Villa ähnelte. Man gelangte über einen gewundenen Fahrweg dorthin, der von Schmetterlings- und Jacarandabäumen gesäumt war. Wir wurden von einem betagten Chowkidar* empfangen. Wir mach-

---

* Clowkidar: Haushofmeister bzw. Butler

ten es uns zunächst auf der breiten Loggia in leichten Stühlen bequem, wurden dann aber etwas nervös, als uns ein narbiger Dobermann Gesellschaft leistete.

»Brook, verdammter Köter. Platz!« donnerte eine Stimme, als Brook tiefergehendes Interesse für eines meiner Beine bekundete. Ein großer, kahler und unrasierter Mann, bekleidet mit einer fleckigen Kurta* und einem Dhoti, tauchte auf. Er sah müde aus. Seine Augen hatten schwarze Ringe.

»Vergeben Sie mir, daß ich Sie warten ließ«, sagte er. »Aber ich habe gerade meine Puja beendet.« Mit einem Lächeln streckte er uns seine Hand entgegen und fragte uns nach unseren Namen.

»Patankar«, sagte er nachdenklich. »Das ist ein Maratha-Name, oder nicht?«

»Das stimmt, Sir«, erwiderte Aditya voller Stolz. »Ich stamme aus Gwalior.«

»Hmmm«, murmelte er. »Sehr interessant. Ein Engländer und ein Maratha. Ein Freund und ein Feind. Vor zweihundert Jahren litten wir fürchterlich unter dem Joch der Maratha. Wir haben uns sogar mit dem Marquis Wellesley verbündet, um euch daran zu hindern, vom Süden aus in Bengalen einzumarschieren. Eine meiner weiblichen Vorfahren, Rani Sumitra Devi, die Adoptivmutter des Herrschers von Mayurbhanj, wurde von der britischen Regierung in Anerkennung für ihre Verdienste sogar geehrt. Ihre Reise durch Orissa«, meinte er dann, mit einem amüsierten Zwinkern in den Augen, zu Aditya, »muß voller Erinnerungen gewesen sein. Aber was soll's, heute sind wir alle Freunde. Lassen Sie uns Tee trinken. Ich werde meine Frau rufen.«

Es war die Art von Tee, nach der man sich auf solchen Reisen sehnt, Gurkensandwiches, Sahnetorte und Benson & Hedges-Zigaretten ohne Ende (das ist meine Marke, die ich inzwischen seit zwei Monaten nicht mehr geraucht hatte). Freundlich bedient wurden wir von seiner Frau, einem Mitglied der nepalesischen Königsfamilie, einer wunderschön frisierten Lady, die herrlich nach Worth-Parfüm roch und einen zart puderblauen Sari und eine mit Diamantsplittern besetzte

---

* Kurta oder Khurta: ein loses Kleidungsstück ähnlich einem kragenlosen Hemd, das in Indien getragen wird

Brille trug. Anfänglich war sie etwas zurückhaltend, aber als unsere Unterhaltung auf das Einkaufen überging, wurde sie sehr lebhaft und lobte voller Begeisterung die Vorteile von Harrods und anderen berühmten Geschäften.

»Wo haben Sie Ihren Elefanten gefunden?« fragte der Maharadscha. »In einem schrecklichen Ort namens Daspalla«, antwortete ich.

Er lachte. »Daspalla war wegen zwei Sachen berühmt. Dort gab es die besten Elefanten und die dümmsten Menschen.«

Ich erzählte ihm von unserem Ausflug durch die Simlipals, die ja früher seiner Familie gehört hatten. Als er von unserem Abstecher nach Jenabil erfuhr, war er vollkommen entsetzt und warf uns vor, daß wir sowohl unüberlegt als auch unverantwortlich gehandelt hätten. Aber trotzdem war er für die Information und für das, was wir getan hatten, dankbar.

»Sri Ram Naik pflegte das Harz zu ernten, aus dem ich meinen eigenen Weihrauch herstelle. Ich kannte ihn gut. Er war ein großartiger Mann.« Als wir aufbrachen, überreichte mir der Maharadscha eine Plastiktüte. Ich machte sie auf. Innen lagen Stücke von kristallisierter Rinde. »Das ist Harz«, erklärte er, »das ist Sri Ram Naiks letzte Lieferung.«

Am Stadtrand von Joshipur trafen wir auf zwei weibliche Elefanten. Die größere der beiden sah aus wie ein alter, staubiger Tramp. Neben ihr wirkte ihre kleine Begleiterin, die sich mit dem Rüssel an ihrem Schwanz festhielt, wie ein Zwerg. Beide Elefanten befanden sich in einem bejammernswerten Zustand – sie waren fast bis aufs Skelett abgemagert. Sie standen bewegungslos da und versuchten nicht einmal, die Fliegen, die über ihre Augen krochen, wegzuscheuchen. Aus den Augen tropfte eine weiße Flüssigkeit. Sie begrüßten Tara, indem sie ihre Rüssel in ihr Maul streckten. Neben den beiden sah Tara geradezu prächtig aus – eine wunderschöne Maharani, der von zwei schlampigen Dienerinnen die Aufwartung gemacht wird.

»Haathi nicht gut«, sagte Bhim mitleidig, »beide nicht sehen.«

Wir blieben stehen, um mit den Mahouts zu sprechen. Es waren Bettelmönche, die nach Süden in Richtung Orissa zogen. Im November würden sie nach Benares zurückkehren, wo der Besitzer der Elefanten lebte, ein reicher Pandit, der vierzig Elefanten in seinem

Stall stehen hatte. Der ältere Mann zwirbelte seinen lockigen, weißen Schnurrbart, und sein gieriger Blick hing ständig an Tara. Er bot uns den kleineren Elefanten für 60 000 Rupien zum Verkauf an. Wie um sie uns zu präsentieren, riß er heftig den Ankush nach unten, der an einer rostigen Nadel hing, die in dem Ohr des Elefanten steckte. Voller Resignation schüttelte sie nur langsam den Kopf. Dann bot er uns die Hälfte der Summe für Tara an. Sein beleidigendes Angebot wurde von uns mit höhnischem Gelächter beantwortet. Dann zogen wir immer noch lachend weiter und machten uns über seine Unverschämtheit lustig.

Dann traf es mich wie ein Schlag. Das Lachen blieb mir im Hals stecken. Ein eisiges Angstgefühl überlief mich. Mir war ein Angebot gemacht worden: Auch wenn es absurd war, es war ein Angebot – und zum ersten Mal wurde mir Taras Schicksal klar. In diesem kurzen Augenblick änderte sich meine gesamte Einstellung zu dem, was ich tat. Jetzt war es nicht länger der romantische Ritt quer durch Indien auf einem Elefanten, von dem ich so leichtfertig geträumt hatte – eine Laune, um meine Ambitionen zu befriedigen. Das hier war die Realität, auch wenn sie von Farbe und Schönheit überdeckt wurde – sie war da, hart und vollkommen unabänderlich. Ich war für Tara verantwortlich, ihre Zukunft lag in meinen Händen, und jeder Schritt von ihr brachte mich diesem Augenblick näher. Ich versuchte, den Gedanken daran zu verdrängen. Aber jetzt war er immer da und verfolgte mich wie ein ruheloser, schwarzer Schatten.

12   Zweifacher Dipper

Nach einer Meile wurde der Unterschied zwischen Orissa und Bihar schlagartig sichtbar. Es war, als würde man plötzlich die Blätter am Rand des Regenwaldes teilen und in eine verdorrte Wüste treten. Weg waren die Farben, die Üppigkeit, das Gelächter und die träge Sexualität, die in Orissa ständig gegenwärtig waren. Das wurde jetzt abgelöst von einem rauhen, argwöhnischen und unfreundlichen Gebiet. Das zeigte sich in der Qualität des Tees, dem plötzlichen Fehlen von frischem Paan, den düsteren Farben der Lunghis, dem Zustand der

113

Dörfer und, vor allen Dingen, bei den Menschen. Unser Auftreten änderte sich schlagartig. Bhim und Gokul wurden nervös und unsicher.

Kurz nachdem wir Bihar betreten hatten, ereignete sich ein Zwischenfall, der ein Beispiel für dieses neue Gefühl gab. Ein aggressiver, vierschrötiger Mann mit einer Glatze, die in der Sonne wie eine Billardkugel glänzte, kam uns mit seinem hochbeladenen Wagen mit einem Ochsengespann entgegen. Um ein vorhersehbares Chaos zu vermeiden, trieb ich Tara von der Straße herunter und aus dem Gesichtsfeld der Ochsen, damit das Gespann unbehelligt vorbeiziehen konnte, so, wie ich es schon in Orissa getan hatte. Der Mann brüllte mir ärgerlich zu, ihm mit meinem Elefanten aus dem Weg zu gehen. Das hatte ich zwar schon getan, aber um eine unerfreuliche Szene zu vermeiden, trieb ich Tara noch einmal etwa 200 m weiter in das Feld hinein. Er peitschte seine Ochsen mit einem Bambusstock, und sie waren gerade auf unserer Höhe angekommen, als die Tiere in Panik verfielen. Schnaubend vor Angst rannten die Ochsen ein paar hundert Meter die Straße entlang, sprangen über einen drei Meter hohen Abhang in ein schlammiges Reisfeld auf der anderen Seite hinunter, zerbrachen ihr Geschirr und machten sich eilig aus dem Staub. Obwohl ich den Typ nicht leiden konnte, war ich doch voller Bewunderung für seine fahrerischen Künste. Ein durch die Luft fliegender Karren mit Ochsen und mit ihm selbst als Fahrer landete sicher wie ein versierter Düsenjäger.

Unglücklicherweise hegte er keinerlei Bewunderung für Tara und mich. Wütend stampfte er über den Abhang hinauf und sammelte dabei ein paar Dorfbewohner um sich. »Das ist mein Dorf und meine Straße«, plärrte er, außer sich vor Zorn. »Ihr Elefant ist eine Bedrohung für alle.«

»Entschuldigen Sie, Sir«, widersprach ich höflich, »das mag vielleicht Ihr Dorf sein, aber eine Straße ist zum Reisen da. Jeder kann darauf reisen, auch ein Elefant, der, wie ich unterstreichen möchte, keineswegs eine Bedrohung ist. Wie Sie sich erinnern, habe ich die Straße verlassen, damit Sie vorbeikonnten.«

»Wenn Sie mir nicht eine Entschädigung von fünf Rupien geben, werde ich Ihren Elefanten in Verwahrung nehmen«, schrie er. Wenn er freundlicher gewesen und nicht auf Tara losgegangen wäre, hätte ich die Summe anstandslos bezahlt.

»Was stellen Sie sich darunter vor, meinen Elefanten in Verwahrung zu nehmen?« fragte ich ihn ärgerlich und kraulte Tara hinter dem Ohr. Sie warf den Kopf herum und bewegte sich auf ihn zu. In seinen Augen stieg Angst auf, als dieses riesige Tier drohend vor ihm aufragte. Er gab keine Antwort, und wir zogen weiter.

Glücklicherweise blieb es nicht so. In Majhgaon, einem in erster Linie von Muslims bewohnten Dorf, wurden wir von den Dorfältesten, großartigen alten Männern in Dhotis mit langen, weißen Bärten, geradezu königlich bewirtet. Sie waren von Tara begeistert und legten ihr Geldmünzen in den Rüssel, aber auch zusammengeknülltes Papiergeld. Tara hatte die Idee, daß die Banknoten vielleicht etwas Eßbares enthalten könnten und untersuchte sie sorgfältig. Dann ließ sie sie achtlos fallen. Offensichtlich hatte sie während ihrer Zeit mit Rajpath keine derartigen Reichtümer erhalten.

Einer der Ältesten, der Dorfschneider, bat mich in seinen Laden, über den ein Schild stolz anpries IMAM SCHNEIDER, MAJHGAON. PERFEKTE AUSSTATTUNG FÜR DAMEN UND HERREN. GOTT SCHUF DEN MANN, WIR MACHEN DARAUS EINEN GENTLEMAN.

»Wenn ich es so formulieren darf, Sir«, meinte er, »für einen Engländer sind Sie recht armselig gekleidet.« Er nahm mein Taillenmaß und überreichte mir ein Paar violetter Bellbottom-Hosen und ein dazu passendes Hemd. »Jetzt«, sagte er, nachdem er mich kritisch gemustert hatte, »sehen Sie wie ein Gentleman aus.«

Indrajit und Khusto fanden einen ruhigen Lagerplatz für diese Nacht. Um die Halbzeit unserer Reise zu feiern, tranken wir große Mengen von Rum. Mich überkam ein unruhiges und unerklärlich rührseliges Gefühl, und so schlenderte ich zu Tara hinüber. Ich setzte mich vor ihr auf den Boden, und eine große Traurigkeit überfiel mich. In diesem Augenblick wurde mir klar, daß ich nicht imstande sein würde, sie zu verkaufen. Die zwei blinden Elefanten und der Zustand von Tara, als sie noch mit Rajpath unterwegs gewesen war, bekräftigten meinen Entschluß. Ich mußte einen guten Platz für sie finden. Sie würde niemals wieder zum Bettler werden. Ich trank noch mehr Rum und überlegte ziemlich unrealistisch, ob ich sie wohl nach England mitnehmen konnte. Nicht in irgendeinen Zoo, sondern in ein wunderbares Anwesen, wo sie glücklich und zufrieden leben konnte.

Vor vielen Jahren war der Duke von Devonshire vor einer ähnlichen Situation gestanden. Er hatte eine Lady kennengelernt, die ihn fragte, was sie ihm von ihren Reisen in Indien mitbringen könnte. Scherzhaft hatte er erwidert: »Nun, mindestens einen Elefanten.« Zu seinem großen Erstaunen kam ein paar Monate später tatsächlich ein Elefant an. Das Tier wurde in einem großen, eingefriedeten Gebiet auf seinem Anwesen in Chiswick untergebracht und entwickelte eine unsterbliche Zuneigung für den Gärtner, der ihm das Arbeiten beibrachte. Der Elefant fegte mit einem Besen im Rüssel die Wege, hob abgeschnittenes Gras auf und goß mit Hilfe einer Gießkanne die Pflanzen. Aber damit war die Geschicklichkeit und außerordentliche Intelligenz des Tieres noch nicht erschöpft. Nach dem Dinner wurden die Gäste des Dukes von dem Elefanten unterhalten, indem er den Korken aus der Portweinflasche zog und dem Butler übergab. Unglücklicherweise entwickelte er, wie so viele Elefanten, einen Hang zum Alkohol und starb 1829 daran.

Als mir klar wurde, daß ich Phantasien nachhing, wurde ich mir der Anwesenheit eines Menschen bewußt. Aditya setzte sich neben mich, und beide blickten wir schweigend Tara an.

»Weißt du, Aditya«, sagte ich zögernd. »Ich ...«

»Ich weiß, was dir im Kopf herumgeht, Mark«, unterbrach er mich. »Bei mir ist es dasselbe. Auch für mich ist sie ein Teil meines Lebens geworden.«

»Was sollen wir bloß machen?« fragte ich ihn verzweifelt.

»Ich weiß es nicht. Aber Sonepur wird voll sein von Elefantenfachleuten, und ich gebe dir mein Wort, daß wir dort eine Lösung für unser Problem finden werden.« Aber noch beim Schlafengehen konnte ich dieses Gefühl der Ungewißheit nicht abschütteln.

Mitten in der Nacht wurde plötzlich der Reißverschluß unseres Zeltes aufgerissen, und Bhim stolperte betrunken herein.

»Keine Zeit mehr«, rief er drängend, »Reise bald vorbei. Raja-Sahib lernen reiten Mummy wie sehr guter Mahout. Ich sehen heute. Nicht gut.« Er stieg auf Adityas Rücken, schlang seine Beine um dessen

116

Taille und schickte sich an, Zehenbewegungen vorzuführen. »Daddy jetzt Mummy«, rief er. »Gut sehen, Raja-Sahib, Bhim dir zeigen.« In der folgenden halben Stunde wurden Adityas Beine geknetet und gedrückt, und seine Kniescheiben wurden vom Druck von Bhims hornigen Zehennägeln zerschrammt. Schließlich war Bhim erschöpft und schlief ein.

»Zumindest ist er voller Eifer«, sagte ich zu Aditya, als wir ihn zu seinem Zelt zurücktrugen.

»Wir hatten Glück, daß wir ihn gefunden haben, Mark«, erwiderte er, »er ist mit Leib und Seele dabei.«

Wir krochen wieder in unser Zelt zurück. Ich war gerade am Einschlafen, als ein langer, welliger Schatten am hinteren Teil des Zeltes entlangkroch und sich an meinen an die Zeltwand gedrückten Kopf preßte. Ich schoß hoch und schüttelte Aditya. Doch der hatte es auch gespürt. Ich kroch eilig auf den Zelteingang zu, aber Aditya packte mich.

»Bleib hier«, sagte er ruhig und schrie Indrajit zu, der Sache auf den Grund zu gehen. Es folgte ein heftiger Tumult. Dann streckte Indrajit seinen Kopf herein und hielt etwas Langes und Blutiges in der Hand.

»Nag«, grinste er fröhlich. »Hab sie erwischt« - und hob eine 1,50 m lange Kobra hoch.

Inzwischen war es morgens bereits kühl. Wir brachen immer später auf, weil wir auf den Sonnenaufgang warteten, ehe wir uns dem eiskalten Wasser für Taras Bad stellten. Langsam zogen wir nach Norden und kamen an Menschen vorbei, die Vorbereitungen für Dussehra trafen, das Fest, mit dem der Sieg der Kriegsgöttin Durga, der Gemahlin von Shiva, über den Büffeldämonen Mahiasura gefeiert wurde. Betrunken lagen sie im Schatten von hohen Bäumen, unter denen Schnapsbuden aufgebaut worden waren. Der kräftige Geruch von »Handia« oder »Raci«, wie er in Bihar genannt wird, hing in der heißen Luft. Mit diesem Geruch in Nase und Rüssel, beziehungsweise mit dessen fast unwiderstehlichen Versuchung, fiel es sowohl Bhim als auch Tara schwer, einfach vorbeizureiten.

An einem Abend wurden wir Teil eines Wanderzirkus. Als wir unser Lager aufschlugen, gesellte sich eine Gruppe von fahrenden

Schlangenbeschwörern zu uns. Es waren entzückende, gesellige und farbenprächtig gekleidete Vagabunden mit leuchtendgelben, federgeschmückten Turbanen. Um den Hals trugen sie an Perlenschnüren kleine lederne Täschchen, die Heilkräuter gegen Schlangenbisse enthielten. Sie hatten ihre Tiere in runden, flachen Weidenkörben dabei; es waren sechs Kobras, eine Krait* und zwei träge Pythons.

Ihre Anwesenheit zog noch mehr Menschen als gewöhnlich an, die fasziniert zusahen, wie sich die Kobras zischend mit wellenförmigen Bewegungen aus den Körben erhoben und zum Rhythmus einer kleinen Holztrommel tanzten. Bhim, der sich von dieser ungewöhnlichen Darbietung nicht ausstechen lassen wollte, unterhielt anschließend das Publikum, in dem er Tara sowohl vorne als auch hinten eine große Anzahl verschiedener Töne entlockte.

Nachdem wir dieses »berauschende« Gebiet verlassen hatten, überquerten wir eine Gegend, die vom Rauch einer gewaltigen Zementfabrik weiß gefärbt war. In der Nähe der Stadt Chaibasa war es wie an einem klaren, frostigen, sonnigen Morgen in England. Jedes Blatt und jeder Grashalm war mit einer feinen weißen Puderschicht bedeckt, die im Sonnenlicht schimmerte. Um diese weiße Wüste zu umgehen, nahmen wir eine schmale Nebenstraße. Sie führte zu einer großen Holzbrücke über einen schnellfließenden Bach.

Ich versuchte, Tara anzutreiben. Nachdem sie vorsichtig einen Fuß daraufgestellt hatte, wich sie zurück. Nichts konnte sie dazu bringen, die Brücke zu überqueren. Ohne weiter auf meine gebrüllten Befehle zu achten, übernahm sie einfach das Kommando und marschierte am Flußufer entlang. Nachdem sie die Tiefe des Flusses geprüft hatte, platschte sie ans andere Ufer. Auf der anderen Seite trafen wir einen Mann, der uns mitteilte, daß die Brücke nicht sicher sei. Sie wurde nur von Radfahrern und Fußgängern benutzt. Drei Wochen vorher war ein Taxifahrer bis zur Hälfte hinübergefahren, als die Bretter unter ihm nachgegeben hatten. Glücklicherweise hatte er sich retten können.

Es gibt viele ähnliche Berichte über die extreme Vorsichtigkeit von Elefanten. Einer dieser Berichte stammt vom Sepoy-Aufstand 1857.

---

* Krait: nicht aggressive, herrlich gefärbte Giftschlange aus der Familie der Kobras, die in Asien vorkommt

Ein General auf einem Elefanten hatte seine Soldaten zu einer Brücke geführt, die eine tiefe Klamm überspannte. Wie bei mir schlugen alle Versuche, den Elefanten auf die Brücke zu bekommen, fehl – er weigerte sich, sie zu überqueren. Der General vertraute dem Scharfsinn seines Elefanten und ließ die Brücke untersuchen. Dabei wurde festgestellt, daß der Feind die Hauptstützbalken entfernt hatte.

Der Stadtrand von Chaibasa erinnerte mich an ein englisches Dorf. Als die Briten hier waren, war die Stadt das Verwaltungszentrum für das südöstliche Bengalen gewesen. Wir kamen an grünen Feldern vorbei, in denen Gruppen von gigantischen Mangobäumen und noch größeren Peepulbäumen standen. In der Ferne zitterte die Turmspitze einer Kirche in der heißen Luft, herrliche stämmige Bäume überschatteten breite Boulevards und boten Schutz vor der heißen Sonne und sorgten für einen kleinen Imbiß für Tara. Es mußte herrlich gewesen sein, hier stationiert zu werden. Doch laut der bengalischen Distrikt- Zeitung »Gazeteers« schrieb ein Mr. Rikkards im Jahr 1854: »In Chaibasa ruft alles den Wunsch hervor, sofort abzureisen ... Hier gibt es nicht eine einzige Attraktion.« Und im Jahr 1868 fügte ein Dr. Bell hinzu: »...bei den bengalischen Bediensteten bedeutete ein Aufenthalt hier so etwas wie eine Strafversetzung...«

Wir machten bei einer kleinen Bank halt und wechselten Reiseschecks. Der Bankvorsteher konnte nicht verstehen, warum ich durch diesen Staat reisen wollte. »Als Gott Bihar geschaffen hat, Mr. Shand«, teilte er mir bedeutungsvoll mit, »hatte er ziemlich schlechte Laune.«

Die prächtige Kirche, deren Turmspitze wir in der Ferne hatten schimmern sehen, gehörte den Lutheranern und hatte immer noch ihre ursprünglichen Fenster mit Glasmalerei. Sie war vor einhundertfünfzig Jahren errichtet worden und hatte eine Aura von Würde und Einfachheit, ganz anders als ihre römisch-katholische Rivalin nebenan. Die war eine moderne Scheußlichkeit, die wie eine Spielbude glitzerte und deren Häßlichkeit durch einen geschmückten Schrein in Form einer Grotte vervollständigt wurde, in der die Jungfrau Maria von roten und blauen Lichtern beleuchtet wurde. Im

Inneren der Kirche polierten bekehrte Stammesangehörige einen bereits blitzenden Marmorfußboden, in dem sich das gigantische, edelsteinbesetzte Kreuz spiegelte.

Wir verließen Chaibasa in Richtung Seraikella, wo wir von dem dortigen Raja eingeladen worden waren. Unterwegs hielten wir an, um uns ein Kricketspiel von ein paar Schulkindern anzusehen. Ein guter Schlag ließ den Ball auf uns zufliegen. Er fiel genau vor Tara herunter. Sie betrachtete interessiert dieses fremde Objekt und nahm es dann vorsichtig mit dem Rüssel auf. Als sie feststellte, daß man den Ball nicht fressen konnte, stampfte sie ihn in den harten Boden. Inzwischen waren ein paar der Spieler herübergerannt gekommen. Sie standen schweigend vor ihr und wußten nicht, was sie tun sollten. Einer von ihnen, der offensichtlich mutiger als die anderen war, trat einen Schritt vor.

»Entschuldigen Sie, Sir«, bat er höflich. »Könnten wir wohl unseren Ball zurückbekommen? Es ist der einzige, den wir haben.«

»Aber natürlich, es tut mir leid«, sagte ich zuversichtlich und befahl Tara, zurückzutreten und den Ball auszugraben. Nichts passierte. Sie stand wie angewachsen da und klappte mit den Ohren. Ich wiederholte den Befehl. Wieder beachtete sie mich nicht. Ich stieg ab, schlug sie auf den Rüssel und grub den Ball selbst aus. »Hier habt ihr ihn«, sagte ich sauer und wütend wegen ihres Benehmens und warf ihn den Kindern zu.

»Vielleicht würde Ihr Elefant gerne eine Runde Kricket mitspielen?« schlug einer von ihnen grinsend vor.

»Aber ja, sie ist nämlich sehr klug.« Ich nahm den Ball und warf ihn Tara zu. Sie rührte sich nicht. Es gab ein dumpfes Geräusch, als der Ball sie mitten auf dem Rüssel traf. Ich wiederholte das Manöver ohne Ergebnis. Schließlich warf ich den Ball wieder den Spielern zu. »Sie ist einfach aus der Übung.«

»Du alte Schachtel«, flüsterte ich Tara dann zu. »Du hast mich ganz schön blamiert. Du lernst vielleicht nur langsam, aber das hier war äußerst blamabel. Schließlich bist du ein indischer Elefant. Du solltest verdammt gut wissen, wie man Kricket spielt.«

Meine Vorwürfe waren etwas ungerecht. Obwohl ein Elefant nur langsam lernt, wird er bei einiger Übung fast alles fehlerlos wiederholen. So wie das erstaunliche Elefanten-Kricket-Team, das der berühmte Tiertrainer John Grindl von Bertram Mills Zirkus erfolgreich ausgebildet hat. Es hatte zwar eine Weile gedauert, aber sobald die Elefanten verstanden hatten, was der Trainer von ihnen wollte, klappte es hervorragend. Und danach gab es kein Halten mehr, die Elefanten spielten das Spiel mit enormer Begeisterung.

Vor uns erstreckte sich in der flirrenden Hitze die Straße nach Seraikella ins Unendliche. Mein Steifheit war inzwischen fast ganz verschwunden. Harte, gelbe Schwielen zierten die Spitzen meiner Zehen, dafür waren die Außenseiten meiner Beine blaugefleckt, wo Taras große Ohren unaufhörlich dagegenschlugen.

Allmählich begann ich mich auf ihr wohl zu fühlen und sie sich vielleicht auch unter mir. Wenn sie versuchte, Reis zu stehlen oder grundlos das Tempo zu verringern, verschwand mein Selbstbewußtsein aber wieder, und ich brüllte sie wütend an. Wenn man bedachte, daß sie eigentlich ein Koonki-Elefant sein sollte, bewegte sie sich bemerkenswert langsam, und ich mußte mich ständig bemühen, sie einigermaßen in Trab zu halten. Nach und nach verlor sie die Angewohnheiten eines Bettelelefanten, und ich spürte, wie neuer Stolz in ihr erwachte.

Auf dem Weg nahmen wir unseren ersten Anhalter mit, einen jungen Inder, der ganz aus dem Häuschen geriet, als er mitten auf der Straße eine große, tote Schlange liegen sah.

»Was um alles in der Welt hat er denn?« fragte ich Aditya.

»Unser Freund hat den Wünsch geäußert, die Schlange sollte wieder zum Leben erwachen und ihn beißen.«

»Was. . .?«

»Er glaubt, daß sie der untersten Kaste der Schlangen angehört. Sie ist also eine Unberührbare. Wenn also unser Freund erst einmal ihre Bißnarben trägt, dann werden alle anderen Schlangen ihn meiden.«

Wir ließen unseren Begleiter am Stadtrand von Seraikella absteigen. Als wir in die Stadt kamen, war sie dunkel. Der Stromausfall verwirrte uns, aber Tara suchte sich mit unbeirrbarer Sicherheit ihren Weg, wobei sie ihren Rüssel ständig hin und her schwenkte wie ein blinder Mann seinen Stock. Elefanten sind kurzsichtig und verlassen sich ganz auf ihren bemerkenswerten Rüssel, mit dem sie den Weg mehr schmecken als sehen. In einem Augenblick bewegten wir uns noch schweigend durch völlige Dunkelheit, im nächsten Moment befanden wir uns in der Mitte einer belebten, hellerleuchteten Straße. Beim überraschenden Anblick des gewaltigen Tieres fielen Radfahrer von ihren Rädern, und Fußgänger schrien ängstlich auf. Ein Mann auf einer brandneuen, roten Vespa tauchte plötzlich vor uns auf.

»Willkommen in Seraikella. Ich bin verwandt mit dem König des fürstlichen Staates von Seraikella. Entschuldigen Sie mich«, fügte er mit unterdrücktem Lachen hinzu, »das ist nicht ganz richtig. Ich bin verwandt mit dem Exkönig des exfürstlichen Staates von Seraikella. Bitte folgen Sie mir.«

Geführt von diesem seltsamen Fahrer, zogen wir durch ein Labyrinth von Straßen, bis wir schließlich vor zwei großen hölzernen Toren ankamen, die aufgestoßen wurden.

Im Hof des Palastes wartete der Raja auf uns, ein vierschrötiger, bebrillter Mann, zusammen mit seinem jüngeren Bruder, einem großgewachsenen und eleganten Mann, der perfekt Englisch sprach. Der Raja vollführte eine kleine Puja und salbte Taras Füße. Dann deutet er auf einen gewaltigen alten Frangipanibaum, dessen Wurzeln in der Mauer eingebettet waren, als hätten sie gerade ein gemeinsames Leben begonnen. Er bedeutete uns, daß wir Tara dort anketten könnten. Bhim untersuchte den Baum sorgfältig und schüttelte den Kopf.

»Entschuldigen Sie, Sir«, sagte ich zu dem Raja, »aber mein Mahout glaubt nicht, daß der Baum kräftig genug ist. Ich fürchte, mein Elefant wird ihn kaputtmachen.«

Aber ganz egal, was ich sagte, der Raja bestand darauf, daß das der richtige Platz wäre. Er erzählte mir, daß der Baum fünfhundert Jahre alt wäre, daß er stämmig sei und für die Familie eine besondere, glückbringende Bedeutung hätte, die es notwendig machen würde, daß Ganesh hier übernachte. Als wir dem Raja und seinem Bruder nach drinnen folgten, hörte ich das Knacken des ersten Astes, der voller Geringschätzung abgerissen wurde.

Durch einen engen Gang wurden Aditya und ich auf eine weitläufige Rasenfläche geführt, wo der Raja uns vorschlug, unsere Zelte aufzubauen. Dann verschwand er, um fernzusehen, und wir ließen uns nieder und unterhielten uns mit seinem Bruder.

Mit Erstaunen hörte ich, daß Seraikella und Kharsawan, ein be-
nachbartes Fürstentum, die einzigen Staaten in ganz Britisch-Indien
waren, die den Briten niemals Steuern zahlen mußten. 1793 war
zwischen dem regierenden Raja und der Ostindischen Kompanie ein
Freundschaftsvertrag unterzeichnet worden, mit dem der Schutz be-
lohnt worden war, den Seraikella den Salzbergwerken der Gesellschaft
gewährt hatte, indem es verhindert hatte, daß Salzschmuggler in das
Königreich eindringen konnten. Aditya war mehr davon angetan, als
er hörte, daß der Vertrag auch deswegen geschlossen wurde, weil die
Armee des Rajas die Briten gegen die Grausamkeit der Invasion der
Maratha unterstützt hatte.

Dann erzählte der Bruder des Rajas vom Chhow-Tanz. Seraikella
ist berühmt für diesen Tanz, der zu Ehren von Shiva aufgeführt wird.
Heute wird der Chhow fast ausschließlich vom Bruder des Rajas
organisiert und finanziert. Er selbst ist einer der Solotänzer, der seine
Truppe schon nach London, Paris, Rom, München und New York
gebracht hat. Alle Tänzer sind Männer. Alle tragen Masken. Die
Choreographie verlangt, daß die Tänzer ihre Stimmung nur durch die
Bewegung der Gliedmaßen ausdrücken dürfen, bis dann die Maske
abgeworfen wird und das Gesicht der Mittelpunkt des Interesses wird.
Der Bruder des Rajas hatte den Besuch einer Vorstellung für uns
arrangiert – leider nur eine Kostümprobe, wie er bedauernd meinte –
und zwar im Dorf Govindpur.

Wir überließen es den anderen, die Zelte aufzubauen, und fuhren
mit dem Bruder des Rajas in dieses Dorf. Im dreckigen Hof eines
einfachen Bauernhauses kleideten sich die Tänzer für die Vorstellung
an. Zwischen den Milchkrügen aus Terrakotta und den Kühen wirkten die großen Theater-Rüssel aus Metall fehl am Platz. Sie waren
übrigens mit bunten Aufklebern aus Grandhotels in Italien, England,
Deutschland und anderen europäischen Ländern bedeckt. Die Tänzer
trugen alle sorgfältig verzierte und exquisit gearbeitete Kostüme. Sie
färbten sich ihre Hände und die Sohlen ihrer Füße mit Zinnober, ihre
Gesichter waren von den bemalten Gipsmasken verdeckt. Umgeben
von Viehställen und beleuchtet von Kerosinlampen, erlebten wir eine
hervorragende Vorstellung des Chhow-Tanzes. Nur durch die Bewegung der Füße, auf denen sie im Rhythmus der Musik sprangen, sich

drehten und herumwirbelten, erweckten die Tänzer nicht nur die traditionellen Legenden zum Leben, sondern zeigten auch ihre bescheidenen eigenen täglichen Beschäftigungen wie Fischen und Jagen.

Beim Pfauentanz schaffte es der junge Tänzer, die ganze Eitelkeit dieses prächtig gefärbten Vogels vor Augen zu führen, indem er lediglich den oberen Teil seines Körpers bewegte, um damit das ausladende Rad aus Federn darzustellen. Ein anderer Tänzer war wie eine Biene gekleidet und schien tatsächlich zu schweben. Er ließ die metallnen Flügel an seinem Rücken vibrieren, während er um einen Tänzer herumschwirrte, der als Blume kostümiert war. Manchmal sind bei diesem speziellen Tanz die Flügel aus Stein – man kann sich also vorstellen, wieviel Ausdauer da erforderlich ist.

Was mich am meisten beeindruckte, war die gespannte Konzentration des dörflichen Publikums, besonders die der kleinen Buben. Bei den Tanzvorführungen, die ich in anderen abgeschiedenen Gegenden gesehen habe, hatte sich das Interesse des Publikums meist auf den Touristen konzentriert oder auf das Klicken der Kameras. Aber hier wurden Aditya und ich völlig ignoriert. Die Augen der kleinen Buben klebten förmlich an der Szene, die sich vor ihnen abspielte, und wie gewiefte Kritiker applaudierten sie bei gelungenen Bewegungen oder kritisierten einen Fehler.

Als wir zu unseren Zelten auf dem Rasen des Palastes zurückkehrten, fanden wir die anderen in einem Zustand bemerkenswerter Begeisterung. Sie hatten alle um die Aufmerksamkeit der Dienerin der Frau des Rajas gewetteifert. Sie war eine ungemein anziehende junge Frau, die ausnahmslos allen den Kopf verdreht hatte. Den ganzen Abend über mußte ich mir Berichte anhören, wie sie Gokul und Khusto einen »Dipper« gegeben hatte und anschließend Indrajit einen »zweifachen Dipper«. Sogar Bhim ließ sich zur Abwechslung mal vom Schnaps und von Tara loseisen und fiel in den Chor ein, wobei er, zum Gespött der anderen, treuherzig erklärte, daß sie offensichtlich ältere Männer bevorzugen würde, denn schließlich hätte sie ihm einen »dreifachen Dipper« gegeben. Das Ganze klang irgendwie recht pornographisch, bis Aditya mir enthüllte, daß ein »Dipper« nichts anderes war als ein Zwinkern. Das ganze Theater hatte schließlich damit ein Ende gefunden, daß die Frau des Rajas das Mädchen in ihr Zimmer verbannte.

Früh am nächsten Morgen machte ich Tara für ihr Bad fertig. Wo einst ein fünfhundert Jahre alter Frangipanibaum und eine Mauer gestanden hatten, lag jetzt ein Berg zersplitterter Äste und zerbrochenen Mauerwerks. Daneben stand eine Elefantin mit völlig unschuldigem Gesichtsausdruck. Ich schloß ihre Kette auf und zog in Richtung Fluß los. Es war das erste Mal, daß ich sie allein zum Baden brachte und glücklicherweise verhielt sie sich ruhig, geradezu verträumt, und benahm sich untadelig. Doch ich blieb weiterhin wachsam, um für ihre plötzlichen Eskapaden gewappnet zu sein.

Der Kharkai-Fluß war herrlich klar und plätscherte über weiche, runde Steine dahin. Er entspringt am Barehipani-Wasserfall in den Simlipals. Wir wateten in das kühle, erfrischende Wasser. Tara ließ sich langsam auf ihre Knie nieder, ich stieg ab, und dann rollte sie sich glücklich auf die Seite. Eine Stunde lang schrubbte ich sie von der Rüsselspitze bis zur Schwanzspitze ab. Erschöpft streckte ich mich auf ihrem Bauch aus und nahm ein Sonnenbad, während sie ruhig und halb untergetaucht unter mir lag. Um uns herum vollführte eine Gruppe von Männern ohne Scheu ihre Morgenwaschungen. Sie unterhielten sich sogar in gedämpftem Ton, um uns nicht zu stören.

Ich ritt sie zum Palast zurück, wo ich einen verloren aussehenden Bhim vorfand, der nervös hinter dem Raja stand, der sich gerade den Schaden betrachtete. Ich entschuldigte mich wortreich. Obwohl ich sehen konnte, daß er sowohl überrascht als auch ziemlich verärgert war, versicherte er mir, daß das wirklich keine Rolle spielen würde. In weiteren fünfhundert Jahren, meinte er, würde hier ein anderer Baum stehen. Schließlich, setzte er hinzu, wäre das etwas, von dem er noch seinen Enkeln erzählen konnte.

Er schmückte Tara mit Blüten des zerstörten Frangipanibaumes, und dann zogen wir weiter. Während wir das Grundstück verließen, bemerkte ich, daß Indrajit besorgt zu einem hohen Fenster im Turm des Palastes hinaufstarrte. Es öffnete sich langsam, und eine schlanke Hand warf eine einzelne orangefarbene Ringelblume heraus. Indrajit hob sie auf und steckte sie sich vorsichtig hinters Ohr. »Zweifacher Dipper«, sagte er glücklich. »Mich sie mögen am liebsten.«

13 Die Zeremonie der totalen Kontrolle

Wir begannen den steilen Aufstieg zu den Hochebenen des südlichen Bihar, die in die großen Hügelketten des Chota-Nagpur-Plateaus übergehen, das sich dann wiederum in die Tiefebenen des Indo-Ganges-Gebietes und zum Schlußpunkt unserer Reise, Sonepur, hinuntersenkt.

Der Pfad wurde immer steiler und war häufig von Felsbrocken blockiert, die während des Monsunregens von den Hügeln heruntergeschwemmt worden waren. Ab und zu lag auf dem Weg ein umgefallener Baum, den Tara wie ein Zweiglein beiseite räumte. Frühmorgens wurde der enge, von Lantanabüschen* gesäumte Pfad zu einem Tunnel aus glitzernden Spinnweben, in denen fette schwarze und gelbe Spinnen saßen. Da sie giftig sind, hatte ich vor ihnen Angst. Tara hatte beschlossen, daß einfach geradeaus zu gehen der beste Weg wäre, und so verbrachte ich die nächsten Stunden damit, mit dem Ankush herumzufuchteln, mir die Spinnen aus dem Gesicht zu wischen und hysterisch zu werden, wenn ich spürte, daß mir etwas über den nackten Rücken kroch.

Die Wälder waren von den Dorfbewohnern der Umgegend systematisch zerstört worden, für Geld und um Land für neue Felder zu bekommen. In den tiefen Tälern zwischen den Hügeln brachten das dort vorhandene Erdreich und das darin gespeicherte Wasser gute Reisernten hervor, während auf den Gipfeln, wo nur noch ein paar Bäume überlebt hatten, nicht viel wuchs.

Wir erreichten den Gipfel der Hochebenen von Südbihar und schlugen dort unser Lager auf. Wir fanden eine Stelle, von der aus wir einen guten Blick auf das Chota-Nagpur-Plateau hatten, das sich in der Ferne als blau-verschwommenes Massiv abzeichnete. In dieser Gegend wohnen die Bhumias-Stämme. Das sind wilde und scheue Menschen, in erster Linie Jäger, die den Wald als ihr Eigentum betrachten. Es sind Animisten** mit langem wehendem Haar, und sie

---

* Lantana: tropische Form des Eisenkrauts als Busch oder Staude, mit Ähren aus gelben und orangefarbenen Blüten

** Animisten: Menschen, die glauben, daß Tiere und Pflanzen und das ganze Universum eine eigene Seele haben

sind mit Stirn- und Armbändern aus Schlangenskeletten und roten, geknüpften Lendentüchern bekleidet. Die meisten von ihnen haben statt Pfeil und Bogen Äxte dabei, stehen also noch auf einer niedrigeren Entwicklungsstufe. In dieser zerstörten Landschaft wirkten sie völlig fehl am Platz.

Mitten in der Nacht fing Tara laut zu trompeten an. Ich rannte zu ihr und fand sie an ihren Ketten zerrend, während sie mit dem Rüssel über den Boden fuhr und dann in Richtung der Büsche deutete. Ich warf eine Elefantenbombe in die Dunkelheit. Etwas raschelte im Unterholz, und im Schein einer Fackel sah ich, wie sich der pelzige Hintern eines Bären hügelabwärts bewegte. Mir tat das Tier leid, das sicherlich gerade mit vollem Bauch nach Bärenart gemütlich heimgeschlendert war, um in seinem Bau die Tagesstunden zu verschlafen. Vermutlich hat er durch den Anblick dieses riesigen und wütenden Elefanten, der lautstark trompetete und zischte, eine schreckliche Magenverstimmung bekommen.

Am nächsten Tag scheuchten wir in einem Dorf namens Biribanki eine Kolonie von Fledermäusen auf. Sie verdunkelten den Himmel und kehrten dann in ihre Schlafbäume zurück, wo sie wie schwarze Trauben von den Ästen hingen. Die Dorfbewohner waren enttäuscht, daß wir keine Feuerwaffen dabeihatten, mit denen wir sie abschießen konnten. In dieser Gegend werden Fledermäuse als große Delikatesse betrachtet.

Wir kamen zu einer tiefen, unbefahrbaren Schlucht. Indrajit versuchte es mit viel Fingerspitzengefühl, doch dann kam er mit dem Jeep nicht mehr weiter. Wir kamen überein, uns in ein paar Tagen in Sarwada zu treffen, und er fuhr auf die Hauptstraße zurück. Wir beluden Tara mit Vorräten und waren im Grunde genommen froh, den Jeep mit seinen mechanischen Problemen los zu sein. Jetzt konnte ich mich völlig auf Tara konzentrieren.

Sie weigerte sich total, meinen Befehlen zu gehorchen, und behandelte mich mit geradezu arroganter Geringschätzigkeit. Verdrießlich beschloß ich, den Rest des Tages zu Fuß zu gehen. Wir hatten den Bibel-Gürtel betreten und kamen jetzt in jedem Dorf an sauberen, weißgetünchten Kirchen vorbei. Die Kirchhöfe waren voll mit religionsbegeisterten jungen Mädchen in blauen Röcken, weißen Blusen,

Kniestrümpfen und Sandalen, die alle Pferdeschwänze mit rosafarbenen Schleifen trugen. Zwei Knaben gingen neben mir her. Sie hießen Daniel und Imai und sie erzählten mir, daß sie der Anglikanischen Kirche von Nordindien angehören würden. Voller Begeisterung erkärten sie mir, daß sie auf dem Weg zu einem fünftägigen Kirchenseminar in der Stadt Muru wären.

»Welcher Religion gehören Sie an?« fragte mich Imai höflich.

»Nun, ich glaube, der Kirche von England, der protestantischen, aber ich nehme das alles nicht sehr ernst. Gewöhnlich gehe ich einmal im Jahr zur Kirche, an Weihnachten.«

»Einmal im Jahr?« fragte der Junge entsetzt. »Aber das ist sehr schlecht.«

»Ich habe keine Zeit dazu, Kinder«, erwiderte ich ausdruckslos. «Wißt ihr, neun Monate im Jahr lebe ich in England, wo ich meine Frau verprügle, dann lege ich sie in Ketten und komme hierher, um meinen Elefanten zu besuchen. Aber ich schlage niemals meinen Elefanten. (Jedenfalls nicht sehr, dachte ich bei mir.) In England schlagen alle Männer ihre Frauen. Und alle saufen. Und machen auch noch andere Sachen«, erkärte ich ihnen anschaulich. »Würdet ihr gerne nach England gehen?«

»Aber ja, Sir«, antwortete Imai. »Sehr gerne. Ich würde sehr gerne das Verprügeln und das Saufen und die anderen Sachen sehen. Wissen Sie«, fuhr er verschwörerisch fort, »in unserem Dorf machen wir gewöhnlich . . .«

»Imai«, unterbrach ihn Daniel ernst. »Das reicht. Bei unserem Treffen werden wir einen Bericht über diese Sache hier abgeben.« Als wir uns trennten, reichte er mir die Hand. »Sir«, sagte er düster, »Sie haben vielleicht einen gesunden Körper, aber Ihr Geist ist krank.«

Völlig unerwartet sahen wir auf einem Hügel eine herrliche rote Ziegelkirche mit einer hohen, runden Kirchturmspitze. Es war die Kirche vom Unbefleckten Herzen Marias, deren Bau 1874 von belgischen Missionaren begonnen wurde. Als die Gemeinde wuchs und gedieh und immer mehr Geld zur Verfügung stand, wurde die Kirche 1910 wesentlich prunkvoller vollendet als ursprünglich geplant.

Der Padre lud uns zum Tee ein, verbannte aber Tara nach draußen, die eigentlich leicht durch den riesigen Eingang gepaßt hätte. Statt

128

dessen streckte sie ihren Rüssel durch das offene Fenster, und ich fütterte sie unaufhörlich mit Bisquits. Im hellen, luftigen Hauptschiff der Kirche wölbte sich die Decke in 60 m Höhe. Die Wände der Sakristei hingen voller Uhren. Es hingen mindestens fünfzehn oder zwanzig davon da, und alle zeigten verschiedene Zeit an. Es gab sogar eine Kuckucksuhr, die keuchend anschlug und eine rostige Feder herausspringen ließ. Als wir gingen, deutete der Padre auf die große Sammlung von Lederbeuteln, die an langen Balken hing.

»Ist es nicht wunderbar«, äußerte er auf herablassende Art und Weise. »Die Leute hier sind so arm, daß sie kein Geld spenden können. Statt dessen füllen sie die Beutel mit Reis.«

»Halleluja«, sagte ich und ging hinaus.

In einem Dorf namens Keora trafen wir auf den Jeep, und auch dort feierten die Leute gerade das Fest von Dussehra. Besoffene lagen bewußtlos im Straßengraben, die Klügeren hatten sich in die Reiskörbe fallen lassen. Ein Mann, der noch standfester war als die anderen, hängte sich an Taras Schwanz und bettelte um eine Zigarette. Aditya gab ihm eine, die er sich prompt hinters Ohr klemmte. Dann stolperte er nach vorne, warf sich vor Tara zu Boden und bettelte um eine weitere. Ärgerlich stieß Bhim seine Füße hinter Taras Ohren, und sie langte hinunter, ergriff den Mann beim Hosenboden und schaukelte ihn in der Luft herum. An dem verwunderten Ausdruck seines Gesichtes konnten wir ablesen, daß er sich unsicher war, ob er tatsächlich von einem Elefanten in die Luft gehoben wurde oder ob er einfach alkoholbedingte Halluzinationen hatte. Er stieß einen Angstschrei aus, worauf Tara ihn sanft am Straßenrand niedersetzte.

Wir schlugen unser Lager neben einem großen, sumpfigen See auf, in dem viele wilde Enten schwammen und der von Mangobäumen umsäumt war. Ehe wir aßen, kam Bhim zu mir und hielt etwas in der Hand. Es war die begehrte Mimosenpflanze.

Vorsichtig nahm ich ihm die Pflanze aus der Hand und starrte sie ehrfurchtsvoll an. Das war es also, wonach ich Hunderte von Meilen so aufmerksam gesucht hatte. Ich war ein bißchen enttäuscht. Ich hatte etwas Exotischeres erwartet und nicht nur so ein schlaffes grünes Ding, das wie gewöhnliches Unkraut aussah. Aber als ich die zarten, farnartigen Blätter mit meinen Fingerspitzen berührte, erwachte die Pflanze zum Leben und schloß ihre Blätter auf der Stelle – Rühr-Mich-Nicht-An. Begeistert wurde mir klar, daß ich Macht in meinen Händen hielt. Die Macht, die einen Elefanten zähmen konnte. Bhim unterbrach meine Träumereien: »Raja-Sahib. Jetzt haben Mimose. Jetzt machen ›Volle-Kontrolle-Zeremonie‹.«

Die Zeremonie der totalen Kontrolle! Das war meine letzte Puja. Die Puja, die mich in einen Mahout verwandeln würde! Ich rannte zum See hinunter, wusch mich, kämmte mein Haar und zog stolz meinen Dhoti und mein Gumcha an. Als ich ins Camp zurückkam, übergab mir Bhim einen kleinen Klumpen Gur, in den diese kostbare Pflanze eingewickelt war.

»Nun, ich bin bereit«, sagte ich enthusiastisch und wartete auf weitere Anweisungen.

»Das ist deine Puja, Mark«, sagte Aditya. »Zwischen dir und Tara. Es bleibt ganz dir überlassen, um was und wie du beten willst, aber wenn du damit fertig bist, gib ihr das Geschenk zu fressen.«

»O.K.«, antwortete ich. »Nur noch einen Augenblick.« Ich tauchte in das Zelt und kam mit einer Ausgabe von »Die Elefanten-Kunde der Hindus« zurück. Ich schlug die Kapitel »Förderliche Merkmale« und »Merkmale des Charakters« auf, kniete mich vor Tara hin und flüsterte: »O geliebte Tara, die mit einem Klang trompetet wie Wolken voller Wasser. Mit sperlingsgleichen honigfarbenen Augen. Deren rosige Rüsselspitze genauso strahlend ist wie roter Lotus. Deren Hinterteil lang und geschwungen ist wie ein Bogen. Deren Schläfenhöcker haarig und rund wie die schwellenden Brüste einer schönen Frau sind. Mit breiten Ohren, Kiefer, Nabel und Schamteilen. Mit kupferfarbenen Lippen und Gaumen. Du, die du wunderschön bist, die du einen Geruch hast wie weiße Wasserlilien, Sandelholz, Orangenbäume und Lotus. Deren Gesicht strahlt und die den Schrei des Kuckucks hat. Du bist gesegnet mit dem Charakter des Gottes. O Prinzessin, du bist es wert, einen König zu bekommen.«

»Was hast du dieses Mal rezitiert?« fragte Aditya. »Hänschen klein?«

Ich ignorierte ihn und legte feierlich meine Geschenkpackung Gur in Taras Maul. Einen Augenblick lang rollte sie es drinnen herum und blickte mich mit zusammengezogenen Augen an, als wollte sie eine Entscheidung treffen. Zufrieden schluckte sie es hinunter und berührte mein Gesicht mit ihrem Rüssel. Dann furzte sie lautstark. Gemäß den Regeln der Puja hatte sie mich in dem Augenblick als ihren Herrn und Meister anerkannt, in dem sie das Gur geschluckt hatte.

»Damit hab ich dich, du alte Schachtel«, sagte ich triumphierend. »Jetzt wirst du mir folgen müssen. Warte es nur ab.«

Ich setzte mich eine Weile nieder und beobachtete sie. Ich hatte jetzt das Gefühl, als würde ich sie in- und auswendig kennen. Sofort führte sie mir abermals meine eigene Dummheit vor Augen und machte etwas so Kluges, Charmantes und Menschliches, daß ich sprachlos vor Bewunderung war.

Sie suchte in ihrem Futter herum und wählte einen passenden Ast aus. Sie hielt ihn mit dem Rüssel fest, streifte die Blätter ab und fing an, die Rinde abzuschälen. Einen Augenblick lang dachte ich, daß sie einfach nur fressen wollte. Doch statt dessen brachte sie den Ast nach dem Entfernen der Rinde in vier einzelne Teile und legte sie vor sich hin. Sie wählte eines der Teile aus und spitzte es an an einer Stelle ihrer Ketten zu. Als sie mit der Form zufrieden war, fing sie an, sich ganz methodisch wie eine Maniküre zwischen ihren Zehennägeln zu reinigen. Sie pulte den Dreck heraus und wischte den Stock jedesmal wieder im Gras ab. Sie vervollständigte ihre Schönheitspflege damit, daß sie auf ihre Zehennägel spuckte und sie mit der Rüsselspitze polierte, bis sie glänzend schwarz waren. Später erfuhr ich dann von Bhim, daß sich zwischen den Zehen eines Elefanten Schweißdrüsen befinden. Sie müssen saubergehalten werden, um ein Verkleben zu vermeiden.

Von »hitzigen« männlichen Elefanten weiß man, daß sie dieselbe Methode anwenden, um ihre Schläfendrüsen zu reinigen, die durch die Ausscheidungen verstopft werden können. Manchmal hat man bei abgeschossenen wilden Elefanten festgestellt, daß sie in beiden Drüsen einen abgebrochenen Zweig stecken hatten, wie ein Korken in einer Flasche. Experten sind der Meinung, daß sie dadurch praktisch zum Wahnsinn getrieben wurden und daß sie, weil sie die Verstopfung nicht entfernen konnten, aggressiv wurden.

Am nächsten Morgen entschloß ich mich mit grenzenlosem Selbstvertrauen dazu, wie ein Fachmann auf den Elefanten zu steigen – mit dem Rüssel. Mit etwas Herzklopfen packte ich ihre beiden Ohren, stellte einen Fuß auf ihren dicken Rüssel und brüllte befehlend »Utha! Utha!« An die nächsten paar Sekunden erinnere ich mich nur schwach – nur an das herrliche Gefühl, als Luft unter meinem Lunghi vorbeistrich. Dann fand ich mich, zu meiner Überraschung, auf ihrem Hals sitzen.

»Siehst du«, sagte ich triumphierend zu Aditya. »Das habe ich nur der Mimose zu verdanken. Jetzt bin ich ihr Herr.«

»Abgesehen davon, daß du mit dem Rücken nach vorne sitzt«, erwiderte er spöttisch.

»Das ist nur ein kleiner Schönheitsfehler. Ich werde das schon noch im Laufe der Zeit in die Reihe kriegen. Weißt du, ich hatte meine Augen geschlossen. Das ist nämlich das wichtigste dabei«, belehrte ich ihn selbstzufrieden. »Das nächste Mal solltest du das auch versuchen.«

Begleitet von Gokul trotteten wir zu unserem Bad im See hinunter. Als wir im seichten Wasser angekommen waren, hob Tara auffordernd ein Bein, daß ich absteigen sollte.

»Kette ihre Vorderbeine zusammen, Gokul«, sagte ich.

»Ketten? Keine Ketten. Raja-Sahib vergessen«, quiekte er.

»Warte. Gokul holen.«

Ich stand neben ihr und hielt eines ihrer fächelnden Ohren fest. Sie blickte über die einladende flache Wasseroberfläche, und mit einem fast entschuldigenden Schütteln ihres Kopfes wirbelte sie herum und rannte kreischend ins Wasser. Sie durchfurchte es wie ein stattlicher Dampfer, sehr zum Mißfallen der Enten, die ihr Heil mit flatternden Flügeln in der Flucht suchten.

»Komm sofort zurück, du verdammter Alptraum«, brüllte ich gellend. »Komm auf der Stelle zurück. Ich füttere dich! Ich verwöhne dich! Ich ehre dich und spreche Gebete für dich! Und trotzdem hältst du mich immer noch zum Narren. Wenn ich dich hier herausbekomme, werden sich die Dinge grundlegend ändern!«

Ich packte den Ankush, platschte ins Wasser und schwamm zu ihr hinaus. Als ich hinter ihr war, rammte ich ihr den Ankush in ihren fetten Hintern. »Beweg dich, du Fettsack«, blubberte ich und trat heftig

132

Wasser. Daraufhin verschwand sie. Augenblicke später fühlte ich, wie ich in den Hintern gestoßen wurde. Ich wirbelte herum und schaffte es, mich auf ihren Rücken zu ziehen, indem ich mich an ihre beiden Ohren klammerte. Mit einem erfreuten Quieken, als wäre sie glücklich, einen Spielgefährten gefunden zu haben, tauchte sie, und ich fand mich unter Wasser wieder, wo sie mich fröhlich hopsend über den Grund des Sees schleppte. In meinen Ohren begann es zu rauschen. Ich dachte an Bhims Erzählung, daß Elefanten die Luft genauso lange wie Menschen anhalten können, und ich hielt irgendwie durch. Gerade als ich dachte, daß es mir meine Lungen zerreißen würde, tauchten wir auf und holten keuchend Luft.

»Hast du es kapiert, Dicke! Du kannst mich nicht . . .« Und noch ehe ich wieder zu Atem gekommen war, tauchte sie wieder. Diesmal mußte ich loslassen und kam spuckend nach oben. Sie tauchte ein paar Meter weiter vorne auf und blickte mich mißbilligend an. »In Ordnung, Tara, genug ist genug. Ich werde Hilfe holen.«

Ich schwamm ans Ufer. Sie folgte dicht hinter mir. Als ich herausstieg, sah sie ganz traurig aus, weil das Spiel vorbei war. Zitternd vor Wut und Kälte marschierte ich ins Lager, wo Aditya und Indrajit gerade frühstückten.

»Die allmächtige Mimose«, krächzte Aditya, und beide lachten sich halb tot.

»Wo ist Bhim?« fragte ich. »Er muß mit mir kommen. Und ihr auch.«

»Er kann nicht schwimmen«, informierte mich Aditya. »Also was soll er . . .«

»Diese Tatsache ist mir bekannt«, erwiderte ich eisig. »Ich werde meine Luftmatratze herausholen. Er kann sich mit dem Speer darauflegen, und wir schieben ihn.«

Der Anblick wäre überall in der Welt seltsam gewesen, aber auf einem ruhigen See mitten in Bihar war es wie ein Wunder. Die Besoffenen des Dussehra-Festes rappelten sich aus den Straßengräben und Reiskörben auf und rieben sich voller Erstaunen die Augen, als könnten ihre Alkoholkater allein für diesen Anblick nicht verantwortlich sein. Fußgänger blieben stehen und starrten fassungslos, und ich konnte die Kirchenglocke läuten hören, als ob sie die Menschen zusammenrufen wollte, damit sie dieses ungewöhnliche Ereignis sehen konnten.

Bhim war in bezug auf die Luftmatratze ausgesprochen skeptisch. Argwöhnisch stach er mit dem Finger auf ihr herum, aber ich überzeugte ihn davon, daß sie schwimmen würde. Vorsichtig ließ er sich darauf nieder und hielt krampfhaft den Speer über den Kopf, während wir ihn in die Mitte des Sees schoben. Fasziniert von dem Ding, das da ankam, flitzte Tara herbei. Sie tippte auf die Luftmatratze, schob ihren Rüssel darunter und warf Bhim ins Wasser. Der alte Mahout verschwand in einem Strudel von Luftblasen. Aditya fischte ihn heraus und rollte ihn trotz seines Protestes wieder auf die Matratze. Mit Bhim als Mittelpunkt des Angriffs, umringten wir Tara in Form eines V, während wir ihr ständig mit dem Speer in die Hinterbeine und das Hinterteil stachen. Damit konnten wir sie schließlich in Richtung Ufer treiben.

»Boot sinken«, kreischte Bhim voller Angst. Und das stimmte tatsächlich, das Wasser schwappte bereits über die Seiten.

»Halte durch, Bhim«, brüllte ich. »Es sind nur noch ein paar Meter.« Tara, die inzwischen vielleicht gemerkt hatte, daß das keineswegs mehr ein Spiel war, kam triefend aus dem Wasser und rannte mit Höchstgeschwindigkeit in Richtung Lager.

»Überlaßt sie mir«, sagte ich fest und folgte ihr. Die nächsten zwei Stunden spielten wir Katz und Maus. Da sie dem großen Klumpen Gur, den ich verführerisch in der Hand hielt, nicht widerstehen konnte, machte sie einen Schritt nach vorne und streckte langsam den Rüssel aus. Doch ich zog das Gur zurück und schlug sie mit dem dicken Seil, das ich in der anderen Hand hielt, so fest wie ich nur konnte. Daraufhin rannte sie laut kreischend davon, stampfte durch das Lager und warf Zelte und Töpfe und Pfannen durch die Gegend. Doch schließlich erwies sich ihre Gier als größer als ihre Geduld, und so stand sie mit einem »Du-hast-gewonnen«-Blick demütig vor mir, während ich ihr die Vorderbeine zusammenkettete. Als ich das letzte Glied schloß, langte ein schmutziger, nasser Bhim über meine Schulter und schlug sie auf den Rüssel.

»Jetzt Bhim schießen Mummy!!« knirschte er wütend. »Wie Soldaten schießen großen Bullen, Ganges, tot in Wasser.«

Wir schafften es schließlich, ihn zu beruhigen, aber erst nachdem er eine halbe Flasche Rum geleert hatte, erzählte er uns die Geschichte.

Der Elefant, ein großer, alter Bulle namens Ganges, gehörte dem Maharadscha von Puri, dem Gajpati – dem Herrn der Elefanten. Ganges war ein prächtiges, freundliches Tier, das von der Familie sehr geschätzt wurde und nur noch bei den wichtigsten Zeremonien Verwendung fand. Die Stadt Puri liegt an der Küste von Orissa, und jeden Tag ritt ihn sein Mahout, gekleidet in eine rote Uniform, zum Ufer, wo die Fischer gerade ihren nächtlichen Fang entluden. Der Mahout wählte die Fische für die Palastküche aus, und Ganges trug sie in seinem Rüssel zurück. Anfangs hatte Ganges seinem Mißfallen deutlich Ausdruck verliehen, indem er sich einfach weigerte, diese Aufgabe auszuführen, denn als Vegetarier verabscheute er den Geruch und den Schleim, der danach an seinem empfindlichen Rüssel haften blieb. Aber da er ein wohlerzogener Elefant war und da der Befehl zweifellos von einigen schmerzhaften Hieben mit dem Ankush unterstützt wurde, erfüllte er schließlich mit großer Förmlichkeit seine Pflicht. Doch eines Tages beschloß Ganges, daß seine Würde nun genügend geschädigt sei und daß er genug gelitten hätte. Er warf die verderbliche Last zu Boden und benutzte einen Baum, um seinen Mahout in den Ästen zu zerdrücken.

Der Mahout überlebte irgendwie diesen Angriff und klammerte sich an dem Baum fest, bis der Elefant gegangen war. Ganges kehrte in seinen Stall im Palast zurück, wo schon die Rajmata, die Mutter des Maharadscha, auf ihn wartete, um ihn, wie jeden Tag, zu füttern. Alarmiert durch das Fehlen des Mahouts, rief sie um Hilfe. Ganges wurde dadurch offenbar sehr verstört. Noch ehe man ihn anketten konnte, lief er davon und rannte durch die Straßen voller Menschen. Wenn er in der Menschenmenge jemanden entdeckte, der Rot trug, griff er ihn an. Glücklicherweise wurden nur drei Menschen getötet, und Ganges beruhigte sich in einem nahegelegenen See. Inzwischen war sein Mahout in den Palast zurückgekehrt und hatte allen erzählt, daß der Elefant verrückt geworden wäre. Auf Grund dieser Aussage wurde sofort der Befehl gegeben, den Elefanten zu töten. Als Ganges fröhlich in den Wellen plätscherte und sein Bad genoß, stellten sich am Ufer Soldaten auf und entluden ihre Magazine in seinen Körper.

»Nicht Schuld von Bulle«, sagte Bhim mit Tränen in seinen blutunterlaufenen Augen. »Schlechter Mahout.« Dann rollte er sich neben Tara zusammen und trank seine Flasche Rum aus.

»Wie weit ist es nach Ranchi?« fragte ich Aditya.

»Ungefähr 30 km.«

»In Ordnung«, sagte ich und stieg auf Tara. »Keine Unterbrechungen. Wir reiten bis dorthin durch.«

Nachdem ich ihr, was vielleicht frevelhaft sein mag, mit einem weißen Sunblocker ein Skelett und gekreuzte Knochen auf die Stirn gemalt hatte, rammte ich ihr meine Zehen hinter die Ohren, schlug mit dem Ankush auf den Howdah, und dann ging es los.

So, wie Elefanten es spüren, wenn ein Mensch Angst hat, so spüren sie es auch, wenn jemand wütend ist. Vielleicht spürte sie diese Wut in meinem Körper vibrieren und stellte dadurch schließlich fest, daß ich nicht länger zum Narren gehalten werden konnte. Sie fing an, mir zu gehorchen. Vorbei waren die Tage, in denen sie von einer Straßenseite zur anderen schlenderte und das Tempo nach ihrem Gusto bestimmte. Wir kamen gut voran. Sie benahm sich nur einmal daneben und griff sich eine Handvoll Reis von einem vorbeifahrenden Ochsenkarren. Es war das letzte Mal, daß sie das tat. Ganz automatisch stieß ich mit dem Ankush fest hinter ihr Ohr. Als sie voller Schmerz trompetete, stöhnte ich entsetzt über meine Tat auf. Ich fühlte mich sofort krank. Blut tropfte von der Stelle, an der ich sie getroffen hatte, und ich beobachtete gebannt, wie es ihr über eine Seite des Kopfes lief.

»Gut, Raja-Sahib«, rief mir Bhim zu, der hinter uns ging.

»Jetzt Mummy hören.«

Voller Angst, sie vielleicht ernsthaft verletzt zu haben, zog ich beide Füße auf ihren Hals hinauf, ein Trick, den ich bei Bhim schon oft gesehen hatte. Überraschenderweise blieb sie sofort stehen. Bhim untersuchte die Wunde.

»Kein Problem, kein Problem«, tröstete er mich. »Nicht brauchen Medizin.«

Aber trösten nützte mir nichts. Nachdem ich die Wunde gereinigt hatte, klebte ich ein Netz aus Elastoplast drüber, das Tara argwöhnisch mit ihrem Rüssel untersuchte, ehe sie es abriß und auf die Straße warf. Das Blut war bereits getrocknet, und ich verbrachte den Rest des Tages damit, sorgfältig die Fliegen zu verscheuchen.

Wir kletterten langsam den südlichen Rand des Chota-Nagpur-Plateaus hinauf. Felder umgaben uns. Es gab keine Bäume. Dieses Gebiet hatte sich niemals von der rücksichtslosen Ausbeutung erholt, die die Nachfrage nach Nutzholz im Zweiten Weltkrieg geschaffen hatte. Wir lagerten unweit von Ranchi, der Hauptstadt dieser Region, unter einer Eisenbrücke.

Am nächsten Tag fuhren Aditya und ich mit dem Jeep zu einer Besichtigung nach Ranchi, wobei wir von einem jungen Kriminalreporter begleitet wurden, der uns kennenlernen wollte. Er erzählte uns, daß es für ihn eine Erleichterung wäre, einmal über Elefanten und nicht über Morde sprechen zu können. Bhim und Gokul würden inzwischen langsam um die Außenbezirke der riesigen Stadt herum in Richtung Pisca marschieren. In der Nähe von Pisca waren wir von der Schwester eines Freundes aus Delhi eingeladen worden.

Früher war das gesunde Klima von Ranchi für viele Europäer ein Grund gewesen, sich dort niederzulassen, und, gemessen an der aufwendigen Pracht des ehemaligen Regierungspalastes, war es ihnen recht gut gegangen. Am Bau des Palastes waren ungefähr vierhundert Arbeiter und zweihundert Maurer beschäftigt gewesen. Die Holzteile wurden von chinesischen Zimmerleuten hergestellt. Als Mörtel wurde Zement aus Portland verwendet. Die Gänge und Ballsäle waren mit Teakholz ausgekleidet und das Spielzimmer mit Marmor. Die Gärten, angelegt im italienischen Stil, wurden mit importierten Pflanzen bestückt. Früher hatte Ranchi Charakter besessen, aber jetzt war die Stadt fast völlig industrialisiert und konnte die zweifelhafte Ehre für sich in Anspruch nehmen, die höchste Kriminalitätsrate in ganz Indien zu haben.

Inzwischen näherten sich Bhim und Gokul Pisca. Als wir sie einholten, wankte Tara in Schlangenlinien von einer Seite auf die andere, wobei sie ab und zu ins Schleudern geriet, wenn sie über ihre eigenen Füße stolperte. Bhim und Gokul lagen schlafend im Howdah. Gokul lag mit einem glücklichen Gesichtsausdruck im hinteren Teil ausgestreckt – Bhim, mit dem Kopf auf der Brust, schnarchte laut. Als ich ausstieg, begrüßte mich Tara mit einem glücklichen, schiefen Grinsen und nieste laut. Ein Schwall von nach Alkohol riechendem Atem wehte mir ins Gesicht. Sie hatten an einem Straßenfest teilgenommen und waren alle betrunken. Bhim erklärte, daß die heiße Sonne Tara durstig gemacht hatte und daß es unhöflich gewesen wäre, sie allein trinken zu lassen.

Durch die hübschen Steintore eines Parks konnten wir eine Auffahrt sehen, die von Jacaranda- und Glyzinenbüschen eingerahmt war. Vom Ende der Auffahrt waren Gelächter und das Klirren von Gläsern zu hören. Wir hatten die Tikratoli-Farm erreicht. Unsere Gastgeberin lag zwar unglücklicherweise im Krankenhaus, aber ihr Sohn begrüßte uns herzlich.

Auf den Rasenflächen, die einen malerisch verzierten Teich umgaben, in dem seltene Sorten von Wasservögeln schwammen, saßen in kleinen Gruppen elegante Männer und Frauen in bequemen Sesseln. Sie unterhielten sich und tranken Cocktails vor dem Essen, es war wie bei einem englischen Wochenende auf dem Lande. Wir hatten das Gefühl, einen Traum zu betreten, so fremdartig wirkte diese Szene auf uns nach dem Vagabundenleben, das wir in der letzten Zeit geführt hatten.

»Guten Tag«, sagte ich so normal wie möglich und nahm meinen schweißgetränkten Turban ab, als wäre ich gerade in einem Wagen mit einem Kofferraum voller Gepäck eingetroffen. Ich zog fest an Taras Ohr, um sie davon abzuhalten, sich an den sorgfältig angelegten, üppigen Beeten gütlich zu tun.

»Willkommen, Aditya und Mark«, sagte der Sohn überschwenglich. »Alles ist vorbereitet. Parkt euren Elefanten dort drüben.« Er deutete auf einen passablen Baum. »Auch das Quartier eurer Boys ist bereit. Wollt ihr euch vor dem Lunch noch waschen oder zuerst einen Drink nehmen?«

Wir verbrachten zwei idyllische Tage, in denen wir mit silbernen Messern und Gabeln von Porzellantellern aßen, aus vorgekühlten Bierkrügen tranken und in großen Porzellanwannen dampfende Bäder nahmen. Unsere fleckige, stinkende Reisekleidung wurde frisch gewaschen und gebügelt. Wir fühlten uns allmählich wieder wie menschliche Wesen. Tara wurde ständig von den Kindern der

Freunde, die auf Besuch kamen, verwöhnt, und die Boys hatten die Gelegenheit, sich auszuruhen und unser Zubehör zu überprüfen. Der Jeep wurde überholt. Taras Geschirr, das nach den endlosen Reisetagen schon fast auseinanderfiel, wurde repariert und für den Endspurt poliert.

Unser Gastgeber arrangierte eine Pressekonferenz. Abgesehen von einem Journalisten, der mich eher für einen »Ausbeuter« als für einen »Abenteurer« hielt, und einem weiteren, der erstaunt darüber war, daß ich nicht mit Rajiv Gandhi zur Schule gegangen war, verlief sie gut. Die Staatsbank von Indien schenkte mir ein Banner, auf dem stand »DIE STAATSBANK VON INDIEN ZOLLT DEM ABENTEU-RERGEIST BEIFALL«. Ich war sehr erfreut darüber. Meine Verbindung mit derlei Institutionen war niemals sonderlich liebenswürdig gewesen.

Verführt durch den Luxus der Tikratoli-Farm und durch die hochherzige Gastfreundschaft unseres Gastgebers, wollte ich gerne noch länger bleiben. Aber ich merkte, daß ich faul wurde. Es war Zeit weiterzuziehen. McCluskiegunge, Hazaribagh, die Unermeßlichkeit der indischen Gangesebene und der göttliche Ganges warteten auf uns.

14 McCluskiegunge

»Endlich eine Heimat. Eine umherziehende, heimatlose Gemeinschaft wird in Zukunft eine eigene Heimat haben. Das Land unserer Träume ist jetzt Realität geworden. Es ist unser stolzes Eigentum, wo wir uns versammeln und zusammen unsere eigenen Farmen und Weinberge, unsere Städte und Vororte aufbauen können und wo wir zu einem der Völker Indiens zusammenwachsen können. So lauteten die bewegenden Worte von E. T. McCluskie, einem angloindischen Ingenieur aus Kalkutta, die 1933 im »Colonisation Observer« standen, nachdem er viertausend Hektar Land vom Maharadscha von Chotanagpur gepachtet hatte, um darauf die erste unabhängige Gemeinde zu gründen, in der Angloinder leben und durch Kooperation und Zusammenhalt zu einer Nation werden konnten. Während der

Blütezeit dieser Kolonie, kurz vor dem Krieg, hatten sich dreihundert angloindische Familien dort niedergelassen, wo sie, umgeben von ausgedehntem Farmland, stilvoll in prächtigen Villen wohnten. Sie hatten sämtliche modernen Annehmlichkeiten mitgebracht: ein Kaufhaus, einen Club, ein Armenkrankenhaus und eine Privatklinik. Es gab Schulen und Kirchen. Hockey, Football und Kricket wurden gespielt. Aufwendige Bälle wurden abgehalten, bei denen die Damen im letzten Modeschrei aus London und Paris auftraten, während die Gentlemen mit schwarzen Krawatten auf den gepflegten Rasenflächen ihren Whisky tranken und über »unsere englische Heimat« sprachen, die viele von ihnen noch niemals gesehen hatten. Als der Krieg ausbrach, traten viele taugliche Männer, besonders aus der jüngeren Generation, in die Armee ein, um niemals mehr zurückzukehren. Als das Land dann kurz vor der Unabhängigkeit stand, flohen viele der Zurückgebliebenen aus Angst von Repressalien der Inder.

Heute sind nur noch ein paar der ursprünglichen Familien übriggeblieben, vielleicht fünfundzwanzig, die dort immer noch voller Stolz und Überzeugung in ihren Herrenhäusern leben und den Erinnerungen an bessere Zeiten nachhängen.

P. D. Stracey, selbst ein Angloinder, formulierte in »Elephant Gold« eine zwar harte, aber zutreffende Meinung über das, was der Anlgoinder repräsentiert:

Ich war ein typisches Produkt britisch-indischer Abstammung und westlicher Erziehung, ein Angloinder oder Eurasier, wie eine Person gemischter Herkunft in Indien und im Fernen Osten genannt wird. Meine Gemeinde hatte sich zu einer abgesonderten Gemeinschaft unter den vielen indischen Rassen entwickelt. Sie schaffte es, sich in eine ganz besonders kleine Nische zurückzuziehen, in der Tradition und Anständigkeit nach einem spießbürgerlichen britischen Muster uns von dem Land absonderten, in dem wir lebten und unser Brot verdienten. Einst waren wir für die Eroberer Indiens sehr dienlich gewesen, als wir ihnen nämlich halfen die verschiedenen Verwaltungsbereiche aufzubauen, und zwar zu einer Zeit, als es unmöglich gewesen war, genügend Leute für diesen Job zu finden, der Zähigkeit und Unternehmungsgeist erforderte. Aber plötzlich waren wir in

Ungnade gefallen. Zwar waren wir immer noch die zweite Kraft der britischen Macht, immer auf Abruf bereit, um Unruhen und Aufruhr zu unterdrücken und um während der Periode von Indiens Unabhängigkeitskampf die Autorität zu unterstützen. Wir waren »kleine Britentümler«, denen die Anomalität ihrer Position völlig unbewußt war, die die Gleichgültigkeit, mit der wir einerseits von den Europäern und andererseits von den Indern behandelt wurden, überhaupt nicht bemerkten, obwohl wir zweifellos in den Augen der Welt ein tragisches Produkt der britischen Regentschaft in Indien darstellten.

Vor 1946 durften nur Angloinder in dieser Kolonie siedeln und das Land nur an sie verkauft werden. Nach und nach wurden diese Einschränkungen aufgehoben. Das Resultat war, daß die Siedler ihr Land zu einem meist sehr geringen Preis an die Geschäftemacher verkauften, die im Laufe der Jahre aus ihren bescheidenen Geschäften blühende Fabriken machten. Wenn der Wind aus Nordwest bläst, legt sich über McCluskiegunge ein schmutziger, erstickender Rauchfilm aus der größten Tagebau-Kohlenmine Asiens. Die Mine dehnt sich immer weiter aus, und wenn nichts getan wird, um diese Siedlung zu schützen, wird sie bald Teil dieser monströsen Grube werden.

McCluskiegunge, oder »The Gunge«, wie es von den Einwohnern genannt wird, erstreckt sich über ein Gebiet von neun Quadratmeilen, das aus großen Wäldern und sanften Hügeln besteht und durch das die Eisenbahnlinie Kalkutta-Delhi läuft. Früher wohnten in McCluskiegunge eine ganze Menge von Eisenbahnangestellten in Rente, und deshalb war der Ort eine wichtige Haltestelle dieser Linie. Heute ist die Station lediglich ein Ort zum Wasserfassen für die Kohlenzüge in Richtung Norden.

Die Bezeichnung Angloinder drückte eventuell genau das aus, was ich war, als ich in McCluskiegunge einritt: ein Engländer auf einem indischen Elefanten. Zwei Tage lang wurde ich von sehr gemischten Gefühlen heimgesucht: Nostalgie, Traurigkeit, Wut und, vor allen Dingen, Bewunderung für die Spontaneität und die Ehrlichkeit dieser Menschen, die alles taten, damit ich mich heimisch fühlte.

Ich kam an Gartentoren vorbei, auf denen Namen wie »Greenacres«, »Park Grange«, »The Nest«, »Honeymoon Cottage«, »Mini-

141

haha« und »The Gables« standen. Die Tore öffneten sich auf gepflegte Auffahrten, auf denen Labradors und Terrier auf und ab hüpften und mich mit ihrem lautstarken Gekläffe begrüßten.

»Hierher, Flossie, sitz!«

»Jungo, verdammter Köter, Platz!«

»Schade, daß Sie nicht ein paar Tage früher gekommen sind, dann hätten sie Podge kennengelernt. Er ist von einer Kobra gebissen worden. Aber Evas alte Hündin hat gerade Junge.«

»Kommen Sie rein, kommen Sie rein. Sicher ist Ihnen heiß. Ich habe gerade frische Limonade gemacht, aber vielleicht möchten Sie ja etwas Stärkeres. Heuer war kein übles Weinjahr. Sie können Guaven-, Maulbeeren- oder Holunderwein haben. Ich schlage vor, Sie probieren den Guavenwein. Er schmeckt ein bißchen wie Punsch.«

Ich trat in die Kühle der Veranda, die von üppiger Bougainvillea überwachsen war, und dann wurde mir stolz das Haus gezeigt. Einige waren mit den Hüllen von englischen Schokoladenschachteln geschmückt, die mit Reißnägeln an die Wand geheftet worden waren, und mit Plakaten von Pferden und Fohlen, kleinen Hunden und englischen Leibgardisten. Andere dagegen waren edler ausgestattet. Auf schweren Kommoden standen viele Silberrahmen, in denen die verblaßten Fotografien von Freunden und Verwandten im fernen England steckten. In einem der Häuser stand ein Steinway-Flügel, dessen Holz von weißen Ameisen zerfressen worden war. In den Gärten hielten sich Einwohner auf, die Panamahüte trugen und in den Händen Gartenscheren hielten oder Wasserkannen oder Körbe mit frischgeschnittenen Rosen, Gladiolen und großen, wilden Margeriten. Über ihre perfekt getrimmten Hecken hinweg diskutierten sie ihre Gärtnerprobleme und ihre Sorgen bezüglich des Zustands ihrer Orchideen.

Ich trank Tee mit Mrs. King, einer eleganten eurasischen Dame, die zartfarbene Chiffontücher trug. Bei Gurken- und Käse-Sandwiches erzählte sie mir, daß sie am gestrigen Morgen einen Herzanfall gehabt hatte. Am gleichen Nachmittag hatte sie ein Schlangennest mit achtunddreißig Babykobras zerstört, und heute war sie ebenfalls aufgestanden, um mich zu begrüßen. Ganz bezaubernd beschenkte sie Tara mit einer Girlande aus Ringelblumen. Gleich nebenan besuchte ich Mrs. Matthews, eine verwitwete indischen Lady, deren Ehemann zunächst als Arzt bei der britischen Armee diente, ehe er den Großteil des Krieges als Gefangener der Japaner verbracht hatte. Als Anerkennung für Verdienste ihres Mannes bekommt sie von der britischen Regierung eine Rente. Mrs. Thipthorpe posierte für ein Foto mit rotem Wollkleid und Perlenkette und hielt stolz die Ehrenmedaillen ihres verstorbenen Ehemannes empor. Und Stanley Potter, der älteste Einwohner von The Gunge, dessen Haus »Dunroamin« genannt wird, lieh mir seine wertvolle Sammlung des »Colonisation Observer«, die bis ins Jahr 1933 zurückgeht.

Im »Bonner Bhavan«, dessen großartige Tore aus Schmiedeeisen die Form von Pfauen haben, sprach ich mit Dolly Bonner, einer verbitterten, aber intelligenten und widersprüchlichen alten Lady, die mir erzählte, daß sie sich niemals untergeordnet hätte, und die mich davor warnte, gewisse andere Einwohner zu besuchen, die »nicht von der richtigen Art« waren. Sie war tatsächlich davon überzeugt, daß die Angloinder die bessere Ausbildung und das fundiertere Verständnis für die Verwaltung hätten. Und daß sie aus diesem Grund in der Zeit zwischen dem Abzug der Briten und der Unabhängigkeit Indiens besser dafür geeignet gewesen wären, im neuen Indien die Regierungsgewalt zu übernehmen.

Ich speiste mit Jit Roy, der ehemals ein tapferer Shikari gewesen war. Er brachte sein eigenes Essen in einem Behältnis für Gabelfrühstück mit – geröstetes Schweinefleisch mit Kartoffeln. Seine Zahnstocher trug er in einem schmalen Lederbeutel bei sich. Er war tadellos gekleidet, er trug Flanellhosen, ein Seidenhemd, ein Paisley-Tuch und auf Hochglanz polierte braune Golfschuhe. Gekrönt wurde das Ganze mit einem braunen Filzhut. Er war ein treuer Anhänger des BBC World Service und hatte sich für die Sendung »The Pleasure's Yours« zur Erinnerung an einen alten Freund und Einwohner von The Gunge, der kürzlich gestorben war, ein Lied gewünscht, von dem er wußte, daß es heute abend für ihn gespielt wurde. Später trank ich ein Glas mit Brian Callaghan, einem ehemaligen Boxer, der im selben Gymnasium trainiert hatte wie Henry Cooper. Er war nach The Gunge zurückgekehrt, um sich um seine kranke Mutter zu kümmern.

Am nächsten Tag lernten wir in einem hübschen weißen Bungalow, der sich zwischen die Hügel kuschelte, die reichste Einwohnerin dieses Gebietes kennen, die achtundachtzig Jahre alte Ida Mukerjee, eine angloburmesische Lady, die mit ihrem dreißig Jahre alten Liebhaber das Leben noch in vollen Zügen zu genießen schien. Traditionsbewußt bis auf die Knochen, hatte sie ihren Sohn verbannt, weil er ein Mädchen vom Stamm der Adivasi heiratete. Damit zwang sie ihn, sich seinen Lebensunterhalt als Obstverkäufer an der Bahnstation zu verdienen. Vor vier Jahren war ihr Enkelsohn mit einem Kohlenzug in Richtung Norden verschwunden. Vielleicht verkaufte er deshalb Obst an der Bahnstation, weil er hoffte, daß sein Sohn eines Tages zurückkehren würde.

Kitty Teixaira war einst das erstrebenswerteste und hübscheste Mädchen in ganz McCluskiegunge gewesen. Auch sie wurde von einem tragischen Schicksal heimgesucht. Ihre Mutter, eine herrschsüchtige und besitzergreifende Frau, hatte ihr keinerlei Ausbildung angedeihen lassen, hatte ihr verboten, gesellschaftlichen Umgang zu pflegen, und sie praktisch wie eine Gefangene gehalten. Nach dem Tod ihrer Mutter hatte Kitty ein riesiges heruntergekommenes Anwesen, aber kein Geld geerbt. Sie hatte einen Mann »von der falschen Sorte« geheiratet und, wie Ida Mukerjees Sohn, sich mühsam ihren Lebensunterhalt mit dem Verkauf von Obst an der Bahnstation verdient. Als wir sie trafen, war sie von drei schmutzigen, rotznasigen Kindern umgeben. Sie war immer noch eine bestrickend schöne junge Frau, mit einer betörenden, melodiösen Stimme, gekleidet in einen zerfetzten Sari.

»Haltet euch von Clem Mendonca fern«, waren wir gewarnt worden. »Er ist verrückt.« Aber wir schenkten dieser Warnung keine Beachtung und waren ganz scharf darauf, The Gunges exzentrischsten Bewohner kennenzulernen. Als wir bei dem dunklen und stillen Haus ankamen, war es bereits Nacht. Wir schlugen auf das schwere Eisengitter und wichen sofort zurück, als sich zwei knurrende Schatten dagegenwarfen.

»Wer ist da?!« ertönte eine brummende Stimme von innen. Nervös nannten wir unsere Namen und wurden dann vom Schein einer großen Fackel geblendet. Riegel wurden zurückgezogen, und ein Kopf

So besteigt ein Experte einen Elefanten – sowohl für Mark als auch für Tara ein unbequemes Manöver.

In Bihar besuchten Schlangenbeschwörer unser Camp.

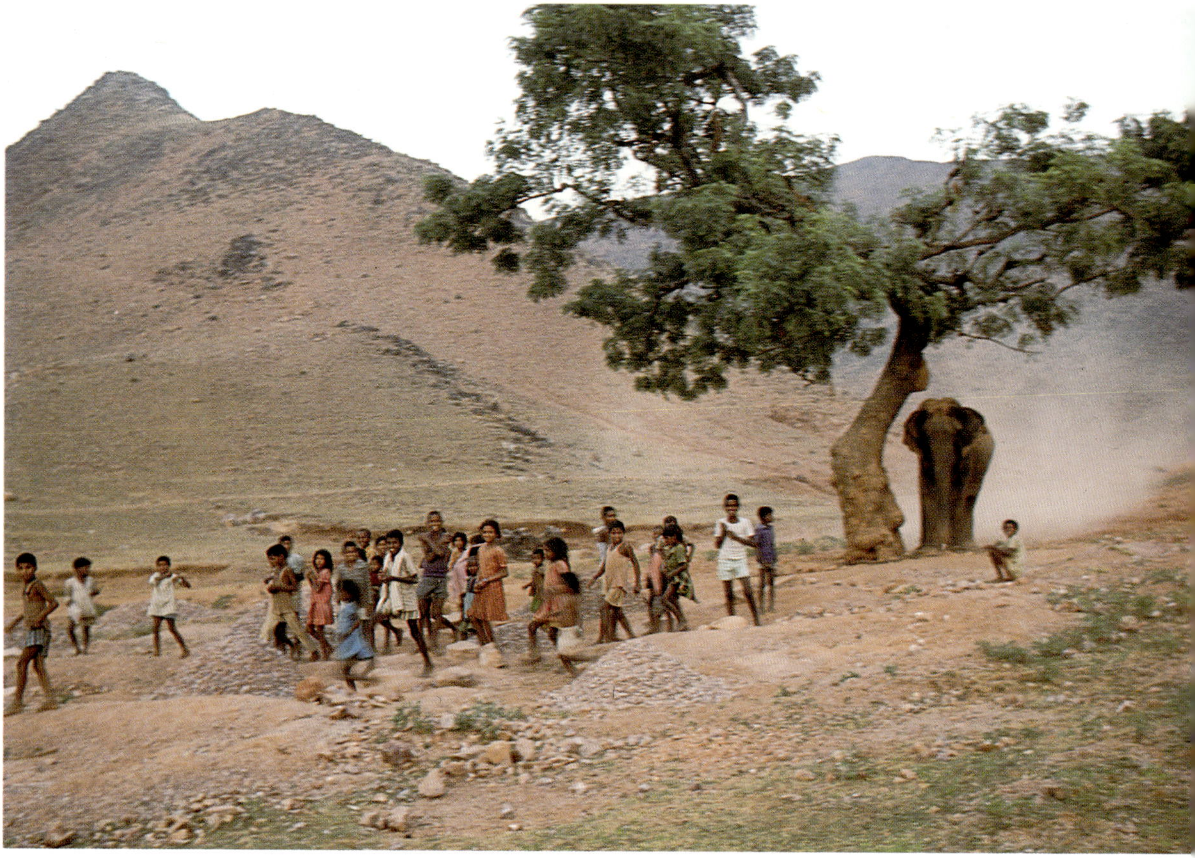

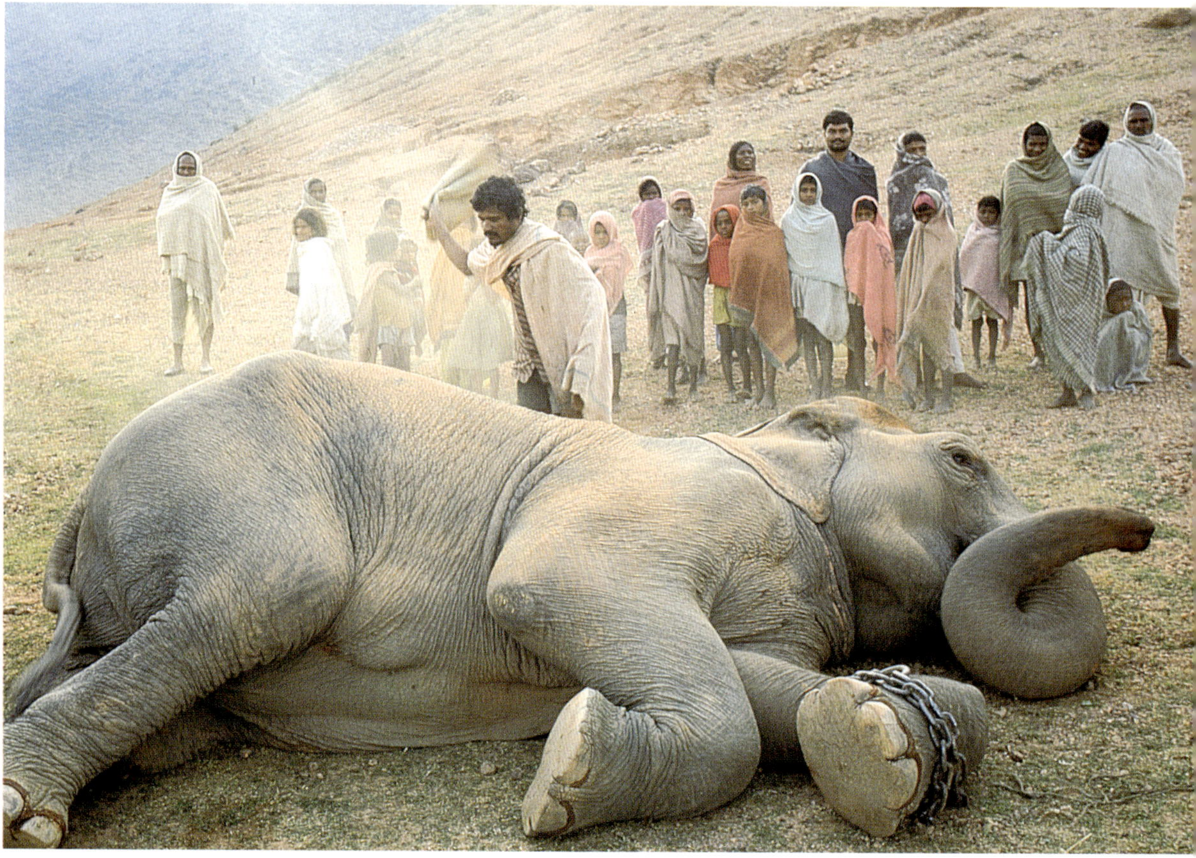

Links: *Beim Überqueren der unfruchtbaren Ebenen von Bihar wurde Wasser zu einem Luxus. Deshalb bekommt Tara von Gokul statt des üblichen Morgenbades eine Staubdusche.*

Tara und Mark beim Sammeln von Feuerholz für das Camp.

Pilger – beim Reiten und beim Ausruhen.

Tara beim Einsammeln von milden Gaben auf der Grand Trunk Road in Bihar.

wurde vorsichtig herausgestreckt, der aufmerksam nach rechts und links blickte. »Ihr habt nicht zufälligerweise einen von diesen Cameron-Bastarden gesehen?«

Ich schüttelte den Kopf. Ich hatte bereits von der schrecklichen Fehde erfahren, die zwischen den Cameron-Brüdern und Clem Mendonca tobte.

»Kommt herein«, sagte er. »Aber ich laß die Lichter lieber aus. Im Freien trete ich ihnen gegenüber, aber ich will lieber verdammt sein, als mich wie eine Ente auf den Präsentierteller hinzusetzen.«

Wir ließen uns an einem kleinen Tisch nieder. Der sanfte Schein einer Kerosinlampe erhellte ein Arsenal an Armbrusten, Gewehren und Flinten. An der Wand lehnte ein neun Meter langes Boot aus Aluminium. »Captain« Clem Mendonca hatte fünfundvierzig Jahre in der Handelsmarine gedient. Behende und gedrungen, stellte er die Haare wie ein wütender Otter auf. »Bin froh, daß ihr keine Geordies* seid. Hätte euch rauswerfen müssen. Schlechteste Mannschaft, mit der ich je gefahren bin!«

Plötzlich sprang er auf die Füße, schlich zum Fenster und blickte mit einem 38er Smith & Wesson-Revolver mit Permuttgriff, der mysteriöserweise plötzlich in seiner Hand aufgetaucht war, forschend in die Dunkelheit hinaus. »Das ist Cameron«, brüllte er, und ich konnte ihn gerade noch abhalten, Indrajit zu erschießen, der eine Zigarette rauchte.

Er bemerkte, daß ich das Boot ansah.

»Werde bald abhauen«, kündigte er an. »Kann diesen Ort nicht ausstehen. Muß wieder aufs Meer zurück. Dort gibt's keine Camerons – nur dich und die Elemente.«

Unser Besuch bei Mary Morris wurde von Bhims Ankunft abgekürzt, der uns mitteilte, daß Mummy sich einsam fühle. Aber in diesen fünf Minuten schaffte es diese geistvolle ältere Lady, die in ihrem rosafarbenen, flauschigen Morgenrock richtig chic aussah, uns mit ihrem Witz und ihrem Charme zu begeistern. Glücklicherweise würden sich unsere Pfade abermals kreuzen.

Es bleibt die Hoffnung, daß McCluskiegunge als einzigartiges Monument einer vergessenen Zeit überleben wird. Es gibt schon ein paar

---

* Geordie: ein Mensch, der in Tynside, der Gegend um Newcastle, lebt oder von dort stammt

einflußreiche Leute mit der richtigen Einstellung, die anfangen, dort Grundstücke für die Zeit ihrer Pensionierung zu kaufen. Das hätte E. T. McCluskie gefallen. Auf mich macht er den Eindruck eines prächtigen Mannes, und ich fand im »Colonisation Observer« von 1935 einen Nachruf anläßlich seines Todes:

Er hätte einen großen, wunderbaren Palast bauen können, schöner als der Besitz so manchen reichen Rajas, er hätte sich dem luxuriösen Müßiggang ergeben können, wie ein adliger Nabob. Aber er wählte statt dessen den besseren Weg: Er schrieb seinen niemals verblassenden Namen in die Herzen und Geister einer erniedrigten Rasse, er schrieb mit einer Feder, die voller Eifer glühte und die in die goldene Tinte reinster Erinnerung getaucht war, so ewig wie die Seele. Laßt die anderen auf dem Bauch im Schlamm des aufgehäuften Mammons kriechen – seine Maxime hieß »zu dienen«. Und seine Taten verwandelten Lapra, ein verfallenes Dorf, in eine herrliche Stadt – in McCluskiegunge! Angemessen ist es, daß eine ihr würdige Rasse darin wohnt, deren Erben aufsteigen und ihn segnen werden.

Um die lange und langweilige Straße nach Hazaribagh zu vermeiden, benutzten wir eine Abkürzung über die Tagebau-Kohlenminen von Ramgarh. Wenn es auf der Erde einen Platz wie die Hölle gibt, dann ist er es. Die Gruben liegen wie ein ansteckender Hautausschlag über die Landschaft verteilt und werden durch Unmengen von Förderbändern miteinander verbunden. Mahlende Bagger füttern Lastwagen, die wie gierige prähistorische Vögel warten. Schon nach kurzer Zeit waren wir von einem dünnen Kohlefilm überzogen, wateten knöcheltief durch schwarzen Schlamm und keuchten und husteten, als uns der Staub die Kehlen verstopfte. Tara litt am meisten. Ihr Rüssel, mit dem sie ständig die Straße berührt, um einen sicheren Weg zu finden, wurde von einer schwarzen, klebrigen Masse verstopft. Wenn sie diese herausblies, sah das wie die Reinigung eines altmodischen Füllfederhalters aus.

Wir kamen an den Städten Daccra, Rai und Bacchra vorbei, häßlichen Orten mit häßlichen Namen. Als wir einen glänzend schwarzen Fluß überquerten, versuchten wir, unsere Gesichter zu reinigen.

146

Erfolglos, wir sahen aus, als hätten wir eine Zauberseife verwendet, die schwarz macht statt weiß. Ziegeleien, monströse Abbilder des Fortschritts, stießen Rauchwolken aus ihren riesigen Kaminen. Bhim erzählte mir, daß manchmal Elefanten dafür verwendet werden, die Stahlkarren aus den Gruben zu ziehen – seine Worte erinnerten mich mit einem Frösteln an Taras Schicksal. Die meisten Arbeiter waren Angehörige des bekehrten Santal-Stammes, und ich fragte mich, ob sie damit gerechnet hatten, hier zu enden, als sie ihr ruhiges traditionelles Leben aufgaben.

Nachdem wir die Hauptstrecke der Kalkutta-Delhi-Linie überquert hatten, stolperten wir durch eine Anzahl tiefer Schluchten, um dann wieder aufwärtszuklettern und schließlich auf einem dichtbewaldeten Plateau zu landen. So, als wäre plötzlich eine Türe zugeschlagen worden, lag die Hölle hinter uns. Auf einem schmalen Pfad, der von wilder Minze, Jasmin und andere Pflanzen gesäumt war und wo die Vögel aus voller Kehle sangen, trafen wir auf fröhliche Gruppen des Santal-Stammes. Die Männer blieben stehen und boten uns Früchte an, während sich die Frauen und Kinder, die Angst vor Tara hatten, schnell hinter den Hecken versteckten. Als wir weiterzogen, sahen wir, daß sie sich niedergekniet hatten und in Taras Fußabdrücken ihre Pujas machten.

In dieser Nacht campierten wir in der Nähe eines Feldes von wildem Senf, neben dem ein klarer, plätschernder Bach floß und eine Eisenbahnbrücke sich graziös über eine tiefe Schlucht schwang. Es war eine mondlose Nacht, und in dem kleinen Umkreis, der vom Feuerschein erleuchtet wurde, schien das Gebiet auf die Größe einer Zelle zu schrumpfen, mit einem Dach aus Sternen und auf der einen Seite einer Mauer aus Bäumen und auf der anderen aus Zelten, von denen jedes vom schwachen Glühen einer Kerosinlampe erhellt wurde. In diesem düsteren Schein stand Tara, fast unsichtbar, so ruhig wie ein Standbild da. Sie verriet ihre Position nur ab und zu durch das rhythmische Klappen ihrer Ohren.

Am Morgen stiegen wir hinunter und überquerten den Fluß Damodar, der während der Monsunregen ein brüllender, unüberwindlich reißender Strom ist, aber jetzt so ruhig wie ein Mühlbach dalag. Auf kleinen Sandinseln warteten weiße Reiher geduldig auf vorbeischwimmende Elritzen. Durch Berichte, daß es in diesen Flüssen, die kreuz und quer das Chota-Nagpur-Plateau durchziehen, Diamanten geben soll, wurde die Habsucht des Mogulkaisers geweckt. Es wird tatsächlich behauptet, daß der Koh-i-noor-Diamant im Koel-Fluß gefunden worden sein soll.

Jetzt verlor sich unser Weg völlig im Nichts. Tara erzwang sich ihren Weg durch dichte Lantanabüsche und störte dabei Rebhühner und »Jungli Murghi« auf, die indischen Dschungelhühner. Das ist ein Vogel, der unserem Haushuhn ähnelt, aber einen langen Schwanz hat und wie eine Rakete aus seinem Versteck herausschießt. Nachdem wir den Weg wiedergefunden hatten, stiegen wir auf das Hazaribagh-Plateau hinunter, das wie ein Muster aus verschiedenen Grüntönen und bleichem Gold vor uns lag, wo Reis und Surguja angepflanzt werden. Links von uns erhoben sich in einiger Entfernung die dunstigen Umrisse einer violetten Hügelkette.

Die Dörfer waren sauber, groß und ordentlich gebaut. Die Höfe waren voller Ringelblumen und Sonnenblumen und führten in verdunkelte Räume mit dicken Wänden aus Erde. Statt Fenster gab es ein paar überlegt angeordnete Öffnungen, durch die die Luft ungehindert ziehen konnte und dadurch die Räume herrlich kühl hielt. Die Dächer der Häuser waren ziegelgedeckt. Die Frauen dekorierten die Außenwände mit einer Art von Handmalerei, indem sie ihre Finger in eine Mischung aus Stroh, Asche und Wasser tippten und dann mit den Fingern in langen Wellenbewegungen über die Wände fuhren. Damit erzeugten sie kreisende, beschwörende Muster aus Bäumen und Lotusblumen. Wenn die Zeichnung trocken war, brachten die Frauen noch Kalk und rote Erde an, um dem Ganzen Farbe zu geben. Mit ihren zypressenartigen großen Bäumen und der Terrakottafarbe erinnerte mich diese Landschaft sehr an die sanften Hügel der Toskana.

Als wir uns Hazaribagh näherten, kamen wir an einem kleinen Lagerplatz des Birhor-Stammes vorbei. Es sind von alters her umherziehende Jäger und Dschungelbewohner, deren Existenz von dem Wild, das sie erjagen, abhängt. Sie sind scheue, wenig erforschte Menschen, die durch die Abholzung der Wälder, das Verschwinden der Jagdgründe – und die Aussicht auf bessere Unterkünfte, mit der sie von der Regierung geködert wurden, die ihre Wahlstimmen braucht – gezwungen sind, ihre Lebensweise zu ändern. Sie sind vierschrötig, dunkel und haben platte Nasen, ganz ähnlich wie die australischen Aborigines. Das Haar tragen sie lang und in kleinen Zöpfen. Sie sind als »Blätter-Menschen« bekannt und bauen ihre Unterkünfte, die großen, hohlen Kugeln ähneln, aus dicht zusammengepreßten Blättern. Wenn ein Birhor eine neue Hütte baut, und es tropft einmal in zwei Jahren durch, wird er aus dem Stamm verstoßen. Als Meister der Überlebenskunst beherrschen sie eine einfache und höchst effektive Methode, Wild in der Falle zu fangen. Für große Tiere, wie Bären und Hasen, benutzen sie Netze, die zwischen Stöcken befestigt sind. Sie treiben das Wild in die Netze, und es verstrickt sich selbst, wenn die Stöcke umfallen. Für Vögel benutzen sie eine kleine Drahtschlinge, die sie sorgfältig mit Blätterhaufen tarnen.

Dieses Lager war einzigartig und demonstrierte den Unterschied zwischen den Angehörigen des Stammes, die sich der Zivilisation unterworfen hatten und jetzt in den neuen, von der Regierung zur Verfügung gestellten Häusern lebten, und denen, die immer noch in den traditionellen Blätterunterkünften wohnten. Das Blätterhaus war ordentlich, der Erdfußboden sauber, während in den Regierungshäusern das Chaos herrschte, Töpfe und Pfannen auf dem Boden herumlagen und die Holzrahmen der Fenster als Feuerholz benutzt wurden.

Vom Medizinmann des Birhor-Stammes, einem sympathischen Mann, der einen Sack voller seltsamer Dinge dabeihatte - Eidechsenzungen und -klauen gegen Krämpfe, Kokons der Seidenraupe gegen Verstopfung und verschiedene Wurzeln gegen Impotenz –, wurden wir nach Hazaribagh begleitet. Später sah ich ihn, wie er seine Waren vor Kirchen und Regierungsbüros verkaufte. Das Geschäft ging hervorragend, und die Vorstellung, wie ein fetter Beamter, der an Verstopfung leidet, eine Seidenraupe schluckt oder seine intimen Teile mit einer Wurzel berührt, um seine Potenz zu vergrößern, brachte mich zum Grinsen.

Als Gokul Tara am nächsen Morgen zum Baden brachte, störte er ein Hornissennest auf und wurde schlimm gestochen. Er sprang von Tara herunter und rannte schreiend ins Lager zurück. Er hatte einen schweren Schock, sein Körper war voll von brennenden Beulen.

Währenddessen war Bhim gegangen, um Tara zu holen. Unbeeindruckt von den Hornissen, die wütend um sie herum summten, stand sie da und fraß friedlich. Eine Stunde später kam er zurück.

»Bist du denn nicht gestochen worden?« fragte ich ihn ungläubig.

»Einmal«, antwortete er grinsend und deutete auf eine große Beule an seinem Kopf. »Ist gestorben betrunken. Hat Bhimblut gegessen.«

Später besuchten wir Mary Morris, die wir in McCluskiegunge nur so kurz gesehen hatten. Sie wohnte in einem großen Kloster, in dem früher ihre Familie gelebt hatte und das jetzt ein Hostel für die ortsansässigen Adivasimädchen war. Wegen eines Stromausfalls feierten wir ihren 74. Geburtstag mit Rum und Fruchtkuchen beim Schein einer Fackel. Sie wurde in Ranchi geboren und war nach London gegangen, um sich im Mayfair Salon am Hanover Square als Friseuse und Kosmetikerin ausbilden zu lassen. Sie hatte ihre Diplome gemacht, hatte anschließend in ganz Asien in großen Hotels gearbeitet und war schließlich die persönliche Friseuse der Maharani von Jaipur geworden. Während der 50er Jahre hatte sie für einige Zeit bei Steiner's in der Grosvenor Street gearbeitet, und damals hatten zu ihren Kundinnen Berühmtheiten wie Yvonne Arnaud, Vivien Leigh, Jennifer Jones, Valerie Hobson und die Königin von Jordanien gehört, wie sie mir stolz erzählte. Während des Krieges hatte sie in Chittagong (das jetzt Bangladesh heißt) als Krankenschwester gearbeitet und mit Lazarettzügen Patienten von Kalkutta nach Lucknow gebracht. Sie war mit den Kriegsmedaillen des Zweiten Weltkriegs ausgezeichnet worden und mit dem »Star von Burma«.

Sie zeigte uns Bilder von sich als munteres, junges Mädchen. Jedesmal war sie am Arm eines gutaussehenden Mannes, entweder in Zivil oder in Uniform. Ein Bild zeigte sie vor dem Taj Mahal stehend, umgeben von einer großen Anzahl von Männern. Sie lachte, und ihre blauen Augen zwinkerten.

»Eine Frau mit hundert Männern – in einer Mondscheinnacht beim Tadsch Mahal gehörten sie alle mir. Nicht schlecht, was? Das passierte natürlich in meinen ›unreifen Jugendjahren‹, wie ich sie immer nenne. Jetzt bin ich nur noch eine alte Frau.«

»Nicht alt, Mary«, sagte Aditya, »nur vierundsiebzig und immer noch dazu imstande, Leben in zwei müde Reisende zu bringen.«

»Mit Schmeicheleien, mein lieber Junge, wirst du es weit bringen.«

An diesem Abend beschloß Bhim, daß Tara sich unbedingt betrinken müßte. Das war nicht einfach eine Ausrede, damit auch Bhim sich betrinken konnte, sondern weil sie eine Nacht lang durchschlafen mußte. Sie war sehr müde, und der Alkohol würde wie ein Betäubungsmittel wirken und ihr einen langen Schlaf garantieren.

Wie wir später bei der Sonepur Mela feststellen sollten, behandeln Mahouts ihre Elefanten oft mit Alkohol. Bhim rührte in einem Eimer Hafer und Gur zusammen. Dann schüttete er zwei Flaschen Rum hinein, knetete aus der Mischung drei oder vier wäßrige Knödel und steckte sie in Taras Maul. Betrunken benehmen sich Elefanten wie Menschen – ihre Reaktionen entsprechen ihrem Charakter. Die von Natur aus Gutmütigen werden noch gutmütiger, die Aggressiven werden geradezu gefährlich. Jeder, außer mir, wurde weggeschickt. Bhim erklärte mir, daß Tara zwar keinen Ärger verursachen würde, aber daß es besser wäre, wenn sie nur mit den beiden Menschen zusammensein würde, die sie am besten kannte und denen sie vertraute.

Zuerst passierte nichts. Dann bemerkte ich bei ihr leichte Koordinationsschwierigkeiten. Tara kreuzt beim Stehen immer ein Hinterbein über das andere. Als sie das jetzt versuchte, stellte sie fest, daß sie ihre Hinterbeine überhaupt nicht mehr fühlen konnte, und so wackelte sie mit einem verblüfften Gesichtsausdruck von einer Seite auf die andere. Ihr gewaltiger Kopf neigte sich schief, und sie fing an, ihren Rüssel auf und ab zu schlenkern, als ob er ein Spielzeug wäre. Langsam schlossen sich ihre Augen. Sie wurde ruhig. Eines ihrer Vorderbeine rutschte langsam nach vorne, dann das andere. Einen Augenblick lang stand sie sehr unbeholfen da und sah aus wie eine gigantische Katze, die sich strecken will. Schließlich ließ sie sich mit einem zufriedenen Rumpeln auf die Seite fallen und schlief ein.

»Mummy haben Kater morgen«, murmelte Bhim und öffnete die nächste Rumflasche. »Besser Bhim auch. Dann Mummy und Bhim zusammen.«

15 Im Land Buddhas

Vor ein paar Jahren waren die Einwohner von Hazaribagh von einem menschenfressenden Leoparden terrorisiert worden, der mit erschreckender Regelmäßigkeit zuschlug. Manche Leute argwöhnten jedoch, daß die Morde von einem Wolfsrudel ausgeführt worden waren, die durch die Leichen von Gefangenen, die man außerhalb des Gefängnisses zum Verrotten liegengelassen hatte, auf den Geschmack von Menschenfleisch gekommen waren. An diesem Gefängnis, das einst das größte von Asien war, kamen wir auf unserem Weg in den Hazaribagh National Park vorbei.

Tara hatte einen Kater und konnte nicht dazu überredet werden, sich schneller als mit einem schlurfenden Paßgang zu bewegen. Bhim hielt immer wieder an kleinen Kanälen an, damit sie ihren brennenden Durst löschen konnte. Sie tat mir leid. Im Gegensatz zu den Menschen konnte sie den Alkohol nicht ausschwitzen. Und um ihr Elend noch zu vergrößern, war die Straße auch noch schlecht. Wir nahmen nämlich eine Abkürzung zur Grand Trunk Road, die über felsiges Gebiet führte. Der Jeep sollte uns dort dann in ungefähr einem Tag treffen. Wenn alles gutging, würden wir am 7. November in Bodh Gaya eintreffen. Ich hatte es arrangiert, dort meinen Freund, den Fotografen Don McCullin, zu treffen, der uns dann auf dem letzten Teil der Reise begleiten würde.

Langsam bewegten wir uns durch eine Viehherde. Sie hatten Glokken um den Hals hängen, die ein Geräusch von sich gaben, als würden schwere Regentropfen auf Wasser fallen. Wir hielten an, um mit dem Hirten zu reden, einem Mann vom Stamm der Oraon, der uns dann eine ganze Sammlung dieser Glocken zeigte. Jede hatte ein anderes, wunderschönes Muster und jede einen eigenen Klang, der es ihm ermöglichte festzustellen, wohin die jeweils dazugehörige Kuh gewandert war. Aditya wollte eine kaufen. Der Hirte lehnte ab und sagte, daß er damit die Seele des Baumes beleidigen würde, aus dessen Holz er die Glocke gemacht hatte. Er hatte nämlich vor dem Fällen den Segen des Baumes für diese Tat erbeten. So ein Baum wird immer an einem Samstag ausgewählt und gefällt und die Glocke dann am Sonntag gemacht. Während sie geschnitzt wird, dürfen keine Kleider getragen werden. In Assam und Birma tragen Elefanten nachts, wenn sie frei herumlaufen dürfen, ebenfalls Glocken, damit ihre Mahouts immer wissen, wo sie gerade stecken. Da aber Elefanten mit diesem genialen Rüssel ausgestattet sind, stopfen sie damit Dreck in ihre Glocken, marschieren ungehört heimlich in die Felder und feiern dort nächtliche Freßorgien.

Am Nachmittag versuchte ich Tara zu einer schnelleren Gangart zu bewegen. Sie wanderte immer noch von einer Seite auf die andere, als würde sie einen besonderen Pfad suchen. Zuerst dachte ich, daß das immer noch eine Auswirkung ihres Katers wäre. Aber nachdem ich sie ein paar Mal ausgescholten hatte, stellte ich fest, daß das nicht damit zusammenhing. In gewissen Abständen schwang sie ihren Rüssel nach oben und legte ein Häufchen kleiner Steine auf ihren Kopf. Dann wurde mir klar, was sie mir damit sagen wollte. Der Weg war mit kleinen, scharfen Steinchen bedeckt, und ihre langsamen und vorsichtigen Bewegungen resultierten nur daraus, daß sie zu verhindern suchte, sich die empfindlichen Sohlen ihrer Füße zu verletzen. Diese Demonstration ihrer Klugheit machte mir vielleicht mehr Freude als alles andere, was ich bis jetzt mit ihr erlebt hatte. Wir lagerten unter Dattelpalmen neben einem schmutzigen Fluß in der Nähe des Dorfes Kotapisi. Da wir kein Feuerholz hatten, befahl ich Tara, einen dicken Palmenstumpf herauszureißen, der sich aber als hartnäckiger erwies, als ich angenommen hatte. Mit einem Vorderfuß rüttelte sie ihn hin und her und setzte schließlich ihr volles Gewicht ein, bis er locker war. Sie zog und zerrte unaufhörlich daran, bis sie den Stumpf schließlich mit einem heftigen Ruck ihres Rüssels herausriß.

Mitten in der Nacht riß Tara aus. Wir folgten einer breiten Spur plattgewalzten Grases, was davon herrührte, daß sie die Dattelpalme, an die sie angekettet gewesen war, entwurzelt hatte und diese nun hinter sich herschleppte. Schließlich fanden wir sie mitten in einem üppigen Reisfeld. Es war, als wäre eine Erntemaschine am Werk gewesen. Das halbe Feld war ratzeputz abgeerntet. Wir gaben ihr keine Schuld. Es wurde allmählich schwierig, ihren Appetit zu befriedigen, außer wir bezahlten astronomische Summen, da sonst die Besitzer der Bäume Gokul nur sehr ungern Futter schneiden ließen.

Wir hielten die ganze Nacht abwechselnd Wache und beobachteten sie. Früh am Morgen verschwanden wir, um einer häßlichen Szene aus dem Weg zu gehen. Ein letzter Abstieg durch dichten Dschungel, bei dem wir allerdings bereits Verkehrslärm hören konnten, brachte uns auf die Grand Trunk Road, die Kalkutta mit Delhi verbindet.

Tara war von der ebenen Asphaltoberfläche der Straße so begeistert, daß sie voller Schwung dahinlief und ihr auch die Auspuffgase der Diesellaster, die uns einhüllten und unsere Augen zum Tränen brachten, nichts ausmachten. Es war ein gewaltiger Schock. Die Ruhe des Waldes, die klaren, plätschernden Bäche, das herrliche Vogelgezwitscher und die Farbigkeit und Freundlichkeit der verschiedenen Stämme wurden plötzlich zu einer entfernten Erinnerung.

Wir machten bei einem Teehaus für ein Frühstück halt. Während die Laster ein- und ausfuhren, warfen ein paar Fahrer Tara Münzen zu Füßen, die sie aufhob und auf ihren Kopf legte. Wir brauchten ganz dringend Geld. Es war Sonntag, und die Banken waren geschlossen. Der Jeep war noch nicht eingetroffen. Wir mußten uns das Geld auf der Straße erbetteln. Bhim war peinlich berührt. Mummy sei keine Bettlerin mehr, rief er wütend, sie sei eine Prinzessin, und er weigere sich, irgend etwas mit unseren demütigenden Aktionen zu tun zu haben. Leider hatten wir bis zum Abend nicht sonderlich viel eingenommen.

»Freigebige Kerle, diese Biharis«, sagte ich zu Aditya, als ich dem nächsten vorbeifahrenden Laster wie ein Anhalter nachblickte, der schon wieder nicht mitgenommen wurde.

»Das ist eigentlich nicht der Grund«, erklärte mir Aditya. »Es geht darum, daß sie nicht anhalten wollen. Genau auf dieser Strecke werden so viele Autos in Hinterhalte gelockt, daß sogar die Lastwagenfahrer Angst haben. Warte nur, bis es Nacht wird. Du wirst nicht schlafen können, wenn die Laster sich zu einem langen Konvoi zusammentun, um das Risiko zu verringern.«

Als der Jeep auftauchte, war es dunkel. Jetzt konnte wir keinen passenden Lagerplatz mehr suchen. Wir landeten schließlich im Hinterhof von irgend jemand direkt neben dem Highway. Aditya hatte recht gehabt – das ständige Rumpeln der vorbeifahrenden Laster, das Zischen der Luftdruckbremsen und das Kreischen der Gangschaltun-

154

gen, wenn brutal geschaltet wurde, hielt die ganze Nacht an. Um uns die Zeit zu vertreiben, schlossen wir Wetten auf Taras Größe ab. Wir benutzten dazu die alte Methode und rieten, wie oft man ein Stück Schnur um ihren Fuß (der ungefähr einen Durchmesser von 55 cm hat) wickeln mußte, um ihre Größe, gemessen am höchsten Punkt ihres Rückens, zu erreichen. Khusto und Indrajit meinten zwanzig Mal, Gokul entschied sich für zwölf Mal. Aditya und ich einigten uns auf fünf Mal. Wir waren davon überzeugt, das richtige Ergebnis zu haben, da wir ja auf Grund der Verkaufsurkunde wußten, daß Tara 2,30 m groß war. Bhim schätzte mit einem Kichern zwei Mal, eine Entscheidung, die mit spöttischen Bemerkungen kommentiert wurde. Doch so unglaublich es auch klang, Bhim hatte recht. Zweimal die Schnur um Taras Fuß geschlungen, ergab ein paar Zentimeter weniger als ihre wirkliche Größe. Nach Khustos und Indrajits Schätzungen hätte sie 18 m groß sein müssen.

Am nächsten Tag ritten wir auf der Grand Trunk Road weiter, der pulsierenden Hauptschlagader Indiens, die viele Jahre lang Leben und Legenden hervorgebracht hat.

»Prostituierte«, rief Aditya begeistert aus und deutete auf eine farbenfrohe Versammlung von Damen, die am Straßenrand saßen. Ihr Augen waren dick schwarz umrandet, sie rauchten Hookahs* und zwischerten wie Mynah-Vögel. »Vermutlich sind sie auf dem Weg zur Sonepur Mela.«

Als sie Tara entdeckten, pfiffen und winkten sie uns einladend zu, ihnen bei ihrem Frühstück Gesellschaft zu leisten. Sie streichelten meine Arme und Beine, zogen spielerisch an meinem Haar und beschnupperten mich. Sie kräuselten vor Widerwillen die Nasen und fingen zu kichern an.

»Es ist deine helle Haut, Mark«, erklärte mir Aditya lachend. »Sie finden sie – wie soll ich es ausdrücken« – er versuchte einigermaßen höflich zu bleiben – »nun, du riechst anders. Als Firinghee, sagen sie, mußt du reich sein. Also schätzen sie ab, welchen Preis sie verlangen können. Aber weil du auf einem Elefanten reitest, sind sie bereit, dir einen Rabatt zu geben.«

* Hookah: orientalische Wasserpfeife

Bhim stand mit einem lasziven Gesichtsausdruck neben Tara und flüsterte mit ihr. Ziemlich plötzlich schoß ihr Rüssel nach vorne, packte den Saum des nächsten Saris und zog ihn fest nach unten. Das Mädchen stieß einen erschrockenen Schrei aus und versuchte den oberen Rand wieder nach oben zu ziehen.

»Lernen Mummy neuen Trick«, grinste Bhim glücklich, »für Mela. Ausziehen Frauen.«

Aditya erteilte ihm zwar einen scharfen Verweis, aber Tara gefiel das Spiel. Wie ein dreckiger alter Mann mit unruhigen Händen trat sie auf ein anderes Opfer zu und steckte den Rüssel unter den Sari. Ich hielt sie sofort auf. Obwohl ich schon Geschichten über verliebte Elefanten gehört hatte, ging das denn doch zuweit. Abgesehen davon, daß sie dasselbe Geschlecht hatte, war ihr Benehmen sowohl grob als auch anstößig, ganz anders als bei den Elefanten, die Edward Topsell in »Die Geschichte der vierfüßigen Tiere« beschrieb. »Beim Anblick einer schönen Frau«, schrieb er, »verloren sie jede Aggression und wurden sanft und friedlich.« Anschließend beschrieb er, wie ein ägyptischer Elefant sich einst in dieselbe Frau verliebte wie der Dichter Aristophanes. Der Elefant verärgerte den Dicher, weil er Äpfel in den Ausschnitt des Mädchens legte und mit ihren Brüsten spielte. Ein anderer Elefant liebte ein syrisches Mädchen, »überwältigt von dessen Anblick und voller Bewunderung für ihre Gesichtszüge, berührte er diese mit seinem Rüssel«. Offensichtlich teilte das Mädchen seine Zuneigung und machte ihm »liebevolle Geschenke aus Perlen und Korallen und Silber und anderen Dingen, die einem solchen unvernünftigen Tier zusagen«. Als das Mädchen starb, wurde der Elefant vom Gram überwältigt, und ganz romantisch hauchte er neben ihr sein Leben aus.

In Doohi, einer dreckigen Durchgangsstadt, verließen wir die Grand Trunk Road und wendeten uns nordwärts in Richtung Bodh Gaya, Gaya, Nalanda und Rajgir, den großen Zentren des Buddhismus. Die Gegend war monoton, kleine bewässerte Felder wurden von schmalen Fußwegen und steinigen Straßen durchkreuzt, die zu endlosen, schäbigen Dörfern führten. Neben der Straße standen nur wenige Bäume, und die meisten waren durch einen Stacheldraht geschützt. Als Bhim Tara zum Trinken in einen schaumbedeckten Teich lenkte, beugte er sich nach vorne und flüsterte in ihr Ohr. »Vorsichtig gehen, Mummy«.

In jedem Dorf brannten kleine Jungen Feuerwerkskörper ab und ließen Kracher explodieren. Sie feierten vorzeitig Diwali, das Fest der Lichter, das in der dunkelsten Nacht des Jahres stattfindet, wenn Laxmi, die Göttin des Reichtums und des Gedeihens, verehrt wird. Da es der Anfang eines neuen Jahres ist, ist Diwali besonders für Händler und Geschäftsleute glückbringend. Die Menschen scharen sich vor den Läden und Märkten, um noch schnell etwas zu kaufen. Ein Mann mit einem brandneuen Fahrrad, einer Maschine, die für ihn völlig fremd war, hüpfte an uns mit dem rechten Fuß auf dem linken Pedal vorbei. Ein anderer Mann, der es besser konnte, hatte sein Fahrrad mit Brettern, Hammer und Nägeln vollgeladen. Er erzählte uns, daß er auf dem Weg zu seinem Bruder wäre, der westlich von Patna lebe. Dort hätte ein gewaltiges Erdbeben vor einem Monat schreckliche Verwüstungen angerichtet und viele Todesopfer gefordert.

»Ist das Haus deines Bruder auch zerstört worden?« fragte ich ihn.

»O nein, Sir«, erwiderte er dankbar. »Es hat sich nur herumgedreht. Jetzt hat es eine bessere Aussicht.«

Als wir die Außenbezirke von Bodh Gaya erreichten, schloß sich uns ein großgewachsenes, fettes, geschwätziges Mädchen aus Deutschland an. Sie war gut in Form und marschierte mit ihrem riesigen Rucksack hinter Tara her, als würde sie nur eine Handtasche tragen. Bei ihren Erzählungen von ihren Reisen durch Indien wurde ich immer wütender – wie sehr sie das gräßliche Essen haßte, wie selten man eine gute Unterkunft bekam –, und besonders zog sie über die »dreckigen indischen Männer« her, die immer versuchten, sie zu belästigen. Die mußten sehr tapfer gewesen sein, dachte ich bei mir und starrte voller Abscheu auf ihre roten, fleischigen Hände.

»Ha, ha, ha, ha«, brach sie plötzlich in wieherndes Gelächter aus und deutete auf Taras hin und her rollendes Hinterteil. »Dat sieht so komisch aus. Als ob »se zu weite Hosen anhat«.

Jetzt hatte ich genug von dieser germanischen Schnattergans. Kein Mensch machte sich über Tara lustig. Ich sah rot.

»Hören Sie zu, Fräulein«, zischte ich sie an. »Es interessiert Sie vielleicht, daß, laut der Sanskrit-Bibeln, die Frauen dazu angehalten waren, den Gang eines Elefanten nachzuahmen, weil er so sinnlich ist. Und«, fügte ich hinzu und deutete auf ihre gewaltigen, wabbelnden

Hinterbacken, die in enge Shorts gepreßt waren, »Sie könnten durchaus etwas von ihr lernen.«

Sie blieb wie vom Blitz gerührt stehen und wurde tiefrot. Einen Augenblick lang fürchtete ich, daß eine dieser großen, fleischigen Hände auf meinem Kopf landen würde.

»Nun«, stotterte sie, »noch nie in meinem Leben bin ich so beleidigt worden. Sie . . . Sie englisches Arschloch.« Und mit schwingenden Schweinebacken stampfte sie davon.

Als ich in Bodh Gaya einritt, kochte ich immer noch vor Zorn. Die Ruhe Buddhas hatte sich bei mir noch nicht eingestellt, als ich mich plötzlich einer Menge von japanischen Touristen gegenübersah, die alle weiße Sonnenschirme trugen und im Kielwasser eines plärrenden Fremdenführers wie ängstliche Schafe herumstolperten. Eine Gruppe kahlgeschorener Buddhisten aus Europa, die sonnenverbrannte Nakken und Arme hatten und ihre safrangelben Gewänder sehr selbstbewußt trugen, feilschten mit ein paar bezaubernden tibetanischen Mädchen, die an einem Straßenstand Krimskrams für Touristen verkauften. Ich näherte mich ihnen lautlos von hinten, und Tara streckte ihren Rüssel aus und tippte einem der Gläubigen auf den Hintern. Er fuhr herum und stieß einen gepreßten Schrei aus.

»Mon Dieu! Un elephant . . .« Und er beeilte sich, den Weg freizumachen. Dabei verfing sich der Saum seiner Robe in einer seiner schweren Ledersandalen. Die Robe löste sich sofort auf und entblößte ein paar kurzer Unterhosen, auf denen »La Tour Eiffel« gestickt war. »Merde . . .!«

Von meinem luftigen Sitz herunter lächelte ich ihn tadelnd an. Ich klatschte die Hände zusammen, beugte meinen beturbanten Kopf und sagte »Bonjour und Hare Krishna«, während Tara gelassen weitermarschierte.

Als wir durch Bodh Gaya in Richtung auf das Hotel ritten, wo ich Don McCullin treffen sollte, sah ich eine vertraute Gestalt. Mit den Ellbogen arbeitete er sich durch die Unmengen von Fußgängern, den Kopf gesenkt und ihn ständig von einer Seite auf die andere drehend, wobei er argwöhnisch seinen Bauch festhielt, als ob er Magenschmerzen hätte. Aber ich wußte es besser. Er paßte nur höllisch auf seinen Geldgürtel auf.

»Paß auf deinen Schwanz auf«, sagte ich. Sein Kopf fuhr nach oben wie der einer Schildkröte. Unter breiten, buschigen Augenbrauen wurden zwei Augen ungläubig groß und rund.

»Gordon Bennett«, grollte er und beschattete sein Gesicht gegen die Sonne. »Shand! Bist das du? Wer zum Teufel glaubst du, daß du bist – Jesus Christus? Ich hab in meinem Leben schon ein paar merkwürdige Dinge gesehen, aber das hier setzt allem die Krone auf.«

»Don«, sagte ich und stieg ab, »das ist Aditya Patankar.« Sie schüttelten sich die Hände.

»Gratuliere, Aditya«, sagte Don. »Wenn Sie es geschafft haben, mit diesem Verrückten zu überleben, denn müssen Sie genauso verrückt sein wie er.«

Bhim und Gokul salutierten elegant. Tara hob, sehr wohlerzogen, den Rüssel und stieß zur Begrüßung ein lautes Trompeten aus.

»Komm an Bord«, sagte ich. »Ich laß die Boys mit dem Jeep dein Gepäck holen.«

»Wenn es dir nichts ausmacht«, meinte Don und betrachtete Tara argwöhnisch, »werde ich lieber zu Fuß gehen.«

Um die Menschenansammlung in der Innenstadt von Gaya zu vermeiden, folgten wir dem Phalgu-Fluß, der für die Hindus heilig ist und von dem es heißt, daß er Vishnu selbst verkörpere. Es heißt auch, daß einst Milch in ihm geflossen ist. Unter ein paar Mangobäumen schlugen wir auf der anderen Seite unser Lager auf und blickten hinüber zu der alten Stadt Gaya. Wir sahen betagte, graue Stufen mit Farbtupfern bedeckt, wo die Gläubigen hinunterstiegen, um im Schatten des großen Vishnupad-Tempels zu baden. Von weit rechts drang der Lärm des Verkehrs, der sich über eine enge Eisenbrücke wälzte. Er klang über den Fluß herüber wie das Donnern eines entfernten Sommergewitters.

Aditya und ich ließen Don schlafen und fuhren mit dem Jeep nach Gaya hinein, um unsere Rumvorräte aufzustocken. Wir kauften Kerzen und Feuerwerkskörper, um unser Diwali zu feiern, und statteten der Polizeistation einen Besuch ab, wo mir mein Visum erneuert werden sollte. Als wir die Brücke überquerten, erstreckte sich unter uns am Flußufer ein farbenprächtiger Teppich, so weit das Auge sehen konnte. Die Badenden hatte ihre Kleider zum Trocknen in die Sonne gelegt. Unter ihnen, gerade noch als schwarzer, glänzender Punkt zu erkennen, nahm Tara im seichten Wasser ihr Bad.

In Gaya ist immer etwas los: Aber heute, ein paar Tage vor Diwali, waren die Straßen praktisch unpassierbar. Wie der große Maratha-Häuptling Baji Rao, der Mitte des 18. Jahrhunderts die Stadt mit einer Armee von 50 000 Pferden geplündert hatte, bewegte sich auch Aditya aggressiv und unter völliger Mißachtung der Verkehrsregeln durch die Stadt. Er scheuchte Fußgänger auseinander, ignorierte Polizeisignale und drückte ständig auf die Hupe. Er jagte den Jeep durch das Labyrinth verschlungener Gäßchen, die von hohen, altertümlichen Häusern gesäumt waren, von denen etliche noch Schießscharten zur Verteidigung gegen marodierende Horden hatten. An den Straßen waren Läden, vor denen Händler jeder Gattung verkauften und feilschten: Baumwollweber, Getreidehändler, Kaufleute, Zimmerleute, Schneider, Schuhmacher, Eisenschmiede, Kupferschmiede, Silber- und Goldhändler, sie alle schrien und gestikulierten in Richtung des endlosen Fußgängerstroms.

Um ehrlich zu sein, hatte ich Dons Ankunft mit sehr gemischten Gefühlen entgegengesehen. Obwohl ich schon oft mit ihm gereist war, gibt es immer Schwierigkeiten, wenn ein Neuankömmling auf eine Expedition trifft und einem die Nachrichten von zu Hause überbringt. Ich hatte mich so in diese Pilgerfahrt versenkt, war so sehr ein Teil von Indien geworden, daß ich mich gefragt hatte, ob ich das Eindringen einer anderen Welt würde ertragen können. Ich hätte mir keine Gedanken zu machen brauchen. Als wir unseren Lagerplatz erreichten, war Don mit seiner Fähigkeit, sich überall anzupassen, bereits zu einem Teil der Maschinerie geworden, so, als wäre er von Anfang an dabeigewesen. Die Boys waren von seinem etwas exzentrischen Charakter fasziniert und nahmen ihn sofort auf. Und da sie nicht fähig waren, das Wort »McCullin« auszusprechen, nannten sie ihn liebevoll »Meester Mcleen«. Wir speisten hervorragend, aßen dank der Freundlichkeit von Meester Mcleen und der British Airways Büchsen mit Leberpastete, die wir mit halben Flaschen Chateau-Latour hinunterspülten.

Ich saß bis zum frühen Morgen bei Tara und wartete auf den Augenblick, in dem sie hin und her schwanken und sich dann langsam, fast unhörbar, niederlegen würde. Elefanten sind wie Pferde, den größten Teil ihrer Schlafzeit verbringen sie stehend. Sie legen sich erst dann nieder, wenn sie sicher sind, daß der Rest der Welt sich zur Ruhe begeben hat. Beides sind höchst vorsichtige Tiere, die in dieser hingestreckten Position am verwundbarsten sind. Ich saß vor ihr und starrte sie eindringlich an und fragte mich, ob sie in meiner Anwesenheit eine Ausnahme machen würde. Aber sie blieb stehen. Erst als Bhim wie ein Geist erschien und mir bedeutete zu gehen, sank sie schließlich mit einem langen, zufriedenen Seufzer zu Boden.

»Mummy schüchtern«, erklärte mir Bhim flüsternd. »Wenn dich nicht sehen, sie schlafen.«

Ihre Ruhe dauerte nicht lange, und auch bei keinem anderen. Ich wollte gerade in das Zelt kriechen, als mich etwas in den Fuß stach. Einen Augenblick lang brannte es derartig, daß ich glaubte, in die Glut unseres Feuers getreten zu sein. »Ich sterbe, ich sterbe«, kreischte ich entsetzt. »Ich bin gestochen worden.«

Adityas Kopf schoß aus der Zeltöffnung. »Das war sicher ein großer schwarzer Skorpion. Bihar ist dafür berühmt«, stellte er fachmännisch fest. »Keine Panik, ich gebe dir ein Gegengift.«

»O mein Gott«, jammerte ich voller Panik. »Das hat mir gerade noch gefehlt.«

Ich hüpfte von einem Fuß auf den anderen, während Indrajit den Boden mit der Fackel absuchte.

»Ameisen!« schrie er auf. »Schnell, ich brennen.«

Er kam mit einer Kanne voll Kerosin zurück, verschüttete es großzügig, zündete ein Streichholz an, und die Angreifer gingen in einer blauen Flamme in Rauch auf. Schamerfüllt kroch ich ins Zelt, der Schmerz ließ schnell nach.

»Ich hatte noch niemals eine derartige Todesangst«, sagte ich zu Aditya, der recht bedauernd eine große, lange Nadel wegpackte.

»Es sind nur Feuerameisen«, lachte er. »Sie müssen von deiner süßen englischen Haut angelockt worden sein.«

Aus Dons Zelt ertönte ein schläfriges Grollen. »Du änderst dich nie, Shand. Verdammter Hypochonder.«

In der folgenden Nacht feierten wir an einem Seitenarm des Flusses unser Diwali, überragt von den eindrucksvollen Rajgir-Hügeln, umgeben von einer alten Burgmauer, auf der weiß im Mondlicht glitzernd eine moderne buddhistische Stupa stand.

Die Boys stellten rund um das Lager kleine Eimer, in denen flackernde Kerzen brannten. Tara wurde mit Blumenkränzen geschmückt und durfte sackweise Kuchen fressen. Wir ergötzten uns an einer jungen Ziege, die Bhim zubereitet hatte. Wir aßen Süßigkeiten, zündeten Sternwerfer an und tranken mit Unmengen Rum auf das neue Jahr, wonach von Indrajit ein höchst gefährliches Feuerwerk abgehalten wurde. Wir verschanzten uns hinter dem Jeep, als das Feuerwerk begann und Raketen quer durch das Camp flogen und Kracher betäubend laut direkt über unseren Köpfen explodierten. Noch lange, nachdem Aditya, Don und ich uns zurückgezogen hatten, gingen die Festlichkeiten weiter. Sie endeten schließlich in einem wilden, aber friedlichen Wettstreit zwischen Khusto und Bhim, welcher von ihnen beiden den längeren Penis hätte. Wir hörten sie betrunken draußen herumstolpern, als mit einem Stück Schnur die Messungen vorgenommen wurden. Laut Indrajit wurde der Wettbewerb unfairerweise von Khusto gewonnen. Da er der Sorte Mann angehört, die schon einen Ständer bekommt, wenn sie nur zwei Käfer kopulieren sieht, schaffte er es ohne Schwierigkeiten, eine Erektion zu bekommen. Es war ein wunderbarer Abend, und die Boys amüsierten sich königlich. Sie hatten es verdient. Wir waren einen langen Weg zusammen gegangen, und bald würde alles vorbei sein.

16 Der prächtige Ganges

Rajgir oder Rajagriha, wie es im 16. Jahrhundert genannt wurde, war die alte Hauptstadt von Magadha, dem Zentrum des ersten großen Reiches in Indien. Die Festungsmauer, die wir in der vergangenen Nacht gesehen hatten, war die Stadtgrenze gewesen. Sie zog sich in einer Länge von fast 45 Kilometer um die Stadt herum. Buddha selbst hatte hier in verschiedenen Unterkünften etliche Jahre verbracht. Sein Lieblingsplatz war der Vulture's Peak gewesen, der Geiergipfel, ein hoher, felsiger Hügel, auf dem er meistens meditierte. Rajgir war sowohl für die Buddhisten als auch für die Jains*, Hindus und Muslims heilig. Deshalb war die Stadt auch immer von Pilgern überlaufen, die wegen der Gottesdienste und der Bäder in den berühmten heißen Quellen kamen. Sie war auch voll mit Straßenkötern und kleinen Pferden, die Touristen in geschmacklos ausstaffierten Wagen herumfuhren.

Es ist schwer zu erklären, warum Elefanten vor Hunden und Pferden soviel Angst haben. Schließlich ist keiner von beiden dazu in der Lage, einem Elefanten auch nur die geringste Verletzung zuzufügen. Doch Tara war keine Ausnahme. Wenn sie einen Hund sah, blieb sie stocksteif stehen, schabte mit ihrem Rüssel über den Boden und quietschte vor Angst. In dem Buch »Der wilde Elefant« von Sir J. Emmerson Tennant wird Bart zitiert, ein Mann, der von zuverlässigeren Elefantenexperten als zur Übertreibung neigend bezeichnet wird:

Ein Vorfall wurde mir von einem Augenzeugen bestätigt. Ein Scotchterrier packte den Rüssel eines Elefanten mit den Zähnen. Die Angst des riesigen Tieres war so groß, daß es sofort in die Knie ging. Der Hund wiederholte seinen Angriff, und jedesmal zog sich der Elefant entsetzt zurück. Dabei hielt er den Rüssel hoch über den Kopf und stieß mit dem Vorderfuß nach dem Terrier. Wenn ihn sein Besitzer nicht zurückgehalten hätte, wäre er geflohen.

Pferde versetzten Tara in eine noch größere Panik. Schon beim Anblick von Pferdeäpfeln scheute sie heftig. Sobald sie das Klappern ihrer Hufe hörte, ging sie durch. Wenn Bhim Tara nicht ganz schnell mit dem Ankush zurückgehalten hätte, wären wir in Rekordzeit in Sonepur angekommen. Danach stand sie zitternd da und trippelte mit den Vorderbeinen unruhig hin und her. Das hatte den Effekt, daß man sich als Reiter wie im Epizentrum eines Erdbebens vorkam.

»Pferd essen Mummy, wenn Baby«, teilte Bhim ausgesprochen wichtigtuerisch mit, »nicht mögen.«

Im Gegensatz dazu muß die Behauptung, daß Elefanten vor Mäusen Angst haben, ein Märchen sein, denn Tara war auf unserer Reise

---

* Jain oder Jaina: Angehöriger einer Glaubensgruppe, die angeblich von einem Heiligen gegründet wurde

sowohl mit Ratten als auch mit Mäusen in Kontakt gekommen und hatte niemals ein Anzeichen von Angst gezeigt.

Der legendäre J. H. Williams, der vermutlich die größte Autorität in Sachen Elefant ist, schrieb in seinem Buch »Elephant Bill«: »Dieser Gedanke kommt der menschlichen Vorliebe für Gegensätze offensichtlich in höchstem Maße entgegen. Doch wenn es wahr sein sollte, weiß ich nicht, warum. Denn der Grund dafür ist ganz bestimmt nicht der, daß der Elefant Angst davor hat, daß die Maus in seinen Rüssel schlüpfen könnte. Er könnte sie ja mit einem einzigen Schnauben herausbefördern, wie einen Korken aus einer Flasche.«

In den nächsten drei Tagen marschierten wir – und marschieren ist das richtige Wort dafür – wie eine kleine Armee durch eine hoffnungslose, karge und unfruchtbare Wüste nach Norden, die uns zum Ganges bringen würde. Wir hatten Glück, auf einem Elefanten zu reisen – zwar einem ganz friedlichen, aber zumindest Taras Größe verlieh unserer mickrigen Reisegesellschaft den Anschein von Autorität. Ich stellte mir vor, der große König von Bliss zu sein, der an der Spitze einer gewaltigen Armee aus tausend Kriegselefanten marschiert war. Selbst wenn ich den Unterschied in der militärischen Stärke bedachte, hatte ich doch das Gefühl, daß er stolz auf uns gewesen wäre, wie wir uns zu so etwas Ähnlichem wie einer Phalanx um Tara formierten, bewaffnet mit schartigen Äxten, einem Ankush, einem Speer und Adityas großem Stativ aus Metall, bei dem wir vorgaben, es wäre ein Maschinengewehr.

In den meisten Dörfern wurden wir von einer kreischenden Menge begrüßt, die uns höhnische Beleidigungen an den Kopf warf. Ich ritt gerade wieder mit Tara durch eines dieser Dörfer, gefolgt von der unvermeidlichen, spottenden Menschenmenge, bei der ich festgestellt hatte, daß es am besten war, wenn ich sie gar nicht beachtete. Ein Stein flog durch die Luft und traf mich am Rücken. Andere folgten, dann brach ein Steinhagel über uns herein, der Tara an den Hinterbeinen und am Hinterteil traf.

Ich lenkte Tara schnell herum und ging auf sie los. Befriedigt sah ich, daß sie in die Sicherheit ihres Dorfes flohen. Doch Augenblicke später kamen die Schuldigen, eine Gruppe von Teenagern, zurück. Angestachelt durch ihren Anführer, einen jungen Mann mit pokkennarbigem Gesicht und einem Glasauge, flog mir ein weiterer Stein gefährlich nahe am Kopf vorbei.

»Das reicht jetzt!« brüllte Aditya. »Laßt uns den Bastarden eine Lektion erteilen.«

Tara blieb mit Bhim zurück, während Don und ich uns Aditya anschlossen, der gerade dem Anführer eine handfeste Behandlung auf Maratha-Art angedeihen ließ. Wir packten einen anderen jungen Mann, der aber so schlüpfrig wie ein Aal war, sich uns entwand und entkam.

In Indien lockt jede Art von Zwischenfall unabänderlich sehr schnell eine Menschenmenge an. Und so waren wir bald von einer großen Gruppe von Dorfältesten umringt, die alle lange Stöcke dabeihatten. Wir stellten uns schon auf einen Aufruhr ein, waren aber recht überrascht festzustellen, daß sie gekommen waren, um sich bei uns zu entschuldigen. Gemäß den alten Überlieferungen verehrten sie den Elefanten, aber die jüngere Generation, erzählten sie uns, hätte keinen Respekt mehr. Höflich baten sie Aditya, den Schuldigen freizulassen. Sie würden mit ihm auf ihre Art abrechnen.

Als wir uns in einem Dorf namens Kachra (was in Hindi ungefähr soviel wie »Müll« bedeutet) mit dem Jeep trafen, war es bereits dunkel. Ein wütender Indrajit und Khusto hielten sich ebenfalls eine große Menschenmenge vom Leib, während sie heftig mit einem Mann diskutierten, von dem sie behaupteten, er hätte den Stein geworfen, der die Windschutzscheibe des Jeeps zersplittert hatte. Wir entschieden, daß dieser Ort ungesund sei, und zogen weiter, um schließlich auf einer aufgeschütteten Schotterstraße unter einem einzelnen Peepulbaum zu campieren. Umgehend wurden wir von unfreundlichen Dorfbewohnern umringt, die miteinander flüsterten und gierig unsere Ausrüstung betrachteten.

»Mir gefällt diese Situation überhaupt nicht«, meinte Aditya besorgt. »Wir sollten alles im Jeep lassen und die Nacht sitzend verbringen.«

Ich bat Indrajit, das Stativ herauszuholen. Mit großem schauspielerischem Können setzte Indrajit das »Maschinengewehr« zusammen, hockte sich dahinter nieder und richtete den »Gewehrlauf« (eines der Teleskopbeine) auf die Menge. Sie wichen nur wenig zurück. Unser

Trick schien nicht zu funktionieren. Tara war auch keine Hilfe. Sie hätte laut trompeten und wild mit ihren Ketten rasseln sollen. Statt dessen stand sie ganz ruhig da und begrüßte jeden Dorfbewohner durch eine liebevolle Untersuchung mit ihrem Rüssel.

Plötzlich teilte sich die Menge. Zwei großgewachsene Männer, die offensichtlich etwas zu sagen hatten, traten durch.

»Der Zamindar, der örtliche Gutsherr«, flüsterte Aditya.

»Kann ich Ihnen irgendwie helfen?« stieß der ältere der beiden Männer unfreundlich hervor.

Aditya erwiderte: »Es dreht sich um diese Leute. Wir haben bereits ein paar schlechte Erfahrungen hinter uns und sind deshalb etwas nervös.«

Der Mann drehte sich zu der Menge um. »Chale jao! Chale jao!« rief er herrisch und zerstreute die Leute mit einer entsprechenden Handbewegung. »Mein Name ist Sir Ram Chandra Prasad«, sagte er und stellte sich uns vor. »Und das ist mein Sohn Ram Singhar. Ich bin Thakur von Dehra. Mein Dorf ist dort drüben.« Er deutete auf ein paar armselige Lichter, die in einiger Entfernung blinkten. »Sie sind Gäste in meinem Land. Ich werde heute nacht Essen bringen.«

Tatsächlich kam später quer über die Felder eine Gruppe der Dorfbewohner, angeführt von dem vortrefflichen Thakur, und brachte uns frisches Brot, Gemüse und Wasser. Ehe er ging, lud er uns ein, am nächsten Morgen mit ihm in seinem Dorf zu frühstücken. Er würde grüne Taube in Joghurt machen, eine Spezialität seines Hauses.

Ich warf einen Blick auf Dons Gesicht. Es war so weiß wie ein Bettlaken. Beim Essen hatte er sich noch nie gerne auf Abenteuer eingelassen.

Wir ritten nach Dehra, einer Oase von weißgetünchten Häusern, die von einem Wäldchen aus Dattelpalmen umgeben waren. Der Thakur zeigte mir stolz sein Vieh, danach stiegen wir die Stufen zu seinem großen Haus hinauf, wo uns ein herrliches Frühstück erwartete: frisches Naan*, Sauerjoghurt und Ingwertee. Don hatte Glück, es gab keine Taube. Ich dankte unserem Gastgeber für seine Hilfe und fügte hinzu, daß wir alle von seiner Freundlichkeit überwältigt wären.

---

* Naan: ein leichtes, leicht gesäuertes Brot, das in flacher, runder Form gebacken wird

Er erklärte mir, daß Gastfreundschaft in seiner Familie Tradition habe, die man von einem guten Muslim gelernt hätte, der viele Jahre in diesem Dorf gelebt hatte, bis 1947 die Trennung kam. »Heiße Gäste immer willkommen«, hatte ihnen der Muslim beigebracht, »sogar wenn du nur einen Becher Wasser entbehren kannst, es wird dich nicht ärmer machen.«

Danach verlief unsere Reise glatt. Die Gerüchte waren uns offensichtlich bereits vorausgeeilt. Wir machten bei einer Polizeistation halt, um uns im Fernsehen ein Testspiel anzusehen. Der Polizist war bereits informiert worden, daß »drei wütende Männer, jeder 2,40 m groß, auf einem verrückten Elefanten unterwegs sind«.

Am 13. November erreichten wir eine Hauptstraße. Ungefähr 22 km im Westen lag Patna. Vor uns befand sich der heiligste Fluß Indiens, der prächtige Ganges, der träge vor uns in der Sonne glänzte, die Muster auf sein bräunliches Anlitz malte. Wir waren vom Meer zur Quelle gereist. Wir hatten zwar nicht »Angst in den Herzen der Menschen von Magadha entfacht«, wie der König von Bliss. Doch wir sahen mit dem gleichen Stolz zu, wie Tara durstig aus dem Ganges trank, wie ehemals der König von Bliss dabei zugesehen hatte, wie seine Armee von Elefanten und Pferden im Ganges getränkt wurde.

Wir hatten es in die Wege geleitet, daß wir in Patna in einem herrlichen Herrenhaus übernachten würden, von dem aus wir den Fluß überblicken konnten. Es war ein privates Museum, zu dessen Ausstellungsstücken Akbars Schwert und Napoleons Bett gehörte. Beeindruckt von der Majestät des Ganges, mietete Don eine kleine Dhau*, und wir vereinbarten, uns später im Herrenhaus wiederzutreffen.

Als wir uns dem Stadtrand des alten Patna näherten, wurden die engen Straßen voller Teebuden, Paanläden und endloser Geschäfte mit Ersatzteilen für Fahrräder immer voller. Während Bhim und Gokul stehenblieben, um ein Paan zu kaufen, ritt ich mit Tara weiter. Aditya döste hinter mir im Howdah. Als Tara hörte, daß sich ein Pferdekarren näherte, begann ihr gewaltiger Körper heftig zu zittern.

---

* Dhau: ein arabisches Küstenboot mit ein oder zwei Masten und einem Lateinersegel

Noch ehe ich etwas dagegen tun konnte, rannte sie wie ein Rennpferd davon.

Ein Elefant kann über eine kurze Distanz ganz schön schnell sein, und die Erregung, die ich dabei empfand, wurde von C. F. Holder in seinem Buch »Elfenbeinkönig« treffend beschrieben: »Die ein oder zwei Mal, die ich auf einem durchgehenden Elefanten gesessen bin, habe ich das Gefühl gehabt, rittlings auf einer dahinrasenden Lokomotive zu sitzen und als einzige Möglichkeit zum Festhalten nur den Griff eines Spazierstocks zu haben.«

Ich fühlte mich genauso, nur hatte ich nicht einmal einen Griff eines Spazierstocks, denn der Ankush war mir heruntergefallen.

»Halt sie auf!« brüllte Aditya von hinten, als wir durch die entsetzten Fußgänger preschten, die in alle Himmelsrichtungen flohen, als unsere gesamten Töpfe, Pfannen und Kerosinlampen wie Raketen in alle Richtungen flogen. »Ich fall gleich . . .« Ich hörte eine Art von Plumps hinter mir. Als ich einen kurzen Blick zurückwarf, während ich mich krampfhaft am Howdah festklammerte, sah ich, wie sich Aditya zittrig aus einem Durcheinander von Zelten und Hängematten erhob.

»Tara! Tara!« brüllte ich. »Stehenbleiben! Ach, Scheiße! Wie heißt denn das verdammte Wort! Dit! Dat!« Endlich fiel es mir wieder ein, und ich schrie den Befehl: »Dhuth!« Zu spät, ich sah, wie sich uns ein Bus näherte. Um einen Frontalzusammenstoß zu vermeiden, bog Tara plötzlich ab und riß die Pfosten einer leeren Teebude um. Zwischen herabfallenden Tassen und Teekannen kamen wir zu einem abrupten Halt. Uns gegenüber stand der Besitzer, sein dunkles Gesicht war vor Wut rotfleckig.

»Hm . . . es tut mir schrecklich leid, Sir«, keuchte ich und wischte mir Tee von der Brust und den Armen und versuchte gleichzeitig, Tara daran zu hindern, die auf dem Boden verstreuten Kuchen zu mampfen. »Sehen Sie, mein . . .«

»Sie! Sie!« stotterte der Mann außer sich vor Zorn. »Alles kaputt, ruiniert – ich werde Sie vor Gericht schleppen. Ich verlange eine große Entschädigung.«

In diesem Moment tauchte leicht humpelnd Aditya auf, gefolgt von Bhim und Gokul, die einen Teil unserer Habseligkeiten mit sich trugen, die sie auf der Straße gefunden hatten.

»Nun, Sir«, sagte Aditya. »Dafür gibt es keinen Grund. Ich bin sicher, daß wir zu einer finanziellen Übereinkunft kommen werden.« Nachdem sich der Mann beruhigt hatte, schätzten sie den Schaden. Dann bezahlten wir eine Entschädigung und stellten damit die Würde wieder her.

»Warum, zum Teufel, benimmt sie sich nicht so bei mir?« beklagte ich mich verbittert bei Aditya, als wir auf dem wieder bepackten Howdah hinter Bhim saßen und ihm dabei zusahen, wie er Tara elegant durch den Verkehr lotste. Ganz plötzlich fiel mir ein ausgesprochen komisches Bild ein, und ich begann mich vor Lachen zu schütteln.

»Was ist denn so verdammt komisch!« fragte Aditya ärgerlich. »Du hast mich, verdammt noch mal, fast umgebracht ...«

»Vergebt mir, ich lache nicht über euch, sondern ich habe mir gerade vorgestellt, wie wir mit Tara vor Gericht erschienen wären.«

In seinem Buch »Elefanten« berichtet Richard Carrington, daß während des letzten Jahrhunderts in Cleveland, Ohio, ein berühmter dressierter Elefant der Star einer Zirkus-Show gewesen war. Man stritt sich über die Höchstgeschwindigkeit, die ein Elefant erreichen kann, und sein Trainer wettete, daß Pikanniny eine Geschwindigkeit von 4,5 km in der Stunde erreichen würde. Man machte den Test. Pikanniny brauchte nur acht Minuten für die ersten 1,5 km. Zu diesem Zeitpunkt schaltete sich die »Gesellschaft zur Verhinderung von Grausamkeiten bei Tieren« ein und klagte den Trainer an, seinen Ankush zu oft benutzt zu haben, so daß dem Tier das Blut heruntergelaufen wäre. Als der Fall vor Gericht kam, benannte der Trainer Pikanniny als Entlastungszeugen. Der Elefant kam rechtzeitig, aber das Gerichtsgebäude war nicht für derartig gewaltige Zeugen gebaut, und er konnte sich nicht über die enge Treppe quetschen. Der Magistrat erklärte sich freundlicherweise bereit, den Fall in der Eingangshalle zu verhandeln. Dort stellte sich Pikanniny geduldig hin. Als ihn der Ankläger dann fragte, ob er verletzt worden wäre, schüttelte der Elefant seinen Kopf hin und her, und als er ihn fragte, ob er im allgemeinen gut behandelt würde, nickte er und gab bejahende Quiekser von sich. Ob der Gerichtshof nun durch Pikanninys Aussage überzeugt wurde, ist nicht bekannt, besonders nachdem klar wurde, daß der Trainer mit dieser Vorstellung durchaus etwas zu tun hatte. Doch da festgestellt wurde, daß sich der Elefant bei guter Gesundheit und in gutem Zustand befand, wurde der Trainer freigesprochen. Pikanniny wurde von allen gratuliert und erhielt für seine loyale Unterstützung allerlei Köstlichkeiten.

Am späten Nachmittag erreichten wir unser Ziel, den Eingang zum Quila House, das auf den Grundmauern des Forts errichtet worden war, das Sher Shah 1541 gebaut hatte. Die hohen, imponierenden Eisengitter waren geschlossen und blieben es auch, obwohl wir dem alten, streitsüchtigen und höchst argwöhnischen Chowkidar erklärt hatten, daß wir erwartet würden. Tara hatte inzwischen auf der anderen Seite der Gitter ein üppiges Bambusdickicht entdeckt. Sie senkte den Kopf, drückte so lange gegen die Tore, bis sie nachgaben und der entrüstete Chowkidar durch die Luft flog, und trottete triumphierend hinein. Wir ritten durch einen beeindruckenden Säulengang. Links und rechts befanden sich romantische italienische Steinstatuen, und in Nischen standen ein Paar blauer und weißer Wasserkrüge aus chinesischem Porzellan. Dann kam uns ein kleiner, herausgeputzter, wohlhabend aussehender Mann eilig entgegen, der einen eleganten Anzug trug, in dessen Jackettasche eine Reihe goldener Cartier-Füller steckte.

»Willkommen im Quila House«, rief er begeistert aus. »Ich habe Sie schon erwartet. Ich bin Bal Manohar Jalan, aber meine Freunde nennen mich Bala.«

»Vielen Dank«, erwiderte ich. »Aber ich muß mich für unser unhöfliches Eindringen entschuldigen. Mein Elefant ist normalerweise sehr gut erzogen, aber ab und zu ist er schrecklich ungeduldig.«

»Ich muß mich entschuldigen«, sagte er und schickte mit einem Winken seiner plumpen, goldberingten Hand den wütenden Chowkidar weg, der uns die Auffahrt entlang nachgerannt war. »Wir müssen nur aufpassen, wen wir einlassen. Wie Sie wissen, ist Quila House ein privates Museum. Suchen Sie sich bitte einen genehmen Platz für Ihren Elefanten aus.«

Nervös blickte ich über eine makellose Rasenfläche. In der Mitte befand sich ein Springbrunnen aus Stein, umgeben von ordentlichen Rosenbeeten, in denen eine Armee von Gärtnern am Werk waren.

Weiten unten arbeiteten noch mehr Männer in einem gepflegten Gemüsegarten.

»Sie ist wirklich ein sehr großes und sehr verfressenes Tier«, sagte ich und erinnerte mich an Seraikella. »Der ... äh ... Schaden, den sie anrichten kann, ist unvorstellbar.«

»Das macht nichts«, sagte er überschwenglich. »Pflanzen und Blumen und Bäume wachsen nach, und wir haben nicht oft einen Elefanten zu Gast.«

Schließlich fand Bhim einen geeigneten Baum, dicht bewachsen von Bougainvillea. »Mummy hier. Aber Blumen bald weg«, flüsterte er, nervös um sich blickend.

Der Jeep, der Don am Fluß aufgepickt hatte, traf ein. Unser Gepäck wurde abgeladen, und wir folgten Bala über den Rasen, ein paar Stufen hinunter und durch einen Gang, der von blühendem Jasmin überdacht war. Vor uns stand ein exquisiter Pavillon aus Marmor, umgeben von Balkonen, die geschnitzten Spitzen glichen. Daneben befand sich ein großer Wassertrog mit einem dichten Teppich aus weißen Wasserlilien.

»Ich hoffe, Sie werden sich hier wohl fühlen«, meinte Bala besorgt und stieß zwei Glastüren auf.

Es war, als würde man das Heim eines reichen chinesischen Gentleman des 19. Jahrhunderts betreten. In den Schlafzimmern waren zierliche Opiumbetten mit Moskitonetzen so aufgestellt, daß man darauf liegen und auf den Ganges hinausblicken konnte. Tische und Stühle aus poliertem Rosenholz, elegant in ihrer Einfachheit, standen im Vorzimmer. Seidene Tapeten mit orientalischen Hofszenen schmückten die Wände, und die Türen waren mit blauen und weißen Ming-Tafeln besetzt.

»Wie Sie sehen können«, lachte Bala, als er den erstaunten Ausdruck auf unseren Gesichtern sah, »war mein Großvater ein großer Bewunderer chinesischer Kunst. Aber das ist noch gar nichts. Später werde ich Ihnen das Haupthaus und unsere Sammlung zeigen. Sie werden feststellen, daß er ein geradezu zwanghafter Käufer war. Aber kommen Sie, lassen Sie uns erst Tee trinken.«

Auf der Hauptterrasse mit Blick auf den Fluß ließen wir uns auf Charpoys nieder, die mit gestärktem weißem Leinen bespannt waren, und ließen uns von Bediensteten Tee in einem Silberservice servieren. Aus schweren, grünen Malachitbehältern nahmen wir uns Zigaretten. Hinter uns stand das Quila House und glühte rosa und weiß in der untergehenden Sonne. Es ist ein großes, hübsches zweistöckiges Herrenhaus, erbaut im Art-deco-Stil mit einem langen, flachen Dach und einer Seitenansicht aus einer Reihe von hohen, gebogenen Fenstern.

Sher Shahs Fort war 1934 von einem gewaltigen Erdbeben zerstört worden. Balas Großvater, Dewan (Premierminister) Bahadhur R. K. Jalan, erwarb das Grundstück vom Nabob von Gaya und baute darauf das Quila House in dieser wunderbaren Ausstattung. Das Land hatte er durch einen glücklichen Zufall erwerben können. Er saß mit dem Nabob im selben Zug nach Patna, und sie unterhielten sich. Es stellte sich heraus, daß der Nabob dabei war, dieses Anwesen zu verkaufen. An der Station war die Kutsche des Nabobs nicht eingetroffen, und so bot Balas Großvater ihm an, ihn mitzunehmen. Als er den Nabob an seinem Bestimmungsort abgeliefert hatte, verliebte er sich in das Fort und unterschrieb auf der Stelle einen Kaufvertrag.

Nachdem wir Tara im Ganges gebadet hatten, wurden wir am nächsten Morgen von Bala in Quila House herumgeführt. Diese Auswahl und Verschiedenartigkeit der Sammlung, die sich in diesem herrlich exzentrischen Privatmuseum von Raum zu Raum vor einem ausbreitete, hatte ich nicht erwartet. Bala erzählte uns, daß es, gemäß der letzten Inventur, über zwanzigtausend Einzelstücke gäbe. Sein Großvater hatte seine Suche Anfang des Jahrhunderts begonnen. Er kaufte in Kalimpong, Darjeeling und Kalkutta und ging während seines Europaaufenthaltes anläßlich der Krönung von Georg V. zu den Auktionshäusern und Kunsthändlern in London und Paris.

Alte Schriften in Sanskrit lagen umgeben von Häuten der Kobras, die man in dem Haus getötet hatte, in Vitrinen. Hinter zwei indischen Lacktüren aus dem 18. Jahrhundert, die sich in ihren geölten Angeln geräuschlos öffneten, war ein vollständiges Crown Derby Dinner Service von Georg III. mit dem üblichen übergroßen Muster (da der König kurzsichtig war) ausgestellt. Wir kamen durch Zimmer mit Möbeln aus der Zeit Louis' XV. und Louis' XVI. und mit hohen Glasvitrinen, in denen dicht an dicht exportiertes chinesisches Porzellan aus dem 19. Jahrhundert stand. Kleine Vitrinen enthielten Objekte aus königlicher Jade, die im Schein der Lichter glitzerte. Breite grüne Servierplatten aus dem chinesischen Celadon-Porzellan lagen stapelweise da wie einfaches Haushaltsgeschirr in einer Suppenküche. Auf einem eleganten angloindischen Tisch war ein Set von Sevres-Porzellan aufgestellt, das einst Marie Antoinette gehört hatte. Es war in einem wunderschönen Muster aus rankenden Rosen handbemalt und trug ihr Monogramm.

Wir saßen auf Napoleons winzigem vierbeinigem Mahagonibett, das von schweren Samtvorhängen umhüllt wurde, und zerteilten die Luft mit Akbars geschwungenem Schwert, das mit Gold und Silber verziert war. Bala öffnete einen schweren Safe und holte den Höhepunkt der Sammlung heraus, ein Set von zweiunddreißig indischen Thalis aus reinem Silber, die einst Birbal gehört hatten, einem von Akbars neun »Juwelen« oder Philosophen, die ihn bei Hofe unterrichteten. Nehru, Indiens erster Premierminister, war von ihrer Schönheit so überwältigt, daß er, als er zum Dinner nach Quila House eingeladen war, sich weigerte, von ihnen zu essen. Irgendein Diplomat flüsterte in Nehrus Ohr, daß andere wichtige Staatsoberhäupter und sogar königliche Hoheiten davon gegessen hätten, und so verging der peinliche Augenblick.

Bala gab mir das alte Gästebuch zum Durchblättern. Da standen Vizepräsidenten wie Wavell, Linithgow, Dufferin und Ava; Berühmtheiten wie Mary Pickford und Ali Khan; die Maharadschas von Dharbanga, Patiala, Jodhpur; Mrs. Gandhi und der König von Nepal, dessen Bruder das Glück hat, die romantischste Unterschrift der Welt zu besitzen – nämlich einfach nur »Himalaya«. Sie alle waren hier gewesen. 1938 hatte ein britischer General das Haus besucht und in der typisch britischen Schroffheit geäußert: »Gute Show, schlechter Geschmack.«

Wir hatten sehr großes Glück gehabt, zu diesem Zeitpunkt nach Patna zu kommen, denn das Chaat-Fest von Bihar stand vor der Tür. Menschen von weither versammeln sich an den Ufern des Ganges und werfen sich genau bei Sonnenuntergang in das heilige Wasser und verteilen ihre Geschenke auf der glatten Oberfläche. Das gleiche Ritual wird am Morgen bei Sonnenaufgang vollführt. Sie glauben, daß die Sonne gefährlich ist und ihre Auswirkungen sich ständig zeigen, nämlich in Hautkrebs, Lepra und anderen Krankheiten. Indem sie diese Puja machen, wird der Zorn der Sonne besänftigt. Indien ist ein Staat, der in bezug auf Gewalttaten und Gesetzlosigkeiten einen sehr schlechten Ruf hat. Deshalb ist es interessant, daß während der zwei Tage von Chaat die Kriminalitätsrate derartig dramatisch sinkt, daß die Zeitungen Mühe haben, ihre Spalten zu füllen.

Die Terrasse von Quila House hoch über dem Fluß war der perfekte Aussichtspunkt, um die Zeremonie zu beobachten. Aber Bala schlug vor, für diesen Abend ein Boot zu mieten und geruhsam vorbei an den Stufen zum Wasser, die die Ufer des alten Patna säumen, den Fluß hinunterzutreiben. Als wir zu dem Ort fuhren, an dem wir das Boot besteigen sollten, waren die Straßen gedrängt voll mit Prozessionen von Menschen, die Geschenke bei sich hatten. Die Stadt war sauber, und vor uns fuhren Reinigungswagen her, die den Asphalt naß spritzten. Über uns bildete ein Baldachin aus goldenem Flitter und Zauberlämpchen einen glitzernden Tunnel. Blaskapellen aus alten Männern in roten und Khaki-Uniformen marschierten stolz einher und bliesen in ihre auf Hochglanz polierten silbernen Hörner. Immer wieder kam der Verkehr ganz zum Erliegen, um den Gläubigen ein Überqueren der Straße zu ermöglichen, die während ihrer mühseligen Pilgerfahrt zum Fluß immer wieder entkräftet zu Boden sanken.

Wir gingen an Bord einer großen Motorbarkasse und begannen langsam den Fluß hinunterzutuckern. Wie fließende Lava aus einem explodierenden Vulkan floß ein stetiger Strom von Farben zum Fluß hinunter, als die Menschenmassen mit ihren Blumen, mit Getreide, kleinen Terrakottatöpfen mit Kerzen und Girlanden die Stufen zum Wasser hinabstiegen. Wenn sie den Rand des Wassers erreichten, machten sie in den letzten Strahlen der untergehenden Sonne ihre Pujas, tauchten unter und verteilten ihre Geschenke auf den tanzenden Wellen. Ihre Gesichter waren ernst, es gab kein Gedränge, kein Geschiebe oder Gestoße, nur Vollkommenheit und Zufriedenheit.

Wir blickten hinauf zu den zerbröckelnden orientalischen Fassaden früherer Paläste und Opiumfabriken und zu den massiven Mauern

174

und Pfeilern des alten Forts, die unter den überhängenden Bäumen kaum noch zu sehen waren.

Die Male der Geschichte waren unauslöschlich in das verbrauchte Anlitz dieser Stadt eingebrannt, die zu den ältesten Hauptstädten der Welt zählt. Sie wurde 600 vor Christus gegründet, als König Ajatasatru ein Fort bauen ließ, das später die Hauptstadt von Magadha wurde. An diesem Ort war es, wo die Macht der Mundas Alexander den Großen und seine Heerscharen dazu zwang, wieder den Heimweg anzutreten. 304 vor Christus, während der Regierungszeit des großen Kaisers Chandra Gupta Maurya, der das Munda*-Reich vernichtet hatte, kam die Stadt zu voller Blüte. Der Kaiser herrschte damals über ein gewaltiges Reich, das sich von Kabul im Norden nach Mysore im Süden und von Saurashtra im Westen zu Teilen von Bengalen im Osten erstreckte. Der griechische Gesandte Megasthenes beschrieb diese Szene:

Die öffentlichen Auftritte des Kaisers Chandra Gupta waren voller Prunk und Erhabenheit. Der Kaiser wurde in einer goldenen Sänfte getragen, an deren vier Seiten Perlenschnüre hingen. Seine Leinenrobe war mit Gold und Purpur eingefaßt, und vor ihm ging sein Gefolge und trug silberne Räucherpfannen. Dem Kaiser folgten bewaffnete Männer, und seine direkte Leibwache bestand aus bewaffneten Frauen. Er fuhr in einer Kutsche, die von Elefanten gezogen wurde. Der König hatte eine Garde von vierundzwanzig Elefanten und wenn er vortrat, um Recht zu sprechen, war der erste Elefant darauf trainiert, ehrerbietig vor ihm niederzuknien. Der König unterhielt eine Armee von 600 000 Fußsoldaten, 30 000 Kavalleristen und 9000 Elefanten.

Später wohnte der große Kaiser Akbar im heutigen Quila House. Von dort aus lenkte er seine Schlacht gegen die afghanische Herrschaft in Nordbihar. Akbar war als der größte Elefantenreiter aller Zeiten bekannt. Im »Ain-I-Akbari«, der Aufzeichnung über Akbars Regierungszeit, steht:

* Munda: Sprach- und Kulturgemeinschaft in Zentralindien

Seine Majestät, der königliche Reiter der reinen Glücksverheißung, kann jeden Elefanten besteigen, vom besten bis zum geringsten, indem er sie, ungeachtet ihrer geradezu übernatürlichen Kraft, seinem Willen unterwirft. Seine Majestät stellt einfach seinen Fuß auf die Stoßzähne und besteigt sie, sogar wenn sie ihre Brunftzeit haben, was erfahrene Leute überrascht.

Früh am nächsten Morgen ritt ich Tara von Quila House durch einen endlosen Strom fröhlicher Gläubigen zum Wasser hinunter und kam mir dabei ein bißchen wie der Kaiser Akbar vor. Wir kamen an einer Reihe Sodiumlampen vorbei, die in dem Morgennebel, der vom Ganges aufstieg, ganz unheimlich glühten, ähnlich wie die Gaslampen auf den Straßen des viktorianischen Englands. Als die Sonne über den Horizont stieg, blickten wir auf eine Ansammlung von 300 000 Menschen hinab, die wie ein endloser, reich bestickter, sich langsam aufrollender Teppich wirkte, als die Saris und Dhotis der badenden Gläubigen auf der Oberfläche des Wassers zu tanzen begannen. Indrajit und ich ließen Tara bei Gokul zurück und wateten durch ein Meer von dahintreibenden Blüten weit in den Fluß hinaus. Indrajit machte eine kleine Puja für Sri Ram Naik, den Harzsammler, der in den Simlipals von einem Tiger getötet worden war. Wir wickelten Rosenblätter in seinen blutbefleckten Lunghi, befestigten die Sandalen daran und sahen zu, wie das kleine Bündel sanft davonschwamm. Die Strömung vereinte es mit den anderen Geschenken des Festes.

Am nächsten Morgen kamen wir wieder zum Fluß zurück. In ein paar Stunden würden wir bei der Sonepur Mela sein. Wir wuschen Tara, bis sie wie ein Obsidian glänzte. Bhim salbte ihre Stirn und malte in Purpur das Zeichen von Shiva darauf. Nachdem wir ihren Kopf und die Zehennägel eingeölt hatten, beluden wir sie und verabschiedeten uns von Khusto, der heim nach Orissa fuhr. Der Jeep kam nun pünktlich wieder nach Hause.

Indrajit begleitete uns als Fahrer zur Mela, da Bala uns freundlicherweise einen kleinen Minibus geliehen hatte, um unseren Proviant transportieren zu können und falls ein Notfall eintreten sollte. Don würde bei Indrajit im Minibus mitfahren. Aditya und ich kletterten auf Tara, flankiert von Bhim und Gokul, die ihre besten dunkelgrünen Khakianzüge trugen. Ich hob meine Hand und gab ein Zeichen wie ein amerikanischer Kavallerieoffizier an der Spitze seiner Truppen, rief »Challo«, und damit wälzten wir uns durch die Tore von Quila House hinaus in Richtung Sonepur und zum großen Elefanten-Mela.

17 Der Haathi Bazaar

Eigentlich hätten wir voller Begeisterung und Erleichterung und entsprechend froh über das Ende unserer Pilgerfahrt durch die ruhigen Straßen von Patna ziehen sollen. Doch statt dessen bewegten wir uns fast zögernd, da wir wußten, daß uns jeder Schritt von Tara dem Augenblick näher brachte, in dem wir uns schließlich würden trennen müssen. Keiner von uns sagte etwas, jeder war in seine Gedanken versunken, eingelullt vom Geräusch von Taras sanftem Schlurfen. Der Blick von meiner luftigen Höhe herab war mir so vertraut geworden, so natürlich, daß ich mir ein Leben ohne ihn gar nicht vorstellen konnte. Ich betrachtete Taras breiten Schädel, die kleinen weißen Narben, wo sie die Spitze des Ankush getroffen hatte, und ich wühlte mit den Zehen in dem spärlichen, drahtigen Haarbüschel, der, wie ich wußte, aus zweihundertundneunundsiebzig einzelnen Strähnen bestand. An meinen Beinen spürte ich das schwere Schlagen ihrer großen Ohren, ein Gefühl, daß mich einst gestört hatte und das ich jetzt liebte. Meine Hände strichen liebevoll über das schweißgetränkte Holz des Howdah, und ich kuschelte mich mit meinem Hinterteil tiefer in das alte, verblaßte rote Kissen und wollte niemals wieder absteigen.

Wir bogen in die Straße ein, die zur Mahatma-Gandhi-Brücke führte, einer der längsten Brücken der Welt, ein Meisterwerk der Ingenieurskunst. Einfach und elegant überspannt sie die gewaltige Breite des Ganges. Ein langer Schwanz moderner Fortbewegungsmittel – Busse, Laster, Traktoren, Taxis, Autos und Roller – warteten an der Mautstelle. Ungeduldig ließen sie ihre Motoren aufheulen und stießen erstickenden blauen Qualm aus. Wir gingen langsam an ihnen vorbei und wurden freundlich von dem Mautangestellten durchgewinkt, denn eine derartig altertümliche Methode der Fortbewegung wurde nicht mit Gebühren belegt.

In Hajipur trafen wir auf eine Gruppe von Elefanten. Zwei oder drei der großen Kühe gehörten einem ortsansässigen Gutsherrn, so erfuhren wir von ihren Mahouts, und er hoffte, sie gegen einen großen Bullen eintauschen zu können. Diese Mahouts waren Mela-Veteranen, fähige, ruhige, alte Männer mit Augen, die schon alles gesehen hatten. In stolz aufgerichteter Haltung ritten sie dahin und gerieten fast außer sich wegen dieses Firinghee Mahouts. Sie fragten mich, ob ich ihnen die Ehre erweisen würde, die Kavalkade bei ihrem Einritt in Sonepur anzuführen. Während wir uns den Weg durch Nebenstraßen suchten, hörte ich, wie sie eifrig mit Bhim sprachen. Sie verfielen in die Elefantensprache, die für jeden Außenseiter unverständlich ist, und freuten sich ganz offensichtlich über die Gelegenheit, einen Neuling einzuweisen. Außerdem versuchten sie zweifellos so ganz hinten herum, etwas über Taras Preis zu erfahren, was sich dann wie ein Buschfeuer über den ganzen Elefantenmarkt verbreiten würde.

Obwohl Aditya und ich uns darüber einig waren, Tara nur an jemanden zu verkaufen, von dem wir überzeugt waren, daß er ihr ein gutes Heim bieten konnte, wollte ich sie im Grunde eigentlich überhaupt nicht verkaufen. Um das Risiko zu verringern, würde ich einen so hohen Preis ansetzen, daß sie der teuerste Elefant der ganzen Mela wurde. Trotzdem befürchtete ich, daß Tara eine ganze Menge Aufmerksamkeit erregen würde. Abgesehen von ihrem offensichtlichen Ruhm war sie ja schließlich auch ein wunderschöner Elefant.

Sonepur ähnelt in seinen Umrissen einem gleichschenkeligen Dreieck. Es wird von zwei großen Flüssen flankiert: im Süden vom Ganges und im Nordosten vom Gandak, der seine Reise in den schneebedeckten Gipfeln des Himalayas beginnt und dann zu seinem Zusammenfluß mit dem Ganges zu Tal donnert. Der Markt findet auf der rechten Uferseite des Gandak statt. Am glückbringenden Kartik-Purnima-Tag säumen Hunderte und Tausende von Menschen die zum Wasser führenden Stufen, um in seinen heiligen Wassern zeremoniell unterzutauchen.

Die Sonepur Mela hat für die Hindus eine besondere Bedeutung, die durch den Tempel des Hari Nath Mandir kommt, wo, was einzigartig ist, die Götter Vishnu und Shiva gemeinsam verehrt werden. In der Nähe der Tempels hat ein mythologischer Kampf zwischen einem Krokodil und einem Elefanten stattgefunden.

Die Legende erzählt, daß dort einst zwei Brüder lebten, Jai und Vijay, Anhänger des Gottes Krishna. Eines Tages wurden sie von ihrem König gebeten, ihm eine Puja vorzuführen. Er war von ihrer Darbietung so begeistert, daß er sie mit Geschenken überhäufte. Die zwei Brüder gerieten über deren Verteilung in Streit. Jai war der Meinung, daß die Geschenke in zwei gleiche Teile geteilt werden sollten, aber Vijay beharrte darauf, daß er eine bessere Puja vorgeführt hätte und deshalb auch mehr bekommen sollte. Jai war von der Habgier seines Bruders tief verletzt und verfluchte ihn dazu, in seinem nächsten Leben ein Krokodil zu werden. Darauhin verfluchte Vijay seinen Bruder ebenfalls und zwar dazu, ein Elefant zu werden. Einige Zeit später hatten sie ihren Streit beigelegt und baten nun Krishna, den bösen Fluch, den sie gegeneinander ausgesprochen hatten, wegzunehmen. Das konnte er leider nicht, und so wurden die beiden Brüder zu einem Krokodil und einem Elefanten. An einem Kartik-Purnima-Tag, dem Tag des Vollmonds, badete der Elefant im Fluß. Da packte ihn das Krokodil am Fuß. Es entbrannte ein heftiger Kampf, der Tausende von Jahren dauerte. Schließlich ermüdete der Elefant und drohte zu ertrinken. Da schrie er laut zu Krishna um Hilfe. Der Gott erschien auf seinem Garuda, seinem Adler, und tötete das Krokodil mit Sudershan Chakra, dem Rad. Von diesem Tag an kamen jedes Jahr Gläubige an diesen Ort, um nach einem Bad im Fluß zu Krishna zu beten.

Der Veranstaltungsort des Marktes änderte sich im Laufe der Jahrhunderte. Doch Sonepur muß der ursprüngliche Veranstaltungsort gewesen sein. Einer Überlieferung zufolge hat Raja Man Singh, einer von Akbars Mogulgenerälen, auf seinem Weg nach Patna hier gelagert. Der Haathi Bazaar wird deshalb bis heute der »Garten des Raja Man Singh« genannt, und noch frühere Aufzeichnungen behaupten, daß während der Regierungszeit von Aurangzeb Händler aus dem weitentfernten Tatarenland und aus Arabien hierher zu kommen pflegten, um auf diesem Markt ihre Pferde zu verkaufen. Seit ungefähr vierzig Jahren ist Sonepur als Viehmarkt bekannt, aber während

Tausende von Jahren war er in erster Linie ein Ort, um Elefanten zu verkaufen, so wie drei andere, kleinere Märkte im nördlichen Bihar. Jahrhundertelang wurden diese Märkte von Elefantenfängern aus den Dschungeln von Assam, Bengalen und Orissa beliefert. Sonepur mußte der Hauptmarkt für den Verkauf von Kriegselefanten nach Pataliputra gewesen sein, der alten Hauptstadt von Chandra Gupta Maurya, dessen gewaltige Armee zum überwiegenden Teil aus diesen Tieren bestand.

Wir erreichten die Brücke über den Gandak. Sie war für die wachsende Anzahl von Zügen, die in Sonepur anhielten, zu eng geworden. Die Stadt ist ein wichtiger Verkehrsknotenpunkt der Nord-Ost-Bahnlinie, die sich bis 1950 rühmte, den längsten Bahnsteig der Welt zu haben. Jetzt läuft der Schienenverkehr über eine neue Brücke, die parallel dazu errichtet wurde.

Unsere kleine Schar hielt plötzlich an. Vor uns erstreckte sich eine Meile Mela-Verkehr, der auf »Grün« wartete, während die Fahrzeuge von der anderen Seite langsam über die enge Brücke krochen. Brüllende Rinder stampften ungeduldig auf den hölzernen Boden ihrer Laster. Andere waren voller Pferde, die nervös wieherten und ihre Köpfe zwischen den Latten hindurchschoben. Manche Fahrzeuge konnte man unter gigantischen Haufen von Futter, das weit über alle vier Seiten herunterhing, gar nicht erkennen. Die Hausierer hatten alle Hände voll zu tun. Sie liefen an der Armee der Radfahrer auf und ab, verkauften Früchte, Eiskrem, Zeitungen und Tüten mit klebrigen Ludoos. Als der Verkehr auf der anderen Seite der Brücke angehalten wurde, kamen wir wieder ein paar Meter weiter. Mit krachenden Gängen und dem Zischen von Luftdruckbremsen bewegte sich die Prozession vorwärts. Tara benahm sich unmöglich. Im einen Moment schlang sie Süßigkeiten, die ihr die Hausierer gegeben hatten, hinunter, im nächsten Augenblick zitterte sie wegen der Pferde vor lauter Angst und zwang mich, den Ankush zu benutzen. Schließlich ließ sich Aditya ungeduldig von Taras Rücken gleiten.

»Wir vertrödeln hier noch den ganzen Tag. Mal sehen, was ich tun kann.«

Eine halbe Stunde später sah ich ihn mir zuwinken, sofort zu ihm zu kommen. Rücksichtslos bahnte ich mir meinen Weg, dicht gefolgt von den anderen Elefanten, die sich diese Chance nicht entgehen lassen wollten. Am Brückenaufgang stand Aditya neben einem grinsenden Polizisten, der elegant salutierte und uns auf die leere Brücke winkte.

»Wie um alles in der Welt hast du das geschafft?« fragte ich ungläubig Aditya, als wir darübermarschierten.

»Ich erzählte ihm, daß du mit der Königin von England verwandt bist und daß königliche Hoheiten es nicht gewohnt sind zu warten.«

»Tatsache?« fragte ich, beeindruckt von seinem Einfallsreichtum.

»Nein, natürlich nicht«, antwortete er. »Ich hab ihm hundert Rupien gegeben.«

Rechts von uns klapperte eine Dampflokomotive über die neue Eisenbahnbrücke. Links von uns erstreckte sich parallel zum Fluß ein riesiger, schattiger Hain von Mangobäumen, unter denen ich ein paar Elefanten stehen sehen konnte. »Haathi Bazaar!« rief einer der alten Mahouts.

Ich trieb Tara zu einem schnellen Trott an, Bhim und Gokul liefen neben uns her. Wir erreichten das Ende der Brücke, wandten uns nach links und donnerten in den »Garten des Raja Man Singh« hinunter. Wir sprangen ab und zur großen Überraschung einiger Anwesender tanzten wir wie wild um Tara herum. Ich öffnete eine Flasche Rum und goß ihr die Hälfte davon die Kehle hinunter. Jeder von uns nahm einen tiefen Schluck und schrie: »Jai Mata Sonepur!« Wir hatten es geschafft.

Es war gut, daß wir so früh angekommen waren. Als Neulinge mußten wir uns erst mit den Gepflogenheiten und Regeln vertraut machen. Jedes Stück Land zwischen den Mangobäumen, vor denen später die Elefanten angebunden würden, gehörte einem anderen Grundbesitzer. Langsam gingen wir durch den Baumgarten, wo wir an Futterhaufen vorbeikamen, die wie gigantische Zelte aussahen. Jeder Grundbesitzer versuchte, uns für sein Stück Land zu interessieren. Sie boten uns Rabatt und spezielle Dienstleistungen an, da sie wußten, daß Tara mit ziemlicher Sicherheit eine große Menschenmenge anlocken würde. Wir entschieden uns dann für ein Stück Land am anderen Ende des Baumgartens, von dem aus wir den lediglich 50 m entfernten Gandak und eine Haupttreppe zum Wasser hinunter zum Baden leicht erreichen konnten. Da wir uns in der letzen Baumreihe vor dem Fluß befanden, konnten wir auch nicht eingekreist werden. Die anderen Elefanten würden vor uns und neben uns stehen, aber nicht hinter uns.

Unser Grundbesitzer, Lallan Singh, war ein freundlicher, weiser, alter Mann, ein Veteran, der schon fünfzig Melas mitgemacht hatte. Er nahm uns unter seine Fittiche und wuselte um uns herum wie eine besorgte Matrone am ersten Schultag. Ich zahlte ihm hundert Rupien, die übliche Mela-Miete für die Benutzung seines Landes. (Wenn der Elefant verkauft wurde, zahlte der Käufer die Summe zurück.) Zwei hohe Holzstangen wurden tief in den Boden geschlagen und jeweils ein Vorder- und ein Hinterbein von Tara daran angekettet. Bei den Nahrungsmittelhändlern wurde ein Futter- und Brennholz-»Konto« eröffnet. Sie lieferten jeden Morgen und jeden Abend aus. Um uns ein bißchen Privatsphäre zu sichern, organisierte Lallan Singh ein riesiges, buntes Kanat, ein rechteckiges Leinentuch, mit dem wir unser Lager abschirmen konnten. Zwischen den beiden Mangobäumen spannten wir Taras Schabracke auf, den Union Jack, der so großartig wie eine Kriegsfahne dahing. Tische und Stühle wurden herbeigeschafft, und nachdem wir die Zelte aufgestellt und ein Lagerfeuer entzündet hatten, hätten wir genausogut Gäste im großen Shikar*-Camp eines Maharadschas sein können. Das einzige, was uns dazu fehlte, waren uniformierte Bedienstete, knallende Champagnerkorken und Teppiche auf dem Boden.

Um Glück und einen guten Verkauf zu sichern, vollführte unser Grundbesitzer den »Aarti«, eine spezielle Puja. Mit einer Terrakottaschale, in der eine heilige Flamme brannte, umrundete er unser Lager. Dann stellte er sich vor Tara auf, hielt ihr die Flamme wie beim Zuprosten entgegen, und sang ein paar feierliche Gebete.

Dann setzte sich Lallan Singh zu uns und erklärte uns die Mela-Regeln. »Wenn euer Elefant verkauft ist, gehört alles an den Hinterbeinen dem Verkäufer, die Kette, die Seile etc. Es ist Sitte, dem Käufer den Gudda, den Sattel, zu geben, die Sattelgurte, die Glocke und alle anderen Dekorationsstücke am Elefanten, wie seidene Seile und Qua-

---

* Shikar: die Jagd, inbesondere die Großwildjagd

sten. Das wichtigste ist, daß euer Elefant niemals, keine Sekunde lang, unbeaufsichtigt bleibt, egal ob bei Tag oder Nacht. Bei der Mela ist schon viel passiert, und ein streunender Elefant kann unter »fünf Lakhs« Menschen ganz schön viel Zerstörung anrichten. Paßt auf euer Geld auf und versteckt es gut«, warnte er uns. »Bei einer Mela gibt es immer viele Diebe. Wenn es zum Abschluß kommt, muß er ohne großes Aufsehen ausgeführt werden, außerhalb der Sichtweite von neugierigen Augen und, wenn es möglich ist, in Anwesenheit von ein paar Leuten aus eurer Gruppe. Leute antreten zu lassen, bedeutet Macht und Wohlstand«, erklärte er uns. Das entdeckten wir kurz darauf beim Aufmarsch des ortsansässigen Zamindar, der niemals ohne einen riesigen, bewaffneten Leibwächter irgendwohin ging. E. O. Shebbeare liefert in seinem Buch »Soondar Mooni« eine geniale Beschreibung, wie man mit dieser Situation fertig wird:

Ich habe mir einen Begleiter mitgenommen, denn alleine einen Elefanten zu kaufen ist nicht gut. Zwei Köpfe sind besser als einer, wenn man über den Kauf und den Kaufpreis entscheiden soll; und zwei Köpfe sind auch sehr viel besser, wenn man den Kauf und den Kaufpreis vor einem kritischen Publikum zu Hause rechtfertigen muß. Und es gibt noch einen, mehr praktischeren Grund, warum die Jagd zu zweit besser ist: Eine zutreffendere Bezeichnung als »zwei Köpfe« ist »viele bedeutet Sicherheit«. Jeder Polizist in Indien kann dir ein Lied davon singen, daß eine Mela mehr anzieht als nur Käufer und Verkäufer, Pilger und Spaßmacher; sie wirkt wie ein Magnet auf jeden Bösewicht in Nordindien. Der Grund dafür liegt auf der Hand: Da keine Schecks akzeptiert werden, ist jeder Käufer vor dem Kauf und jeder Verkäufer nach dem Kauf ein lohnendes Objekt, das kein ernsthafter Bösewicht zu ignorieren sich leisten kann. Meine eigene Sicherheit habe ich ganz einfach gewährleistet. Es gab in Indien die Gewohnheit, und es gibt sie vermutlich immer noch, Banknoten in zwei Stücke zu schneiden. Wenn eine große Summe mit der Post geschickt werden muß, wird zuerst die eine Hälfte der Banknoten geschickt, und erst wenn diese sicher angekommen ist, die zweite Hälfte. Ehe man zu einer Mela geht, sollte man das ganze Geld, das dafür benötigt wird, in große Banknoten einwechseln – Hunderter,

Fünfhunderter und Tausender. Diese schneidet man dann in zwei Hälften und packt jedes Bündel in der entsprechenden Reihenfolge in zwei verschiedene Päckchen. Diese Päckchen werden dann in zwei Geldgürtel gepackt, von denen mein Partner und ich je einen direkt auf der Haut umlegen. Das bietet die Sicherheit, daß ein eventueller Räuber mindestens einen Doppelmord begehen muß, um an das Geld zu kommen.

Bis jetzt waren nur wenige Elefanten angekommen. Vor uns stand ein großer Bulle. Rechts von uns, begleitet von zwei Mahouts, stand eine alte Elefantendame, die zwei schreckliche Wunden an den Flanken hatte, aus denen grünlicher Eiter tropfte. Der Besitzer, ein über-freundlicher Mann aus Orissa, erklärte, daß sie sich die Verletzungen während ihrer Arbeit in seiner Zementfabrik zugezogen hatte. Er war hier, um sie zu verkaufen oder sie gegen einen anderen Elefanten einzutauschen. Als ich das Leid dieses freundlichen, fügsamen Elefanten sah, schwor ich mir wieder, daß ich niemals zulassen würde, daß jemand Tara quälte.

Hinter uns waren Zimmerer und Helfer eifrig damit beschäftigt, große, von unüberwindlichen Bambuszäunen umgebene Zelte zu errichten. Die waren für die verschiedenen Sekten der religiösen Sadhus, die bald eintreffen würden. Neben diesem üppigen Zeltauf-bau sah unser kleines Camp geradezu zwergenhaft aus, besonders in bezug auf die Kücheneinrichtung. Riesige Kessel und ganze Stapel von Blechtellern wurden ausgeladen und hineingetragen, damit man für das große Fest Kartik Purnima bereit war, bei dem Tausende von Gläubigen gefüttert werden mußten. Weiter unten im Haathi Bazaar hatten sich reiche Zamindars die besten Plätze gesichert. Dort wurden ganze Zeltstädte aufgebaut, vor denen ihre herausgeputzten Elefanten standen. Dahinter parkten ihre Wagen, umgeben von bewaffneten Chauffeuren. Es waren auf Hochglanz polierte Vehikel mit verdun-kelten Scheiben; so fügte die Ankunft von Don und Indrajit in dem Minibus unserer bescheidenen Anlage ein gewisses Gütezeichen hinzu.

Unsere Anwesenheit hatte sich bereits herumgesprochen, und draußen versammelten sich schon die ersten Menschengruppen. Man

184

konnte leicht zwischen denen, die nur aus Neugier dastanden, und den echten Interessenten unterscheiden. Die Neugierigen stellten sich auf Zehenspitzen und lugten über den Kanat, um einen Blick auf den Firinghee Mahout zu erhaschen. Die echten Interessenten waren ausgebuffte, säbelbeinige Männer mit sonnenverbrannten Gesichtern und klugen Augen. Sie schlenderten gemächlich und lässig um Tara herum und inspizierten sie mit gut gespieltem Desinteresse. Sie blieben stehen, um ein paar Worte mit Bhim zu plaudern in der Hoffnung, ein paar Informationen bezüglich Stammbaum und Preis zu bekommen. Die würden sie dann an ihre Bosse weitergeben. Diese flüchtigen Begutachtungen hielten die nächsten paar Tage an. Ganz anders als im Westen, wo eine schnelle Entscheidung das Spiel gewinnt, wird im Osten ein hastig abgeschlossener Vertrag als nicht würdevoll betrachtet. Eine unabänderliche Etikette muß eingehalten werden.

Aditya und ich machten uns Sorgen wegen Bhim. Er war nicht mehr so geschäftig und heiter wie sonst. Seine Lebhaftigkeit war verschwunden, und er wanderte benommen herum. Das Schlimmste war aber, daß er jedes Interesse an Tara verloren hatte. Vielleicht war das eine Auswirkung der Erschöpfung, oder vielleicht dachte er, sobald wir die Mela erreicht hätten, wären seine Pflichten nicht mehr so wichtig und er hätte genügend Zeit, um sich zu amüsieren. Doch schließlich fanden wir heraus, daß er einfach nur eingeschüchtert war. Er war an die relative Ruhe und Routine in einem Zoo gewöhnt. Und jetzt war er plötzlich in die Löwengrube geworfen worden, in den größten Verkaufsmarkt der Elefantenwelt, wo echter Professionalismus zählte und jedermanns Wissen auf die Probe gestellt und sorgfältig überprüft wurde. Er hatte den sicheren Grund unter den Füßen und sein Selbstvertrauen verloren.

Auch Tara war davon betroffen. Eigentlich hätte sie in ihrem Element sein müssen, da von weißen Ochsen gezogene Wagen unaufhörlich ihren Futtertrog füllten. Doch sie stand lustlos da, auf dem Gesicht einen Ausdruck totaler Resignation. Ich begann zu vermuten, daß ihr das alles hier nur allzu vertraut war. Sie war schon einmal hier gewesen, wurde mir klar, und das Herz blieb mir fast stehen.

Während Gau-Dhuli – der Stunde des Kuhstaubs –, in jenem ruhigen magischen Augenblick kurz nach Sonnenuntergang, wenn der Himmel durch den Staub, der von den Elefanten aufgewirbelt wird, golden zwischen den Ästen des Mangobaumes schimmert, kam eine Gruppe Männer in unser Lager. Auf ihren Gesichtern zeichnete sich eine gewisse Erleichterung ab, als sie mich sahen. Ihr Sprecher trat vor und stellte sich ganz formell vor.

»Mr. Shand«, sagte er, »wir sind die Besitzer des Shoba Nautaki, des Volkstheaters. Gott sei Dank haben wir Sie noch rechtzeitig gefunden. Würden Sie uns den Gefallen erweisen und morgen unsere erste Show feierlich eröffnen? Wir hatten bereits diesen Gentleman in dem Jeep dort drüben ausgeschickt, um Sie zu finden.« Er deutete auf einen Mann, der sowohl erschöpft als auch entrüstet aussah. »Fünf Tage war er unterwegs. Die Show wird Ihnen gefallen. Es gibt viele Mädchen. Unser Theater«, fuhr er stolz fort, »hat den Ruf, die schönsten Frauen zu haben. Aber zuerst hätten wir gerne, daß Sie die Statue unseres hiesigen Friedenskämpfers schmücken, und dann werden wir ins Theater gehen. Unser letzter Ehrengast war ein berühmter Bandit. Also ist es nur passend, daß der erste englische Mahout dieses Mal unsere Show eröffnet. Wir werden Sie morgen nachmittag abholen.«

Als an diesem Abend die Strahlen der untergehenden Sonne das trübe Wasser des Gandak purpurrot färbte, badeten wir Tara. Wir kamen über ein steiles, schlammiges Ufer, über das sie auf ihrem Hintern herunterschlitterte wie ein kleines Kind auf einem Toboggan. Dann versuchte sie, sich im seichten Wasser, das voller Elefanten war, vorzudrängeln, sehr zum Mißfallen der anderen Mahouts, die geduldig darauf warteten, bis sie an der Reihe waren. Bis Tara ihre Waschungen getätigt hatte, war es dunkel geworden. Um uns herum lagen wie prähistorische Felsblöcke bewegungslose Elefanten. Dann erhoben sie sich, wie auf ein unhörbares Zeichen hin, gemeinsam aus dem Wasser und schlenderten gemächlich zum Ufer. Wir schlossen uns der schweigenden Gruppe heimkehrender Elefanten an, ein Schweigen, das nur durch das sanfte Schlurfen ihrer Füße unterbrochen wurde, das Hinundherschwingen ihres Schwanzes und das Klappen ihrer Ohren. Ein alter Mahout, der auf dem Bullen an der Spitze saß, stimmte ein Lied an, das immer lauter wurde, als die anderen einfielen, und schließlich leise über der Schwärze des neben uns

186

fließenden Gandak verklang. Ich war inzwischen schon so sehr ein
Teil dieser alten Bruderschaft geworden, daß mir die andere Welt wie
ein Traum erschien, während ich Taras kühlen Rücken unter mir
spürte.

Indrajit hatte zum Schutz gegen die Kühle der Novembernacht ein
flackerndes Feuer entfacht. Wir hockten uns darum herum und tranken einen Schluck mit dem Besitzer des großen Bullen. Er war ein
Grundbesitzer, aber anders als die meisten Zamindars ritt und kümmerte er sich selbst um seine Elefanten. Er war ein ehrlicher, geradli-
niger Mann, bei dem ich das Gefühl hatte, ihm trauen zu können. Er
hatte ein breites Wissen über Elefanten und so viel Liebe für sie, daß es
schon an Leidenschaft grenzte. Seine Familie hatte immer Elefanten
gehabt. Er erinnerte sich daran, wie er als Kind mit seinem Vater zu
einer Mela gegangen war und über tausend Elefanten dagewesen
waren. Am Tag von Kartik Purnima bleibt die Brücke immer geschlossen, und er erinnerte sich, daß Nachzügler über den Strom zu
schwimmen versuchten. Aber sie wurden von der starken Strömung
weggerissen und Mahouts und Elefanten ertranken.

Er gab ganz offen zu, daß sein Bulle gefährlich sei und nur er ihn
kontrollieren könne. Aber im Gegensatz zu allen anderen Besitzern
hier auf der Mela benutzte er keine Drogen, um seinen Elefanten
ruhigzustellen.

Es waren inzwischen über hundert Elefanten eingetroffen, aber er
sagte uns, daß Tara der beste wäre, den er bis jetzt gesehen hatte. In
den Augen eines Experten war sie offensichtlich gut genährt und von
freundlichem Charakter. Es überraschte ihn nicht, daß wir daran
dachten, zwei Lakh für sie zu verlangen.

»Laßt euch damit Zeit«, riet er uns. »Für sie ist das kein überhöhter
Preis.« Und dann fügte er noch hinzu, daß er uns gerne seine Hilfe
anbieten würde, wenn wir sie brauchten. Mitten in der Nacht wurde
ich von wütenden »Mahout!-Mahout!«-Schreien aufgeweckt. Ich
rannte aus unserem Lager hinaus und fand Tara, die ihre Pfähle aus
dem Boden gezogen hatte und gerade abhauen wollte. Bhim, der
eigentlich Wache halten sollte, lag tief schlafend neben dem Kanat auf
einem Bündel Zuckerrohr. Ich schüttelte ihn und versprach, daß es
nicht mehr vorkommen würde. Aber es war zu spät. Ein unbeaufsich-

tigter Elefant war gemäß den strikten Mahout-Gesetzen der Mela ein unentschuldbares Vergehen, und so wie es aussah, hatten wir unser Gesicht verloren.

18 Mela-Verrücktheiten

Am frühen Morgen bereits wurde ich von den durchdringenden Rufen der Mahouts und dem Gesang der Sadhus aufgeweckt. Ich ging nach draußen und spähte über unseren Kanat. Gestern abend war da draußen alles noch relativ leer gewesen, aber jetzt schien sich über Nacht heimlich eine ganze Armee eingeschlichen und unser Lager eingekesselt zu haben. Der Baumgarten wimmelte nur so von Elefanten, die herumtrotteten, fraßen und sich mit Staub bewarfen, während ihre Mahouts in Decken gehüllt neben Lagerfeuern hockten und sie über den Rand ihrer kleinen Terrakottaschalen mit dem Morgentee nicht aus den Augen ließen. Ganze Arkaden von kleinen Verkaufsständen, wie Mini-Märkte, waren aus dem Nichts entstanden. An ihnen wurden Paan, Gewürze, Nahrungsmittel, billige Schmuckstücke, Kleider und Arznei verkauft.

Hinter uns lagerten wie Blumen in der Wüste kleine Familiengruppen. Als die Sonne aufging, streckten sich die Frauen träge und ließen juwelenbehangene Arme sehen, während die ersten in der raucherfüllten Luft der gefilterten Sonnenstrahlen ihre Fußknöchel, Nasenflügel und Ohren golden aufblitzen ließen. Elefanten, auf denen stolze, muskulöse junge Männer mit weißen Zähnen saßen, die sich geradezu strahlend gegen die dunkle Haut abhoben, machten Wettläufe zum Fluß hinunter.

Kleine Picadores, die hinter den Ohren ihrer Elefanten in jeder Hand einen Ankush hielten, führten ihre Geschicklichkeit und die ihrer Reittiere vor. Für einen zufälligen Zuschauer hätte es wie ein Spiel ausgesehen, aber in Wirklichkeit war es tödlicher Ernst. Denn eventuelle Käufer sahen dabei aufmerksam zu. Lallan Singh tauchte mit einem Elektriker auf, der in einen der Bäume ein Kabel legte und eine große, starke Lampe anschloß. Diese Lampe würde Tara nachts in gleißendes Licht tauchen, und dadurch, hofften wir, würden die Boys wach bleiben. Ich sah dem Ganzen schamerfüllt zu, aber Lallan Singh tröstete mich. Er erzählte mir, daß gestern nacht noch drei weitere Elefanten ausgerissen waren. Das wäre nur eine Vorsichtsmaßnahme.

Unser erster Käufer bot für Tara siebzigtausend Rupien. Dieser Mann, ein begnadeter Schauspieler, brachte mich fast zum Weinen. Er erzählte mir von dem wunderbaren Elefanten, den er dreißig Jahre lang besessen und nur für ganz besondere Gelegenheiten ausgeliehen hatte. Aber genau letzte Woche, als er geschäftlich unterwegs war, schlug das Schicksal zu. Er hatte seinen Mahout angewiesen, den Elefanten zu einer jener besonderen Gelegenheiten zu reiten. Der Mahout, ein fauler Mann, führte seinen Befehl nicht aus, und als er zurückkam, verprügelte er den Mann. Eine Woche später verschwand der Mahout, aber nicht ohne vorher den Elefanten vergiftet zu haben, der danach starb. Ich lehnte sein Angebot ab.

Als Tara von ihrem Bad zurückkam, ging ich zum Einkaufen. An einem der vielen Stände, die Schmucksachen für Elefanten anboten, kaufte ich ihr eine hübsche Messingglocke, die an einer leuchtendroten Seidenkordel hing. Es gab auch Fußkettchen mit Glöckchen und Seidenbinder für Ohren und Stoßzähne. Aber ich wollte, daß sie weiterhin einfach, aber elegant aussah, wie eine schöne Frau, die mit einem einfachen Kleid zu einem Ball geht und lediglich ein überwältigendes Schmuckstück trägt. Sie brauchte keine Dekoration. Ich engagierte einen Spezialisten für Elefantenbemalung. Nachdem er mit einer scharfen Trennlinie den Unterschied zwischen der Schwärze ihres geölten Kopfes und dem natürlichen Grau ihrer übrigen Haut betont hatte, malte er mit einfachen Kreidefarben in Purpur, Gelb, Weiß und Blau eine Anzahl von Blumen und Lotusblüten auf ihre Ohren, ihr Gesicht und ihren Rüssel. Genau zwischen ihre Augen zeichnete er einen funkelnden Stern. Wir nahmen den Union Jack ab und legten ihn über Taras Schultern, und wenn eventuelle Käufer kamen, konnten Bhim und Gokul ihn ganz dramatisch zurückschlagen.

Don und Aditya waren schon früher gegangen, um den Markt zu photographieren, und so ließ ich Tara bei den Boys zurück und machte mich auf den Weg durch den Haathi Bazaar. Meine Nase füllte sich sofort mit den beschwörenden Gerüchen Indiens – Gewürze, Räucherwerk, der schwere Geruch der Stammesfrauen, gemischt mit dem eher beißenden Gestank von Urin und Exkrementen. Das alles erweckte in mir den Wunsch, niemals von hier wegzugehen. Als ich an den langen Reihen der Elefanten entlangging, winkten mich sowohl die Mahouts als auch die Besitzer zu sich heran – nicht aus Neugier, sondern weil ich einer von ihnen war, ein Elefantenmann, fest verflochten mit ihrer Art des Lebens. Im Schneidersitz saß ich an kleinen Feuern und trank mit ihnen kleine Schalen Tee und und aß Littis, kleine Teigknödel, die über der Glut geröstet werden. Ich inspizierte ihre Elefanten, untersuchte ihre Hinterteile nach entlarvenden Narben, und gluckste zustimmend, wenn sie ihre Mäuler öffneten und ich schwarze Flecke auf ihren rosafarbenen Zungen fand.

Inzwischen konnte ich die Elefanten ganz einfach über ihre Rüssel und Stoßzähne besteigen. Dann saß ich oben und streichelte ihre Ohren und bellte ihnen Befehle zu, um sie zum Hinsetzen zu bringen. Ich sah einen riesigen Bullen, dem man einen Teil seiner Stoßzähne abgesägt hatte, um das Elfenbein ganz legal verkaufen zu können. Dabei mißt der Mahout sehr sorgfältig die Länge von oben bis unten. Danach markiert er eine Stelle, an der er nicht in den Nerv schneiden kann, und dann sägt er ihn schnell ab. In Indien bringt Elfenbein ungefähr 5000 Rupien pro Kilo. Der Stoßzahn wächst problemlos wie ein Fingernagel nach.

In einem Lager stand ein gewaltiger Bulle, der über und über geschmückt war. Seine Schabracke bestand aus üppigem rotem Brokatstoff, um seinen Hals und seine Füße hingen Glocken, gelbe und rote Silberbinder baumelten von seinen Ohren und seinen Stoßzähnen, und sein Schwanz war mit silbernem Flitter umwickelt. Das Tier wiegte sich ständig hin und her, seine kleinen Schweinsäuglein durchbohrten jeden, der vorbeiging mit einem Blick aus reinstem Haß. Ein alter Mahout warnte mich, ihm nicht zu nahe zu kommen. Das sei ein gefährlicher Elefant, erzählte er mir. In den vergangenen zehn Tagen hätte er drei Menschen getötet.

Ich zählte einhundertundneunzig Elefanten; vergangenes Jahr waren noch mehr als dreihundert dagewesen, und nächstes Jahr werden es vielleicht noch weniger sein. Diese Art zu leben wird unwiederbringlich eines Tages aussterben.

Ich verließ den Haathi Bazaar und ging zum anderen Viehmarkt hinüber. Zum ersten Mal wurde mir die enorme Größe dieser Mela bewußt. Bei den Pferden fiel mir ein kleiner, schneeweißer Araberhengst auf, dessen rosafarbene Augen dick mit Khol umrandet waren, um über ihre Glanzlosigkeit hinwegzutäuschen, und dessen Schwanz in allen Regenbogenfarben gefärbt war. Er wurde gerade vorgeführt. Sein Reiter zwang ihn zu vollem Galopp, dann brachte er ihn auf den Hinterbeinen zum Stillstand und wirbelte ihn herum, um eine Art von »Pas« vorzuführen oder, wie es beim Militär heißt, »auf der Stelle zu treten«. Die Pferde waren sogar noch sorgfältiger geschmückt als die Elefanten. Einige hatten Stirnbinder aus goldenen Fäden, andere hatten Fußspangen aus Messing. Einer trug eine Halskette aus Silber und Gold, in die Koranverse eingraviert waren. Die Pferde stammten aus Rajasthan, dem Punjab, aus Afghanistan und sogar aus Australien. Sie wurden von ihren Verkäufern, alten Männern mit Gesichtern wie Pergamentpapier und klugen, allwissenden Augen, umgeben von Sonnenfalten, aufmerksam gehütet.

Hinter den Pferden erstreckten sich auf fast drei Kilometer die Pferche mit Kühen, Ochsen und Büffeln. Schließlich kam ich zu den Stierkoppeln, die hier »Juwelenmacher« genannt werden. Neben Elefanten erzielen Stiere mit die höchsten Preise.

Auf dem Rückweg zu Tara betrat ich auch das Einkaufszentrum, ein Labyrinth von Straßen voller Buden, über dem das gigantische Glücksrad des Jahrmarkts und das Riesenzelt der Zirkusarena aufragten. Eine Menschenmenge scharte sich um zwei angekettete mottenzerfressene Bären. Angestachelt von ihren Besitzern hüpften sie jämmerlich im Rhythmus eines Discosongs von Pfote zu Pfote. Für fünf Rupien konnte man mit ihnen tanzen.

Ein disharmonisches Kreischen kündigte den Vogelmarkt an. Hyazinthenblaue Aras aus Südamerika hockten bewegungslos mit aufgeplusterten Federn auf ihren Stangen, drehten dann plötzlich die Köpfe und zwinkerten mit ihren traurigen Augen. Mynahs aus Nepal kicherten und lachten, und in einem Käfig hüpften kleine Reisvögel nervös herum, die so ungeheuer farbig waren, daß ihr Besitzer zugeben mußte, sie gefärbt zu haben. Davor lud ein glitzernder schwarzer Mynah eine Miniaturkanone und feuerte sie ab. Für zehn Rupien spielte er mit einem Karten.

Die unvermeidlichen Schlangenbeschwörer hockten an den Straßenecken und spielten tonlos auf ihren Flöten, während ihre Schlangen sich windend aus den Weidenkörben schlängelten. Ein Schlangenbeschwörer, der unterhaltsamer war als die anderen, kündigte einen »Kampf auf Leben und Tod« zwischen einem Mungo und einer Kobra an. Ich hoffte, daß er einen unerschöpflichen Vorrat an Kobras hatte, denn der Mungo würde auf alle Fälle gewinnen. Oder vielleicht wartete er auch, bis sich eine genügend große Menschenmenge angesammelt hatte, damit sich das Schauspiel lohnte.

Jongleure kurvten durch die Menge und erwiesen sich als ungewöhnlich geschickt, wenn man das ständige Geschiebe und Gestoße berücksichtigte. Als ich mich durch die Menge schob und stieß, bemerkte ich einen außergewöhnlich großen Mann mit stechenden Augen, der sich zu mir herunterbeugte. Ich versuchte davonzugehen, aber es war, als wäre ich wie hypnotisiert. Er tauchte einen großen langen Finger in einen kleinen Krug mit Zinnober, preßte ihn an meine Stirn und verlangte fünf Rupien. Ich taufte ihn »Tüpfel-Mann« und während der nächsten paar Tage schaffte er es, mir ständig über den Weg zu laufen, ganz egal welche Vorsichtsmaßnahmen ich ergriff. Einmal versteckte ich mich hinter Aditya, als ich ihn mit ausgestrecktem Finger nahen sah. Doch Aditya, ein geübter Melagänger, duckte sich einfach, und er erwischte mich mitten auf die Nase.

»Zähneziehen für nur zwanzig Rupien! Lassen Sie sich neue machen! Legen Sie sich ein neues Aussehen zu!« Die Zahnärzte gingen mit gepolsterten Stühlen und fußbetriebenen Bohrern ihrem kreischenden Geschäft nach. Naive Patienten wanden sich im Todeskampf, wenn die Zahnärzte in ihre Münder mit Instrumenten eintauchten, die wie Drahtzangen aussahen. In gewissen Abständen zwischen den Läden hingen freche Plakate, die Gaststätten anpriesen, deren Küche gänzlich verschieden war, um jeder Kaste und jedem Glaubensbekenntnis das Entsprechende zu bieten. Der Geruch erinnerte mich an die Beobachtung des alten Pflanzers, die in seinen

Beim Überqueren des Ganges auf der Mahatma-Gandhi-Brücke in Patna.

Die Brücke nach Sonepur bedeutet das Ende von 1000 Kilometern auf der Straße.

Elefanten im Haathi Bazaar, die bei der Sonepur Mela zum Verkauf stehen.

Sowohl Elefanten als auch die Gläubigen warten auf den Tag des Vollmondes, um das rituelle Bad zu nehmen.

Mahouts, die bei Sonnenuntergang ihre Elefanten im Fluß Gandak baden.

Entspannung im Kipling Camp.

»Erinnerungen an Bihar« schrieb: »Ich kann nicht behaupten, daß die Gerichte verlockend aussehen; wenn man den Gestank von schlechtem Ghee* riecht, wünscht man sich, man hätte vorher mehr Kölnisch Wasser auf das Taschentuch geschüttet.«

Ich kam an Wäschegeschäften und Schildern vorbei, die »Ganz echte siamesische Zwillinge« anpriesen, und betrat den Bombay Bazaar. Hier ging endlich der Gestank von schlechtem Ghee in einer Woge von Parfümduft unter. Alles für Damen gab es hier. Alte und junge Frauen standen vor Parfümläden Schlange, in denen hinter tausend verschiedenen Flaschen im Schneidersitz Männer saßen. Sie wickelten Baumwolle um lange Silberstöckchen, tauchten sie ein und strichen damit über die Handrücken der wartenden Frauen. Die Verkäufer von Armreifen aus Glas stellten ihre glänzenden Waren auf langen, hohen Stangen zur Schau. Sie kämpften einen vergeblichen Kampf, ihre gierige Kundschaft davon abzuhalten, die zerbrechlichen Waren zu zerstören, da die Frauen die Armreifen ständig an ihren Armen auf und ab gleiten ließen.

Vor großen Spiegeln bemalten sich die Frauen kokett mit diversen Schminkartikeln und Lippenstiften und schmierten sich Khol um die Augen, während andere goldene Nasen und Ohrschmuck ausprobierten. Körbchen mit Puder in verschiedenen Farben standen neben verlockend aufgestapelten Bergen von Gaze-, Seiden- und Baumwollstoffen für Saris, die beim Aufrollen wie Schmetterlingsflügel flatterten.

Während ich vorbeischlenderte, versuchten mich aufdringliche Händler zum Kauf ihrer Produkte zu bewegen: Messingarbeiten aus Benares, Behälter und Tabletts mit Einlegearbeiten und Miniaturen des Tadsch Mahal aus Agra, Emaillegegenstände aus Jaipur, wunderbar gewebte Schals aus Kashmir, und in einem ziemlich modernen Laden wurden mir eine lederne Motorradjacke der Hell's Angels und dazu passende Stiefel angeboten.

Der Einfallsreichtum der Bettler kannte keine Grenzen. In der Nähe des Tempels stand ein Mann, neben dem im Staub etwas lag, das wie ein aufrechtstehender menschlicher Kopf aussah – und genau das

---

* Ghee: durch Kochen geklärte Butter, die in der indischen Küche verwendet wird

war es auch. Er hatte seinen Partner bis zum Kopf eingegraben und sein Gesicht mit einer Creme eingerieben, damit es wie das einer Leiche aussah. Ein anderer marschierte von der Hüfte abwärts nackt herum und hatte ein großes Vorhängeschloß durch die Spitze seines Penis gezogen. Wieder ein anderer hatte sich kopfüber bis zur Hüfte eingraben lassen und versuchte, durch zwei in den Boden gesteckte hohle Bambusrohre zu atmen. Unglücklicherweise hatte er versäumt, sich der Hilfe eines Assistenten zu versichern. Und so bedienten sich die Vorübergehenden großzügig aus seiner Bettlerschale. Auf der anderen Seite des Tempels kam ich an den Naga Sadhus vorbei, die völlig asketisch leben und ihre Privatsphäre geradezu fanatisch verteidigen. Da sie in sämtlichen Kampfsportarten trainiert sind, werden sie mit großem Respekt behandelt. Ihre nackten Körper sind mit Asche eingerieben, ihre Gesichter sind weiß und zinnoberfarben bemalt. Sie verbitten sich jegliche Störung durch Eindringlinge. Schlecht geht es dem, der dämlich genug sein sollte, sie fotografieren zu wollen. Ich schaffte es, mich kurz mit einem von ihnen zu unterhalten. Als selbstauferlegte Buße hatte er sich sechs Jahre lang nicht hingesetzt und entlastete jetzt seine steifen und deformierten Beine, indem er sich auf eine Art von hölzernem Galgen stützte. Er war ziemlich beleidigt, als ich ihm mitteilte, daß ein Elefant König Louis' XIV. sich die letzten zehn Jahre seines Lebens nicht mehr hingelegt und mit seinen Stoßzähnen zwei Löcher in die steinernen Streben gebohrt hatte, auf die er sich stützte. Ich trat einen hastigen Rückzug an.

Es gab die üblichen scheußlichen Anblicke von armen, unglücklichen Krüppeln. Doch einer war grauenvoller und herzzerreißender als alles, was ich jemals gesehen hatte. Es war ein kleiner Junge – oder zumindest das, was von einem kleinen Jungen noch übrig war –, der nur aus einem kleinen Torso mit Kopf bestand, dessen Gesicht von irgendeiner schrecklichen Krankheit verzerrt und verdreht war. Er wurde in einem kleinen Wagen herumgefahren. Darauf hockte ein Papagei, der mit dem Schnabel die Almosen in Empfang nahm.

Als ich wieder in den Haathi Bazaar kam, wurde ich Zeuge von zwei nicht alltäglichen Auseinandersetzungen. Beide waren durch Diebstahl ausgelöst worden und beide waren sehr lustig. Der erste

Vorfall war ein Zusammenprall von zwei mächtigen Elefantenkühen, die nebeneinander angebunden waren. Eine der Damen hatte der anderen ein Bündel Zuckerrohr gestohlen. Diese drehte sich schnell zur Diebin herum, und statt ihren Kopf als Rammbock zu verwenden, versuchte sie auf höchst drollige Weise der anderen den Schwanz abzubeißen. In einer Staubwolke drehten sie sich trompetend und quiekend im Kreis herum und sahen wie verfressene Schulmädchen aus, die einander an den Haaren ziehen. Drei oder vier mit Speeren bewaffnete Mahouts gingen dazwischen und machten der Komödie ein Ende.

Die zweite Auseinandersetzung war zugegebenermaßen ziemlich einseitig, bis sie ungewöhnlich beendet wurde. Ein Dieb war erwischt worden und wurde auf die ortsübliche Art und Weise bestraft. Seine Hände und Füße waren gefesselt worden. Zwei stämmige Männer prügelten mit langen Bambusstöcken auf den Kopf und die Fußsohlen ein, bis, er nur noch ein schreiendes, blutendes Bündel war. Ich stellte fest, daß dieses Spektakel besonders den Frauen gefiel, die dem armen Mann mit großer Begeisterung kräftig mit ihren Füßen in die Rippen stießen. Dabei wirkten die Goldringe an ihren Zehen wie Schlagringe. Der Mann wäre sicher umgebracht worden, wenn nicht ein großgewachsener, bleicher und schwitzender Engländer aufgetaucht wäre. Eine Kamera baumelte um seinen Hals, er trug einen zerknitterten Sonnenhut, und als ich ihn mir genauer ansah, stellte ich fest, daß es ein Freund von mir war, ein Reiseschriftsteller eines Londoner Hochglanzmagazins. Tapfer warf er sich in das Kampfgetümmel, hob die Hände über den Kopf und rief »Bas! Bas!«, die einzigen Worte in Hindi, die er kannte. Als das keine Wirkung zeigte, preßte er heftig die Hände wie zum Gebet zusammen, fiel auf die Knie und schrie »Por favor! Por favor!« Sofort hörte die Züchtigung auf, und die Menge verfiel in Schweigen. Er holte die Polizei, die den blutenden Mann abtransportierte.

Als ich ins Camp zurückkam, waren alle in aufgeregter und begeisterter Stimmung. Taras Preis war von siebzig- auf neunzigtausend Rupien emporgeschossen. Aditya erzählte mir, daß dieses Angebot von einem Mann stammte, der ein unehrliches Gesicht hatte und dem angeblich ein Hotel in Delhi gehörte. Der Mann hatte behauptet, daß seine Elefanten alle gut gepflegt wären und lediglich einmal am Tag die Touristen herumtragen müßten. Unglücklicherweise wäre einer von ihnen von einem Bus angefahren worden.

19 Abgetrieben

Die Prozession, mit der wir in die Stadt Sonepur zogen, um die Statue des Friedenskämpfers zu schmücken, war ausgesprochen eindrucksvoll. Die Direktoren des Shoba-Theaters stellten uns eine Leibwache zur Verfügung, und ich kam mir ungemein wichtig vor. Sie bildeten um uns eine Phalanx und bahnten uns den Weg durch die gaffenden Zuschauer. Aber unsere Begleitung unterschied sich doch von der Gesellschaft, die der Premierminister von Nepal bei seiner Ankunft in Sonepur im Jahr 1871 mitgebracht hatte. Seine Leibwache bestand aus dreihundert Gurkhas und einem ganzen Harem von niedlichen, lebhaften nepalesischen Prinzessinnen.

Da meine Selbsteinschätzung nun über alle Maßen aufgebläht war, erwartete ich ein jubelndes Willkommen als Begrüßung. Statt dessen gab es nur einen wütenden, schwitzenden Polizisten, der vergeblich den Verkehr in den Griff zu bekommen versuchte, da die Autos unkontrolliert um das Monument herumfuhren, und einen Verrückten, der mit Stöcken jonglierte. Einer der Direktoren drückte mir einen Ringelblumenkranz in die Hand. Selbstbewußt kletterte ich über den Zaun, der die Statue umgab, stülpte den Kranz über den Marmorkopf, und mit dem Gefühl, daß ich der Ehre, die mir dadurch zuteil geworden war, irgendwie Ausdruck verleihen müßte, verbeugte ich mich tief. Als ich wieder nach draußen kletterte, ließ der Verrückte seine Stöcke fallen und umarmte mich heftig.

Wieder von unserer Leibwache umgeben, erreichten wir bald das Theater, ein großes Gebäude aus Holz und verrostetem Eisen, das eigentlich wie ein Lagerhaus aussah. Auf der Vorderseite waren geschmacklose Malereien von herumhüpfenden Damen, die sich in verschiedenen Stadien von halb bis ganz ausgezogen befanden. Lärmende Lautsprecher priesen die Vergnügungen der Show der ungeduldig wartenden Menschenmenge an, die von hinten stieß und schob, um näher an den Eingang heranzukommen. Er wurde von vier großen Polizisten bewacht, die lange Bambusstöcke mit Bleispitzen sehr effektvoll einzusetzen wußten.

»Willkommen im Shoba-Theater, Mr. Shand«, rief der Hausherr. »Wie Sie sehen können, ist das Theater sehr berühmt. Wir werden durch den Hintereingang gehen.«

Drinnen ähnelte das Theater einem Flugzeughangar. An einem Ende befand sich, verdeckt durch einen Gazevorhang, die Bühne mit einem Bühnenbild, das Palmen vor einem Sternenhimmel zeigte. Darunter saß, eingezäunt durch dicke Eisengitter, das Orchester in einem Graben und stimmte seine Instrumente in einer Kakophonie von disharmonischen Tönen. Hinter dem Graben waren die teuersten und besten Sitze, die 25 Rupien kosteten. Die Stehplätze, die fünf Rupien pro Person kosteten, waren durch eine Barriere aus dreifachem Stacheldraht abgetrennt. Das Theater gab täglich drei Shows und bot Platz für 18000 Menschen.

Wir saßen hinter den Kulissen und tranken Tee und aßen Kuchen. Aditya und ich wurden den Künstlern vorgestellt – dick geschminkten, plumpen Damen in glitzernden Kleidern, deren Partner in hautenge Trikots gequetscht waren, die bestickt waren wie Anzüge von Stierkämpfern.

Plötzlich erbebte das Gebäude. Die Tore waren geöffnet worden und die Menschenmassen drängten herein.

Hinter dem Vorhang war unter einem langen roten Band eine Reihe von Stühlen für uns aufgestellt worden. Als wir Platz nahmen, wurden wir von einer Anzahl Bogenlampen geblendet. Ich war schrecklich unsicher und aufgeregt. Schweiß lief mir den Rücken herab. Der Star der Show, Miss Shoba, bei deren Auftreten die Menge begeistert losbrüllte, segnete uns und legte uns Kränze um den Hals. Dann folgten lange Ansprachen. Der Zeremonienmeister trug einen eleganten, marineblauen Blazer mit glänzenden Goldknöpfen und weiße Bell-Bottom-Hosen. Er begrüßte mich als »den berühmten englischen Mahout« und gab eine längere Aufzählung meiner Abenteuer zum besten. Die Menge wurde sofort unruhig und wartete nur darauf, daß endlich die Show anfing. Die Band fing zu spielen an, der Gazevorhang hob sich, und mir wurde eine Schere in die Hand gedrückt. Ich stand auf, durchschnitt das Band und stammelte ein paar passende Worte, die Aditya für mich übersetzte. Miss Shoba erschien wieder und führte mich unter magerem Applaus von der Bühne hinunter. Ich wollte sofort wieder gehen, um bei Tara zu sein, aber Aditya beharrte darauf, daß das unhöflich sein würde. Wir mußten wenigstens einen Akt über uns ergehen lassen.

Ich war froh, daß wir blieben. Ein verführerisches Mädchen in einem schwarzen, durchsichtigen Sari brachte das Publikum zum Kochen. Die Ursprünge der Tanzmädchen gehen bis zu den Gandharva-Frauen zurück, die für ihre Schönheit, ihren wunderbaren Tanz und ihren Gesang berühmt waren. Früher, als der Markt ein Treffpunkt für Rajas, Zamindars, Großgrundbesitzer und Geschäftsleute war, ging es den Mädchen sehr gut. Honorare von 500 bis 1000 Rupien für ein paar Tänze waren üblich. Viele Tanzmädchen bekamen für ganz persönliche Darbietungen sogar mehrere Lakhs von Rupien.

Die verführerische Tänzerin des Shoba-Theaters wogte mit schwingenden Hüften über die Bühne und sang eine Ballade mit offensichtlich erotischem Inhalt. Sie sang von ihrem Liebhaber, mit dem sie im Bett war, und beklagte sich, daß er keine Liebe mit ihr machen würde. Aditya übersetzte: »Warum kommst du nicht zu mir, mein Liebling? Meine Brüste sind jung und fest.«

Die Menge hinter uns stöhnte auf. »Meine Schenkel sind so zart wie Seide, mein Paradiesgärtlein ist grün und jung und bereit, bewässert zu werden.« Das machte die Menge fertig. Als ich mich umdrehte, sah ich, wie sich der Stacheldraht nach außen wölbte, als sich die Menge, voller Gier, die Sängerin zu erreichen, dagegenpreßte. Dabei hagelte es harte Schläge von Polizeistöcken auf ihre ungeschützten Köpfe herab.

Erleichtert war ich, als ich wieder in den relativen Frieden des Haathi Bazaar zurückkam. Rauchsäulen stiegen zwischen den Blättern der Mangobäume von den Feuern der Mahouts auf. Sie hockten darum herum, die lebhaften Gesichter vom Feuerschein gerötet, und tauschten Geschichten und Geheimnisse ihrer alten Kunst aus. Um unser Lager zu erreichen, mußten wir uns vorsichtig den Weg über einen Teppich aus schlafenden Körpern suchen. Und unter den Kanats ragten Arme und Füße heraus.

Ich löste Gokul ab und übernahm die nächste Wache. Tara benahm sich immer noch nicht so wie früher. Da war irgend etwas, sie strahlte eine Unruhe aus, die sich sofort auf mich übertrug. Tief in meinem Bauch hatte ich dieses unangenehme Gefühl, das drohendem Ärger vorangeht. Sie schien mir etwas mitteilen zu wollen. Als ich sie mit Zuckerrohr füttern wollte, packte sie plötzlich meinen Arm und steckte ihn sich ins Maul. Dann zog sie mich noch enger zu sich, und wir blieben aneinandergelehnt stehen, wie ein Liebespaar in einer langen Umarmung. Schließlich gab sie mich frei und legte sich hin.

Überall im Baumgarten, in der Nachtluft, die dunstig war vom Rauch der Feuer, lagen schlafende Elefanten. Ab und zu wurde einer von ihnen durch irgend etwas aufgestört. Dann erhob er sich lautlos wie ein riesiger Geist und ließ sich schließlich wieder nieder, wenn sich herausstellte, daß alles in Ordnung war. Umgeben von sechshundert Tonnen dieser gewaltigen Tiere, eingelullt von ihrem Schnarchen, das wie ein Krankenzimmer voller asthmatischer alter Männer klang, fühlte ich zum ersten Mal so etwas wie Verletzlichkeit. Ich hatte noch niemals darüber nachgedacht, aber als ich meine Reise in Gedanken Revue passieren ließ, wurde mir klar, wieviel ich als selbstverständlich angenommen hatte. Zu jedem Zeitpunkt hätte Tara mich töten können. Oder auch irgendeinen anderen von uns. So einfach, wie man eine Fliege erschlägt. Jetzt war mir klar, daß sie sich immer in Kontrolle gehabt hatte. Mein Schicksal war in ihren Händen gelegen. Diese Überlegung nötigte mir wieder Respekt für sie ab.

Am Tag vor Kartik Purnima brachten wir Tara zum Baden an den Gandak hinunter. Wir kamen am Lager der Sadhus vorbei. Der Eingang wurde von zwei wilden Kreaturen bewacht, die Dreizacke trugen. Innen drinnen waren die Sadhus mit Kochen beschäftigt, sie rührten große Fässer voller Stew, die für das Fest am nächsten Tag fertig sein mußten. Zwischen ihren dunklen Gesichtern fiel mir eine alte, bleiche Frau mit langem grauem Haar auf, die einen Sari trug und ruhig im hinteren Teil des Zeltes saß. Zuerst dachte ich, sie wäre ein Albino, aber als ich sie mir näher betrachtete, sah ich, daß sie eine Weiße war, eine Firinghee, und ich winkte ihr fröhlich zu.

Es kam keine Antwort. Sie saß starr wie ein Stein da und starrte vor sich hin. Später erfuhr ich, daß sie taub, stumm und blind war. Sie war vor 50 Jahren von dieser Sekte aufgenommen worden, die sich seither um sie gekümmert hatte.

Als wir geduldig mit den anderen Elefanten auf einen Platz im Fluß warteten, brach zwischen einem großen Bullen und einer Kuh, die nebeneinander badeten, ein Kampf aus. Der Bulle warf seinen Mahout, der ihn gerade wusch, ab, rollte sich auf die Füße und ging auf die Kuh los, die gerade von ihrem Mahout aus dem Wasser geritten wurde. Obwohl seine Stoßzähne abgeschliffen waren (wie es das Gesetz vorschreibt), rissen sie eine tiefe Wunde in ihre Flanke. Sie stürzte quiekend zu Boden, Blut tropfte aus der Wunde, und begrub ihren Mahout unter sich. Der Bulle griff abermals an, vergrößerte die Wunde und drehte sich dann um, als wollte er zum Ufer hinauflaufen. Tara und die anderen Elefanten stoben angstvoll auseinander. Sofort eilten Mahouts in den Fluß. Sie stellten sich um den Bullen herum auf, stachen ihm mit ihren Speeren gnadenlos in Beine, Flanken und Rüssel, trieben ihn damit ins Wasser zurück und schafften es schließlich, ihn an den Hinter- und Vorderbeinen anzuketten. Dann wurde er weggeführt. Die arme Elefantenkuh kam schwer verletzt wieder auf die Beine, Blut strömte ihr die Flanke hinunter. Unter ihr tauchte, wie durch ein Wunder unverletzt, ihr Mahout auf.

Verstört durch diesen Zwischenfall hatten wir vergessen, Taras Vorderbeine zusammenzuketten. Als sie ins Wasser platschte, entkam sie mir und schwamm ungefähr 20 Meter hinaus. Dann fing sie an, ihre Delphin-Show vorzuführen, und tauchte auf und wieder unter, ehe sie sich für ein paar Sekunden zum Schwimmen auf den Rücken legte, wie eine alte Lady in einem Schwimmbad. Indrajit und ich versuchten, Tara zu packen, konnten sie jedoch nicht erreichen. Die Strömung war viel zu stark, und wir kämpften uns zum Ufer zurück. Hilflos mußten wir zusehen, wie sie abgetrieben wurde. Wenn wir ihr nicht irgendwie den Weg abschneiden konnten, würde sie vermutlich ertrinken.

Bhim und Gokul rannten zum Lager zurück. Aditya trommelte sofort eine Anzahl Mahouts zusammen, die von einem großen, unangenehmen Menschen mit einer Narbe im Gesicht angeführt wurde. Ehe er noch einen Finger rührte, verlangte er eine Gebühr von 600 Rupien. Alle hielten das für eine ungeheuerliche Summe, aber ich hätte freudig jede Summe bezahlt, um Tara zurückzubekommen. Zwei Boote wurden organisiert. In zwei Gruppen aufgeteilt ruderten wir die Boote aus dem seichten Wasser und wurden sofort von der Strömung mitgerissen.

Am Ufer rannten aufgeregt Menschen auf und ab, die auf keinen Fall etwas von der Rettungsaktion verpassen wollten. Wir erreichten Tara einen Kilometer den Fluß weiter abwärts, wo sie verzweifelt im Wasser strampelte, weil sie von einem starken Strudel ständig herumgewirbelt wurde. Ich sprang, gefolgt von zwei Mahouts, aus dem Boot ins Wasser. Innerhalb von einer Sekunde wurden wir zurückgeworfen und schafften es gerade noch, uns an unserem Boot festzuhalten. Voller Panik taumelte Tara auf das Ufer zu und schaffte es, sich selbst aus der Strömung zu befreien.

Dann saß sie blasend im seichten Wasser. Aus dem anderen Boot sprang ein Mahout ins Wasser. Leise und beruhigend vor sich hin summend näherte er sich ihr vorsichtig und klopfte ihr zur Beruhigung auf den Hintern. Dann stieg er ihren Rücken hinauf und setzte sich rittlings auf sie. Sie schreckte hoch und versuchte, ihn durch Kopfschütteln und Herumrollen abzuwerfen. Aber er klebte wie ein Rodeo-Champion auf ihr und lenkte sie zum Ufer.

Es war derselbe Mann, der Tara bemalt hatte. Als ich ihm dankte, erklärte er mir grinsend, daß »die Kleine« nur gespielt hätte, und daß er später wiederkommen würde, um sie noch einmal zu bemalen, da der größte Teil seiner Malerei im Fluß abgewaschen worden war. Ich ritt auf ihr zum Lager zurück, gefolgt von einer Phalanx aus Mahouts mit erhobenen Speeren. Wieder hatte ich dieses unangenehme eiskalte Gefühl im meinem Bauch. Ich war davon überzeugt, daß sie dieses Mal nicht gespielt hatte. Es war, als hätte sie ein schlechtes Omen gespürt und den verzweifelten Versuch unternommen, ihrem Schicksal zu entkommen.

20 Wie man Elefanten verkauft

Schließlich war Kartik Purnima. Von drei Uhr morgens an wogte ein unaufhörlicher Strom von Menschen an unserem Lager vorbei und manchmal auch mittendurch. Sie waren auf dem Weg zu den Stufen zum Wasser, um das traditionelle Bad zu nehmen. Am östlichen Horizont zeigte sich ein rötlicher Streifen. Als es heller wurde, konnte ich erkennen, daß es schwierig gewesen wäre, zwischen diese kompakte Menschenmasse, die sich von unserem Camp zum Fluß hinunter erstreckte, auch nur einen einzigen Stock zu stecken.

Ich war tief beeindruckt von der Ordnung, mit der die Vorbereitungen abliefen. Auch hier gab es kein Drängeln, kein Schieben oder Schubsen. Wenn einer Mutter ihr Kind aus dem Arm fiel – und das passierte häufig –, zog sich die Menge sofort wie eine Welle zurück und öffnete eine kleine Lücke, damit sie es wieder aufheben konnte. Bei Sonnenaufgang marschierten ganze Legionen von verschiedenen Sadhu-Sekten zum Fluß. Ihre »heiligen Männer« trugen sie auf blumengeschmückten Sänften und kündigten deren Kommen mit Trompetenfanfaren an. Die ersten Elefanten fingen an, zum Wasser zu schlendern, und wieder öffnete sich die Menge auf geheimnisvolle Weise und ließ sie durch. Da ich davon überzeugt war, daß Tara wieder einen Fluchtversuch machen würde, wartete ich, bis die meisten Leute wieder weggegangen waren, ehe ich sie zum rituellen Bad hinunterführte.

Während unserer Wartezeit wurden wir von einer Transvestitengruppe unterhalten, deren Auftritt unverschämt zweideutig war. Einer von ihnen war völlig außer Rand und Band. Er trug eine schwarze Perücke und eine goldbestickte Stammestracht. Wenn er seine Pirouetten drehte, waren darunter seine langen, schwarzen und haarigen Beine zu sehen. Er zwinkerte ständig und blies unentwegt Küsse in die Luft. Seine Lippen waren dick geschminkt, was aber kaum seinen dicken Schnurrbart kaschierte. Don hielt diesen Anblick für außergewöhnlich, deshalb fotografierte er. Der Transvestit hielt dieses berufliche Interesse für eine Art Liebeserklärung, und jedesmal, wenn Don das Lager verließ, mußte er sich etwas einfallen lassen, um seinen eindeutigen Angeboten zu entgehen.

Am frühen Nachmittag wurden unten am Fluß Vorkehrungen für die Verbrennung einer alten Frau getroffen. Ihr Körper lag auf einer Bambustrage, eingehüllt in einfaches weißes Leinen, bedeckt mit Ringelblumen und Rosenblüten. Um ihren Hals war ein blutroter Seidengumcha geschlungen, auf ihrem Gesicht lag ein gelassener Ausdruck. Als die Sonnenstrahlen auf ihr Antlitz fielen und ihre stillen Züge beleuchteten, schien sie fast zu lächeln. Die Trage wurde dann hochgehoben und auf einen Scheiterhaufen gelegt. Ehe »der Dom« – der Leichenbestatter – den Haufen anzündete, trat ein kleiner Junge, ihr Enkelsohn, vor und legte eine einzelne rote Rose in ihre knorrigen verschränkten Hände. Das Feuer loderte mit einer gelben Flamme auf, und eine dicke schwarze Rauchwolke kringelte sich langsam aufwärts, die für einen Augenblick die Sonne verdunkelte. Die Familie sammelte ihre Asche ein und verstreute sie auf der glatten Wasseroberfläche des Gandak, damit er ihre Überreste in den heiligen Ganges trug.

Wir badeten Tara am Nachmittag. Der Großteil der Menschenmenge war zu diesem Zeitpunkt bereits verschwunden, aber es war immer noch ziemlich voll. Elefanten und Gläubige badeten völlig friedlich Seite an Seite in einem Teppich aus lauter Geschenken und Rosenblüten. Ich fühlte mich müde und seltsam deprimiert und konnte mich nicht dazu aufraffen, Tara abzuschrubben. Als sie so im Wasser lag, stand ich neben ihr und streichelte nachdenklich ihren Rüssel. Vielleicht lag es daran, daß mir klar wurde, daß ich sie nicht mehr oft baden würde, oder vielleicht weil ich wußte, daß ich in meiner Rolle als ihr Beschützer versagt hatte. Als ich mit ihr zum Lager ritt, bewegten wir uns durch einen Tunnel aus sanft wehenden Saris in Gelb, Rot, Safran, Zinnober und Grün. Die Frauen hatten sie zum Trocknen in die Bäume gehängt, aber nicht einmal diese Farbenpracht konnte meine trübsinnige Stimmung heben.

Kartik Purnima war der Tag, an dem der Elefantenhandel ernst wurde. Gruppen mächtiger Zamindars, die »Jawahar Jackets« – grobe, handgewebte Seidenwesten – und Dhotis trugen, warteten bereits auf mich. Jeder von ihnen war von einer bewaffneten Leibwache mit altertümlichen Gewehren umgeben. Wie mexikanische Banditen trugen sie gefüllte Patronengurte. Einer von ihnen bot ein Lakh und sagte, das wäre der höchste Preis, den er jemals für eine Elefantenkuh bezahlt hätte. Er informierte uns, daß er gerade seinen eigenen Elefanten für 75 000 Rupien verkauft hatte und daß dieses Tier zweifellos der beste Elefant auf dem ganzen Markt gewesen war. Er versicherte uns, daß er seine Elefanten nur aus Prestigegründen halten würde. Schließlich war er ein reicher Mann. Warum sollte er sie also verleihen? Ein anderer Zamindar bot uns ein Lakh und 5000 Rupien an und flüsterte aufdringlich etwas in Adityas Ohr und versuchte, ihn zu bestechen. Doch sie zogen alle unverrichteter Dinge wieder ab. Eine dieser Gruppen blieb am nächsten Lagerplatz stehen, um mit dem Besitzer des verletzten Elefanten zu reden. Er hörte ihnen zu und nickte dann zustimmend in meine Richtung.

»Was ist mit ihm?« fragte ich Aditya.

»Er hat es irgendwie geschafft, seinen Elefanten für 40 000 Rupien zu verkaufen. Er hat mich ständig bedrängt, Tara auch zu verkaufen. Er fungiert für diesen Zamindar als Mittelsmann auf Kommissionsbasis. Wir müssen aufpassen. Ich traue ihm nicht. Ich habe unseren Freund, den Besitzer des Bullen, gebeten, die Ohren aufzusperren. Wenn wir Ärger bekommen sollten, wird er sofort herüberkommen.«

Weiter unten im Baumgarten beobachtete ich, wie ein Handel auf traditionelle Art gemacht wurde. Käufer und Verkäufer saßen nebeneinander, die Hände unter einer Decke verborgen. Die einzelnen Glieder der Finger repräsentieren verschiedene Geldsummen. Der Käufer preßt zwei Glieder des Zeigefingers der rechten Hand, die zum Beispiel 5000 Rupien bedeuten. Der Verkäufer drückt die gleichen, preßt aber auch das erste Glied des Mittelfingers des Käufers, womit sich der Preis auf meinetwegen 5500 Rupien erhöht, und so weiter. Der Handel wurde fast umgehend abgeschlossen. Die Männer standen grinsend auf und schlugen ihre Hände aneinander. Das Tolle bei dieser Sache ist die Geheimhaltung und die Einfachheit. Der Verkäufer kann ruhig weit unter seinem geforderten Preis verkaufen, aber das wissen dann nur er und der Käufer.

Später fuhr Aditya Don nach Patna, da er am nächsten Tag über Delhi nach London fliegen wollte. Ich war plötzlich allein. Die Mela schien mir die Luft abzuschnüren, und mich überfiel ein unsägliches Gefühl von Fremdheit. Ich kroch in mein Zelt hinein. Ich saß ruhig da, als ein paar Augenblicke später Indrajit mit ängstlichem Gesichtsausdruck seinen Kopf durch den Eingang streckte. Ich bemerkte, daß er einen Speer trug.

»Komm schnell«, sagte er, »Leute machen Ärger mit Tara. Bringen Ankush.«

Ich stürzte hinaus. Tara, Bhim und Gokul waren von einer großen Gruppe angsteinflößender Raufbolde umgeben. Angeführt wurden sie von dem narbengesichtigen Mann, der Taras Rettung organisiert hatte. Einer der Raufbolde trug ein Messer. Ich bemerkte, wie er sich unauffällig hinter sie in Richtung auf das Seil zuschob, mit dem ihre Hinterbeine zusammengebunden waren. Das Narbengesicht starrte mich unverschämt an und deutete auf Tara, dann auf sich, als ob er mir damit sagten wollte, daß er sie mitnehmen würde. Mir war klar, daß sie von einem der Zamindars angeheuert worden waren. Sie hatten gewartet, bis Aditya, dessen Anwesenheit uns eine gewisse Autorität verlieh, die Mela verlassen hatte. Dadurch war ich so gut wie hilflos, da ich die Landessprache nicht beherrschte.

Da die anderen in der Überzahl waren, blickte ich hilfesuchend zum Lager unseres Freundes mit dem Bullen, aber voller Entsetzen stellte ich fest, daß auch er nicht da war. Die einzige Alternative schien ein kräftiger Bluff zu sein. Ich wollte dem Narbengesicht eigentlich um den Bart gehen, aber ganz plötzlich überkam mich eine heftige, unkontrollierbare Wut. Jetzt war mir alles egal. Mir reichte es. Die Belastung war zu groß geworden. Ich ging mit dem Ankush auf ihn los und schubste ihn rückwärts.

»Hör zu, du Scheißkopf«, zischte ich. »Niemand nimmt mir meinen Elefanten weg. Nur über meine Leiche. Wenn ich dich noch einmal in der Nähe meines Elefanten erwische, bring ich dich um.«

Er hatte zwar keine Ahnung, was ich sagte, aber er verstand meinen Tonfall. Ich muß wie einer der Naga Sadhus ausgesehen haben – nur mit einem Lunghi bekleidet, mit verfilztem, wirrem Haar und einem haßverzerrten Mund. Wir starrten uns einen Moment lang Auge in Auge an. Dann stieß er ein gezwungenes Lachen aus, um vor seinen Komplizen sein Gesicht nicht zu verlieren, drehte sich um und ging weg. Plötzlich blieb er stehen und rief mir etwas zu.

»Was hat er gesagt?« fragte ich, immer noch vor Wut zitternd, Indrajit.

»Fetter Mann warnen dich. Er kommen zurück später.«

Es war bereits Mitternacht, als ich das Geräusch des Minibusses hörte. Ich zog Aditya ins Zelt.

»Weißt du, was passiert ist, als du weg warst?« zischte ich ihn durch zusammengebissene Zähne an. »Wir sind von diesen Bastarden überfallen worden. Sie sagten, sie würden später zurückkommen. Wir müssen zur Polizei gehen.«

»Das werden wir als erstes morgen früh machen«, sagte Aditya. »Aber jetzt müssen wir etwas schlafen.«

Zuerst konnte ich nicht schlafen. Ich saß im Zelteingang. Tara schob ihren Rüssel über den Rand des Kanats und sah mich mit traurigen Augen an.

Die Polizeistation befand sich im Englischen Bazaar. Aditya hatte eine Empfehlung für den Superintendenten der Polizei. Wie sich erstaunlicherweise herausstellte, war es eine Frau. Soweit ich wußte, gab es in ganz Indien nur drei Frauen in dieser hohen Position. Als wir die Polizeistation erreichten, die direkt gegenüber dem Schweinemarkt lag, war ich immer noch stinkwütend. Ich stellte mir vor, wie ich gleich mit einer maskulinen, humorlosen, dominierenden Lady verhandeln würde. Diese Charakteristika waren mir, einem Engländer, aus den höchsten Gefilden unserer Regierung nur allzu gut bekannt. Wir gingen einen roten Kiesweg hinauf, zu dessen Seiten sich ein weitläufiger Rasen, eingesäumt von ordentlichen Blumenbeeten, erstreckte. Es war, als würde man eine andere Welt betreten. Sobald wir in die großzügige Zelt-Oase eintraten, waren der Gestank, der Lärm und das Durcheinander der Mela verschwunden. Da waren hübsche, braungestreifte Zelte aufgestellt, an deren Eingängen Moskitonetze wehten. In den Bäumen spielten Schmetterlinge und Vögel, und die Luft war mit der Geräusch von summenden Bienen erfüllt.

Von einem freundlichen Sergeant mit auf Hochglanz polierten braunen Stiefeln wurden wir in die Kühle des größten Zeltes gebeten. Der Boden war mit einem sauberen weißen Leintuch ausgelegt, und ich stöhnte auf, als ich eine Spur schmutziger Fußabdrücke hinterließ. Wir nahmen auf einem bequemen Veloursofa Platz. Minuten später wurde uns aus einer silbernen Kanne heißer Kaffee serviert, und ich nahm mir aus einer Dose auf dem polierten Teakholztisch eine Zigarette.

»Memsahib wird sofort zu Ihnen kommen«, kündigte der Sergeant an und salutierte elegant.

Als ich in den Garten hinausblickte, überkam mich ein seltsam heimatliches Gefühl. Bis zur Unabhängigkeit war dieses ganze Gebiet der Englische Bazaar genannt worden. Ich fand mich hin und her gerissen zwischen zwei Welten: dem wirklichen Indien der Mela – und dem hier, wo ich meine westliche Erziehung genoß und mich wohl fühlte. Als der Superintendent der Polizei eintrat, legte ich sofort automatisch die Manieren eines Gastes bei einem englischen Wochenende auf dem Lande an den Tag und sprang höflich auf.

Aber ich hätte gar nichts anderes machen können, denn die Lady war so ganz anders als alle Polizeioffiziere, die ich jemals getroffen hatte.

»Es tut mir so leid, daß Sie warten mußten. Ich bin Kumud Choudhury. Nehmen Sie doch bitte Platz.« Sie hob ihre Hand und fuhr sich durch eine dicke Mähne frisch gewaschener Haare. »Dieser verdammte Staub ist überall«, klagte sie. »Ich muß mein Haar mindestens zweimal am Tag waschen. Wie, um alles in der Welt, haben Sie das überlebt? Wenn Sie ein Bad nehmen wollen, können Sie dazu jederzeit hierherkommen.«

Aditya erklärte unsere Situation. Sie läutete eine Glocke. Sofort erschienen zwei Offiziere und salutierten. Mit ruhiger Autorität ordnete sie an, daß man uns zum Haathi Bazaar zurückbringen und sich mit dem Problem beschäftigen solle. Sie bot uns sogar an, uns einen Polizisten zur Bewachung unseres Lagers zu überlassen, und fügte hinzu, daß sie, wenn es ihre Zeit erlauben würde, kommen würde, um Tara kennenzulernen.

»Es tut mir leid, daß ich Ihren Boden beschmutzt habe«, sagte ich, als ich in ihren grünen Suzuki-Jeep stieg, an dem ein hübsches Fähnchen flatterte.

»Machen Sie sich darüber keine Gedanken«, antwortete sie lachend. »Wir legen jeden Tag ein neues Tuch auf. Aber sind Sie sicher, daß Sie nicht baden wollen? Abgesehen von Ihrem Akzent würde ich nicht sagen können, ob sie ein Inder oder ein Ausländer sind.«

»Das ist mein Problem«, erwiderte ich. Wir bedankten uns noch einmal und fuhren weg.

21 Gottes Wille

Früher war die Sonepur Mela für die Europäer eine Gelegenheit gewesen, sich zu sportlichen und sozialen Veranstaltungen zu treffen. Wo wir jetzt entlangfuhren, hatten früher Pferderennen, Polospiele, Gymkhanas*, Kricketmatches und prunkvolle Bälle stattgefunden.

Als wir an den Camps vorbeifuhren, drosselten wir unsere Geschwindigkeit, damit die Zamindars genau sehen konnten, daß wir jetzt unter Polizeischutz waren. Als ich den beschwörenden Geruch des Elefanten-Camps einatmete, stürzte die Realität der Situation wieder auf mich herein, und ich war abermals hin und her gerissen. Als wir in unserem Zelt saßen, fragte ich Aditya hilflos: »Was sollen wir denn jetzt machen?«

»Ich fürchte, du mußt sie jetzt wirklich verkaufen, Mark«, sagte er ruhig. »Und du mußt hier einen Käufer finden.«

»Nein!« schrie ich. »Ich kann sie nicht verkaufen ...«

»Du hast keine andere Wahl. Was willst du denn mit ihr anfangen? Sie mit nach England nehmen? Der Kauf und Verkauf hier ist fast abgeschlossen. Weil die Qualität der Elefanten ziemlich schlecht war, sind nur ein paar verkauft worden. Als ich vergangene Nacht zurückgefahren bin, zogen die ersten Elefanten schon ab. Sei also bitte vernünftig. Ich weiß, ich klinge brutal, aber schließlich ist sie doch nur ein Elefant.«

»Sie ist viel mehr als das«, brüllte ich ärgerlich. »Wie kannst du das nur sagen, nach allem, was wir zusammen durchgemacht haben!«

»Du hast eine außergewöhnliche Reise durchgeführt, Mark. Du bist ein Mahout geworden. Die Boys fühlen, daß du einer von ihnen bist, und betrachten dich als Bruder. Aber jetzt tritt deine westliche Seite zutage. Du bist zu gefühlsbetont. Indien ist ein hartes Land. Die Menschen hier müssen überleben. Das Leben muß weitergehen.

* Gymkhana: Geschicklichkeitswettbewerb

Wenn du es nicht ertragen kannst, dann laß mich den Verkauf durchführen.«

Ich konnte es wirklich nicht ertragen. Als ich so verzweifelt im Zelt saß, konnte ich draußen die Zamindars wütend einander überbieten hören. Sie waren mit Verstärkung zurückgekommen. Ich hielt mir die Ohren zu. Ich wollte nichts wissen, und als mir die Angst und die Panik den Magen umdrehte, mußte ich mich fast übergeben. Ich ließ den Verschluß des Eingangs herunter, um die Farben der Menschenmenge und auch Tara auszusperren. Wind war aufgekommen und blies Staub in jeden Winkel und jede Ecke des Zeltes. Verzagt saß ich da und ertappte mich dabei, wie ich ihren Namen in den Staub auf meinem Kissen schrieb.

Aditya steckte den Kopf ins Zelt herein. »Der beste Preis, den wir bekommen können, ist ein Lakh und 15 000 Rupien«, sagte er müde. »Der vermutliche Käufer hat mir sein Wort gegeben, daß er Tara nur aus Prestigegründen und als Glücksbringer haben will. Sie wird nicht einmal bei Hochzeiten verwendet werden. Er hat mir seine Adresse gegeben, und du kannst sie jederzeit besuchen.«

»Probier's doch noch ein bißchen länger«, bat ich ihn und versuchte Zeit herauszuschinden. Er zuckte mit den Achseln und verschwand. Ich betete inbrünstig um eine Gnadenfrist und glaubte schon zu träumen, als ich eine sehr englische Stimme meinen Namen rufen hörte. Ich stürzte hinaus und stand wie vom Blitz getroffen vor zwei englischen Frauen, die alte Freunde von mir waren. Wir starrten einander überrascht an.

»Anne! Belinda!« rief ich. »Was um alles in der Welt macht ihr hier?«

»Diese Frage könnte ich dir auch stellen, Mark«, erwiderte Anne und betrachtete belustigt meinen Aufzug. »Wir sind gekommen, um einen Elefanten zu kaufen – was denn sonst? Bob will einen haben.« Bob ist Annes Ehemann, Belinda ihre Tochter.

»Warum will er denn einen Elefanten haben? Was ist denn mit seinem Golfplatz?« Ich stellte mir Tara vor, wie sie zu diesen unberührten Rasenflächen wanderte und über die gepflegten Spielflächen tobte. »Und was ist mit euren Pferden? Sie werden verrückt werden.«

»Nein, nein«, rief sie entrüstet aus. »Doch nicht für den Tolleygunge Club. Für Kipling – unser Dschungelcamp in der Pufferzone des Kanha National Parks in Madhya Pradesh. Bob will einen Elefanten, damit die Gäste darauf reiten können.«

»Bob will einen Elefanten«, plapperte ich nach.

»Geht's dir gut, Mark?« fragte Anne und blickte mich neugierig an. »Du bist doch nicht taub geworden, oder? Ja, einen Elefanten.«

»Nun«, hörte ich mich wie durch dicke Watte sagen, »ich habe einen Elefanten. Ihr könnt ihn haben. Ich schenke ihn euch. Sie ist übrigens der beste Elefant der Welt.«

»Du hast einen Elefanten? Ich kann es nicht glauben. Was um alles in der Welt machst du mit einem Elefanten?«

Ich erzählte ihr kurz von unserer Reise. »Kommt und seht selbst. Sie ist eine Prinzessin.« Um Tara stand immer noch eine Gruppe von Zamindars und inspizierte sie sorgfältig.

»Tara«, sagte ich. »Bowl, bowl.«

Als ob sie meine Fröhlichkeit gespürt hätte, schlug sie ihre kleinen braunen Augen auf und ließ ein langes, schrilles Trompeten hören. Ich umarmte sie heftig, und sie schlang ihren Rüssel zärtlich um mich.

Anne und Belinda brauchten nur fünf Minuten, um sich zu entscheiden.

»Sie ist wunderschön«, sagte Anne unentwegt. »Sie ist so hübsch und sie hat so schöne freundliche Augen. Bist du dir sicher, Mark? Ich meine, das ist eigentlich kein durchschnittliches Geschenk. Natürlich wird sie immer dir gehören.«

»Abgemacht«, erwiderte ich. »Sie wird bei euch glücklich sein und schrecklich verwöhnt werden. Ihr könnt euch gar nicht vorstellen, wie herrlich das ist. Ich kann euch gar nicht sagen, wie erleichtert ich bin.«

Die Zamindars waren bestürzt zu hören, daß Tara nicht mehr zum Verkauf stand. Sie wurden aggressiv, und Aditya mußte wieder die Polizei holen.

»Ich glaube, du solltest sie so schnell wie möglich fortschaffen«, riet mir Aditya. »Ich werde mich um einen Lastwagen kümmern, und du wirst einen neuen Mahout finden. Unglücklicherweise muß Bhim zu seinem Job nach Bhubaneshwar zurück.«

Eine Elefanten-Mela ist voller Mahouts, die nach Arbeit suchen, aber zuerst fragten wir Gokul. Er dachte darüber nach, lehnte dann aber ab. Die Veränderung war für ihn zu radikal, und er mußte auch an seine Familie denken. Der Mann, dem der Bulle gehörte, bot seine Hilfe an und stellte uns vier Kandidaten vor. Inzwischen konnte ich einen Mahout sofort erkennen: an seiner Haltung – gerade und stolz – und an seinem Körperbau – sehnig, leicht und O-beinig. Aber um einen guten Mahout zu erkennen, braucht man einen angeborenen Instinkt, ein Wissen, das man nur durch lebenslange Erfahrung erwirbt. Ich wandte mich an Bhim.

»Mahouts reiten«, sagte er. »Mummy wählen.«

Jeder von ihnen ritt auf Tara, jeder hatte einen anderen Stil und auch die Kommandos unterschieden sich, aber alle waren offensichtlich Könner.

»Nun?« fragte ich.

»Er«, gab Bhim ohne zu zögern zur Antwort und deutete auf einen Mann in mittlerem Alter und mit freundlichen Augen, einen Muslim namens Mujeem.

»Warum er?« fragte ich fasziniert. Wir waren alle fasziniert.

»Wenn Mahout aufhört reiten, Mummy küssen. Andere Mummy nicht küssen. Und ist Mussalman«, setzte er mit einem Grinsen hinzu. »Nicht trinken wie Bhim.«

Es wurde alles arrangiert. Der Laster würde früh am nächsten Morgen kommen, und Indrajit hatte sich freiwillig bereit erklärt, Tara nach Kipling zu begleiten. Aditya und ich würden in ein paar Tagen nachkommen, um Bob zu treffen. Ich verabschiedete mich von Anne und Belinda, die nach Kalkutta zurückfahren mußten.

»Wie können wir dir nur jemals danken«, sagte Anne. »Bob wird vollkommen außer sich sein.«

»Ich muß euch danken. Ich weiß, daß sie in guten Händen sein wird – bei Freunden. Seht sie euch nur an«, sagte ich glücklich. »Es ist, als ob sie es schon wüßte.« Tara stampfte ungeduldig mit den Füßen und befahl Bhim mit einem drängenden Winken ihres Rüssels, ihr mehr Zuckerrohr zu bringen.

»Was soll man nur dazu sagen!« rief ich Aditya begeistert zu. »Welches Glück! Darauf müssen wir alle richtig einen heben!«

Erschöpft von den Belastungen der Verhandlungen saßen wir um ein kleines Feuer und dachten über den Tag nach.

»Paß auf, Aditya. Ich werde dir ein berühmtes Trinklied aus der Zeit beibringen, in der wir Engländer die Sonepur Mela abhielten.«

Aditya seufzte: »Oh Gott. Nicht noch ein albernes englisches ...«

»Nein, du Idiot«, unterbrach ich ihn. »Dieses wurde von Mr. Hodgson geschrieben, einem sehr gut aussehenden Mann, der übrigens mit dem Eheweib eines indischen Armeeoffiziers durchbrannte. Er machte auch Hodgson-Bier, das auf dem Englischen Bazaar nur als »selten guter Scharfer« bekannt war.«

Ich erhob meine Stimme und sang im Stil des Militärs:

> Wer hat noch nicht probiert Hodgsons bleiches Bier
> mit seinem Geschmack nach allerbestem Hopfen
> es schwemmt die Traurigkeit und auch die Furcht von dir
> und bringt ein glückliches Gefühl mit jedem Tropfen.
>
> Trinkt es am Morgen, gerade aus dem Bett gekommen
> noch unrasiert und ungekämmt beim Frühstück
> hebt den schaumgekrönten Humpen voller Wonne
> schluckt das Hodgson und habt statt Sorgen Glück
> Oder trinkt es zum Tiffin*, wenn ihr durstig seid und warm
> sagt dem Khidmutgar nur »Bring mir ein Bier«
>
> und zu bald fühlt ihr dann seinen magischen Charme
> und wie gut schmecken die Speisen dann dir
>
> oder trinkt es abends, von eurem Ausritt zurück
> müde und erschöpft sitzt ihr da, seid ganz allein
> ihr fordert nur Hodgson und weist alles zurück
> den besten, den teuersten, den seltensten Wein
>
> Drum Heil dir, Hodgson, du Meister der Brauer
> dein Verlust in Indien tät uns fürchterlich weh
> mögest du lange und glücklich überdauern
> ich werd an dich denken wenn ich trinke dein Ale.

Aditya hob sein leeres Glas zum Nachfüllen und brüllte in bester Maratha-Art »Drum Heil dir, Hodgson, du ...«, als sein Stuhl plötz-

---

* Tiffin: Gabelfrühstück in Indien

lich unter lautem Krachen zusammenbrach. Aditya versuchte, den Sturz abzubremsen, und fiel mit dem Arm in die rotglühende Asche unseres Feuers. Er trug ein langärmeliges Nylonhemd, das sofort in Flammen aufging. Einen Augenblick lang standen Indrajit und ich vor lauter Entsetzen stocksteif da. Dann sprangen wir vorwärts und zogen in aus der Asche. So vorsichtig wie möglich drückten wir das immer noch glimmende Hemd aus. Es roch nach verbranntem Fleisch, und durch seine verletzte Haut war etwas Weißes zu sehen. Es waren Knochen.

»Ich glaube, ich habe mich verbrannt«, sagte Aditya und blickte fasziniert die schreckliche Wunde an. Da ich etwas von medizinischer Versorgung verstehe, war mir klar, daß die Wunde sofort verbunden werden mußte, da sie sich sonst umgehend infizierte, vor allen Dingen hier im Dreck der Mela. Aditya konnte auf diese Weise seinen Arm verlieren.

Indrajit und ich betteten ihn in den Bus und fuhren wie die Wahnsinnigen nach Hajipur ins Krankenhaus. In der Notaufnahme kümmerte sich ein überarbeiteter Arzt um die Opfer eines fürchterlichen Autounfalls. Der Boden schwamm im Blut. Ein Mann lag mit halb abgerissenem Bein da. Ein anderer Mann saß ruhig da und grinste seltsam, sein einer Augapfel baumelte an einer Sehne auf seiner Wange. Wie Pfeile steckten in seinem Kopf etliche scharfe Glassplitter. Der Arzt warf einen kurzen Blick auf die Verbrennung und gab mir einen Notverband.

»Legen Sie das an und fahren Sie sofort in das Hauptkrankenhaus in Patna. Es tut mit leid. Ich kann die Wunde nicht selbst versorgen, Sir. Wie Sie sehen, bin ich ziemlich beschäftigt.«

Mit amateurhafter Unbeholfenheit verband ich Adityas Brandwunde. Er jammerte nicht einmal und zeigte auch nicht seine Schmerzen. Er war überwältigend tapfer. Wenn das mir passiert wäre, hätte ich gebrüllt und verlangt, von einem Hubschrauber ausgeflogen zu werden.

In Patna wurde die Wunde gesäubert, richtig verbunden und Aditya mit Morphin vollgepumpt. Sie wollten ihn dabehalten, aber er bestand darauf, mit uns zu gehen. Um fünf Uhr morgens erreichten wir unser Lager. Dort brach er zusammen.

Der Sonnenaufgang verwandelte den Gandak in einen sanften, goldenen Teppich, als Bhim und ich Tara zu ihrem letzten Bad hinunter brachten. Die Reise war zu Ende. Heute würden sich unsere Wege trennen. Als ich Tara abschrubbte, saß Bhim auf ihrem Hals, rieb ihren Kopf und redete leise mit ihr. Taras Rüssel hob sich, um sein weises, altes Gesicht zu berühren. Mir wurde klar, daß er sich von ihr verabschiedete, und so watete ich zum Ufer zurück, um sie allein zu lassen. Als sie mir entgegenritten, hoben sich ihre Silhouetten gegen den gewaltigen Ball der aufgehenden Sonne ab. Die harten Sonnenstrahlen reflektierten auf den Wassertropfen an Taras Haut, und sie sah aus, als würde sie einen Umhang aus Perlen tragen.

Ich hielt ihr einen Klumpen Gur entgegen. Ihre Manieren waren inzwischen untadelig. Sie streckte ihren Rüssel aus, nahm die Delikatesse aus meiner Hand, knetete sie in eine ihr genehmere Form und warf sie sich ins Maul. Dann rumpelte sie ein leises »Danke schön«.

»Du sehen, Raja-Sahib, Mummy nicht länger Bettler. Jetzt königliche Prinzessin.«

Wir brachen das Lager ab, rollten die Zelte zusammen und packten unsere Habseligkeiten ein. Bhim übergab mir ganz förmlich den Ankush, ein Objekt, das ich einst so gehaßt hatte. Jetzt war mir seine glatte, kalte Oberfläche genauso vertraut wie meine eigenen Hände. In ein paar Tagen, dachte ich traurig, würde ich ihn dem neuen Mahout übergeben müssen.

Der Lastwagen kam. Jetzt war nur noch eine letzte Hürde zu überwinden – Tara hineinzubekommen. Bhim kletterte zum letzten Mal auf ihren Rücken. Ermutigend flüsterte er ihr ins Ohr und bewegte sie langsam vorwärts. Sie stellte einen Fuß hinein und untersuchte mit ihrem Rüssel sorgfältig das hölzerne Gehäuse. Dann wich sie mit einem argwöhnischen Quieken und gesenktem Kopf hastig zurück. Eine Reihe von Mahouts trieben sie mit ihren Speeren von hinten an und stachen sie in die Seiten und in die Beine. Sie wirbelte mit einem wütenden Trompeten herum und prügelte mit ihrem Rüssel auf die Mahouts ein. Sie wichen zurück. Dann fuhr sie mit ihrem Rüssel über den Boden und blieb trotzig stehen, mit bebenden Flanken und blutenden Beinen. Ich konnte den Anblick ihrer Schmerzen kaum ertragen. Aber ich wußte, daß wir sie unbedingt in dieses Vehikel bringen mußten. Es würde sie in ihr neues, glückliches Leben fahren.

»Warten! Warten!« rief Bhim plötzlich den Mahouts zu. »Wenn Mummy sehen, nicht gehen. Vielleicht gehen rückwärts.«

Mit heftigen Fußtritten gegen ihren Hals zwang Bhim Tara rückwärts auf den Lastwagen zu. Vorsichtig stellte Tara einen Hinterfuß hinein, dann den anderen. Jetzt war sie halb drinnen und halb draußen.

»Jetzt«, rief Bhim. »Kommen mit Speeren.«

Ein undurchdringlicher Wall aus gezückten Speeren kam ihr entgegen. Angstvoll kreischend zog sie sich eilig in den Laster zurück, und die großen eisenbewehrten Türen schlossen sich hinter ihr.

Eingeschlossen in dieses fremde, hölzerne Gefängnis wurde Tara zum Berserker. Sie stampfte mit den Füßen und warf sich von einer Seite auf die andere. Ihr Rüssel ringelte sich über die Ränder des nach oben offenen Gehäuses, als ob sie sich daran herausziehen wollte. Der Laster wackelte besorgniserregend und, bedingt durch ihre Angst, ergoß sich einen unaufhörlicher Strom von Urin und flüssigen Exkrementen durch die Bodenbretter. Die Mahouts kletterten an den Seiten empor. Sie schwangen ihre Seile wie Lassos und vertäuten sie sicher. Dann kletterten Bhim und ich hinauf und blickten hinein. Taras Augen rollten angsterfüllt, und sie quiekte und streckte uns verzweifelt ihren Rüssel entgegen.

Noch ein letztes Seil mußte befestigt werden, das gefährlichste. Das Seil, mit dem ihre Hinterbeine sicher vertäut wurden. Vom Dach des Lastwagens aus rief Bhim zu Gokul hinunter, der traurig dreinschauend auf dem Boden stand.

»Du gehen, mein Sohn. Mummy dir nicht weh tun. Dann du richtiger Mahout.« Das war der letzte Test für den jungen Mann – Bhims letzte Unterrichtsstunde. Gokul kletterte geschickt am Laster hoch und sprang neben Tara hinunter. Er rieb zur Beruhigung ihre Ohren und tauchte dann schnell unter ihre Beine. Tara hielt still, hob demütig erst ein Bein und dann das andere, um in die Schlingen zu treten. Bhim beugte sich vor und küßte sie einmal auf die Stirn. Als er hinunterkletterte, strömten Tränen über sein Gesicht.

Das Taxi kam, das Bhim und Gokul zur Station bringen sollte. Ich umarmte sie beide fest und dankte ihnen. Eine längere Abschiedszeremonie würde ich nicht aushalten. Sie waren mir zu sehr ans Herz gewachsen. Jetzt würden sie für immer aus meinem Leben verschwinden. Bhim salutierte elegant. Nachdem er in das Auto gestiegen war, kurbelte er das Fenster herunter.

»Bhim jetzt glücklich. Mummy bekommen guten Platz. Aber erinnern Raja-Sahib, Mummy dich vermissen. Haathi vergessen. Sehen sie alle sechs Monate. Dann nicht vergessen«, rief er mir zu, während das Taxi sich entfernte.

Als der Laster langsam durch den Haathi Bazar fuhr, sprangen alle Mahouts auf, klatschten in die Hände und riefen: »Gute Fahrt, Kleine. Unsere besten Wünsche sind mit dir.«

Als wir die Straße zur Brücke erreichten, wartete dort eine Polizeieskorte auf uns – eine letzte freundliche Geste von der Superintendentin. Der Laster reihte sich in die Fahrzeugschlange ein. Tara hob den Rüssel und stieß ein letztes schrilles Trompeten aus, aber der Klang wurde vom Dröhnen des Verkehrs verschluckt.

Epilog

Aditya und ich flogen nach Delhi. Drei Tage später verließen wir die Stadt in Richtung Kipling Camp. Ich versuchte Aditya davon abzuhalten, mich zu begleiten. Seine Verbrennungen bereiteten ihm immer noch große Schmerzen. Sein normalerweise sonnengebräuntes Gesicht war blaß geworden und ständig von einem Schweißfilm überzogen. Aber er bestand darauf, mich zu begleiten, um zu sehen, ob Tara glücklich war.

Kipling Camp befand sich in einem Wäldchen: Reihen von kleinen, weißgetünchten Bungalows, umgeben von üppig wuchernden Bäumen, wo Tara Futter finden konnte. Ganz in der Nähe plätscherte ein sauberer Fluß, der sich in einen tiefen Felsenteich ergoß. Tara hätte kein besseres Zuhause finden können. Hier war es wunderbar friedlich. Bob begrüßte uns. Er ist ein freundlicher Mann, der seine Herzlichkeit mit schroffem Gehabe vertuscht. Er war von Tara ganz bezaubert und hatte bereits Pläne gemacht, um ihr einen schönen Stall aus Stein und eine Unterkunft für Mujeem zu bauen.

Indrajit und Aditya verließen mich am nächsten Tag. Aditya würde ich in Delhi wiedersehen, aber Indrajit fuhr wieder nach Bhubaneshwar zurück. Wir schüttelten uns formell die Hände. Indrajits wilde Augen wurden einen Augenblick lang sanft, und ich merkte, wie sehr ich diesen loyalen Mann liebgewonnen hatte. Da sagte er mir, wie sehr diese Reise sein Leben verändert hatte: Wieviel er dabei gelernt und davon profitiert habe. Ich werde ihn niemals vergessen.

Ich verbrachte zwei idyllische Tage mit Tara. Jeder ließ uns allein. Sie respektierten meine Gefühle. Tara war immer noch ein bißchen zittrig, noch nicht wieder ganz die Alte, war immer noch von der langen Busfahrt durcheinander. Ihr Hals war voller wunder Stellen und Abschürfungen, wo die Seile sie eingeschnitten hatten. Wir erforschten gemeinsam ihr neues Territorium. Wir unternahmen lange Ritte in den stillen Wald und planschten und spielten im Felsenteich. Am Nachmittag streckte sie sich dann in den länger werdenden Schatten aus, und ich lag auf ihr und schrieb in meinem Tagebuch. Am Abend sah ich ihr dabei zu, wie sie eine neue Schleckerei futterte, die von Mujeem für sie zubereitet worden war – große ungebackene Chapatees*, so groß wie Serviertabletts, die sie mit geschlossenen Augen und voller Seligkeit kaute.

An meinem letzten Abend lag mir der drohende Abschied schwer im Magen. Ich brauchte etwas, um meine Gefühle zu betäuben. Ich mußte mich betrinken und mit einem Kater abfahren. Bob überließ mir freundlicherweise eine Flasche Whisky, und nach dem Abendessen ging ich zu ihr.

Tara lag schon auf dem Boden. Ich machte es mir zwischen ihren Beinen bequem und legte meinen Kopf auf ihren Bauch. Aber sie ließ mich nicht allein trinken. Wir teilten uns den Whisky, und ich erzählte ihr von meinem Zuhause, dem Land, in dem ich lebte, und warum sie dort nicht glücklich sein würde. Ab und zu rumpelte sie als Antwort. Ehe ich völlig hinüber war, fühlte ich, wie sich etwas Langes und Warmes um meinen Hals legte und mich näher zu sich zog.

Ich schreckte in den frühen Morgenstunden auf. Nebel lag schwer über allem. Irgend etwas piekste mich drängend in den Hintern. Ich rollte mich mit pochendem Kopf herum. Sie stand über mir, blickte mich vorwurfsvoll an und deutete auf den Haufen mit Zuckerrohr. Ich fütterte sie ein letztes Mal.

Als mich am späteren Vormittag der Wagen aus dem Camp abholte, bat ich den Fahrer anzuhalten. Ich ging langsam auf Tara zu und versuchte, meine Gedanken abzuschalten. Ich hielt ihren Schwanz fest und schnitt drei lange, drahtige Haare ab, die einzigen Erinnerungsstücke, die ich mitnehmen würde. Und dann brachte Tara mir noch ein letztes Mal etwas bei: Elefanten weinen. Als ich sie auf das Auge küßte, fiel eine einzige, heiße und salzige Träne herab und benetzte meine Wange.

Ich ging schnell zum Wagen zurück. Langsam fuhren wir fort. Ich zwang mich dazu, starr geradeaus zu blicken. Aber als wir um die Ecke fuhren, drehte ich mich um warf einen letzten Blick auf sie, wie sie ruhig dastand und mir nachblickte. Dann war sie weg, verschluckt von Indiens Staub.

---

* Chapatee oder Chapatti: flaches, grobes und ungesäuertes Brot, das wie ein Pfannkuchen aussieht

Anhang

Die nachfolgenden Informationen sind auch dann interessant, wenn Sie ohne einen Elefanten in Indien unterwegs sind:

Der Staat Indien

Indien, die Indische Union oder offiziell Bharat umfaßt mit etwa 700 Millionen Einwohnern ein Fünftel der Weltbevölkerung. Hauptstadt ist Neu-Delhi (mit Delhi 7 Mio.). Die offizielle Landessprache ist Hindi, aber außer Hindi und Englisch werden in den jeweiligen Kultur- und Sprachregionen noch Regionalsprachen gesprochen und unterrichtet. Neben 14 Schriftsprachen gibt es 800 Dialekte.

Indien ist Mitglied des »Commonwealth of Nations«, die Regierung gliedert sich in Ober- und Unterhaus, die alle zwei Jahre zu je einem Drittel neu gewählt werden. Das Staatsoberhaupt, der Präsident, wird alle fünf Jahre von den beiden Kammern und den Parlamenten der 22 Bundesstaaten neu gewählt. Der Präsident ernennt den Premierminister der Union und die Gouverneure der Bundesstaaten.

Die Bevölkerung läßt sich in folgende ethnische Gruppen gliedern: In Nordindien ist sie indoeuropäisch mit ziemlich heller Haut. Auf dem Dekkhan findet man den paläomediterranen oder »dravidischen« Typ, den protoaustraloiden Typ mit dunkler Haut und autochthone Stämme. Im Assam und im Grenzgebiet des Himalaya siedelt der mongolische Typ mit gelblicher Haut. Die Mehrheit der Bevölkerung ist hinduistisch, 11% gehören dem Islam an, daneben sind andere Religionen in Minderheiten vertreten: Christentum, Sikhs, Jainismus, Buddhismus, Zarathustrier, Judentum und einige Stammesreligionen.

Als Währung hat Indien Rupien, eine Rupie unterteilt sich in 100 Paise (Wechselkurs etwa 1 DM = 4 Rs.).

Geographie und Klima

Indien sei ein Paradies auf Erden, denn kein anderes Land käme ihm an Reichtum, Macht und Naturschönheiten gleich, meinte Max Müller, ein deutscher Experte für Sanskritliteratur. Im Norden befinden sich die grandiosen Gebirgslandschaften des Himalaya, die Urwälder des Sikkim und das regenreiche Assam. Im Zentrum liegen die von Indus und Ganges aufgeschütteten Tiefebenen mit extremen Niederschlagsmengen im Osten und Orten extremer Trockenheit (Wüste Thar). Im Süden des indischen Dreiecks liegt das felsige Plateau der Dekkhan-Halbinsel, die als Überrest des verschwundenen urzeitlichen Kontinents Gondwana gilt.

Der alles beherrschende Wind ist der Monsun, der seine Richtung mit den Jahreszeiten wechselt. Im Winter fließt kalte und trockene Luft aus Zentralasien zum Arabischen Meer. Im Juni bis September dagegen überfluten warme und feuchte Luftmassen vom Äquator den Subkontinent, die sich vor allem im Gangestal, in Bengalen, in Assam und am Himalaya abregnen.

Die beste Reisezeit für Nordindien sind die Wintermonate von Ende Oktober bis Ende Februar, ohne Regen und extreme Hitze. Trotzdem steigt das Thermometer tagsüber auf bis zu 25° und sinkt nachts auf 5° Celsius. Im März können Tagestemperaturen bis zu 35° erreicht werden. Denken Sie beim Packen also nicht nur an leichte Sommerkleider und Sonnenschutzmittel, sondern auch an einen warmen Pullover.

Von Ende April bis Oktober sind in den meisten Regionen Nordindiens starke Regenfälle vorherrschend, im Flachland dagegen ist die Hitze mit Temperaturen bis zu 40° und 45° unerträglich. Diese Zeit sollte man meiden. Für die »klassischen Rundreisen« in die einzelnen Regionen erfragen Sie die besten Zeiten in jedem guten Reisebüro.

Reisen nach und in Indien

Die Anreise erfolgt am besten per Flugzeug von Genf nach Bombay etwa in 8 Stunden. (Zeitverschiebung 4½ Stunden). Schiffsreisen sind seit der Schließung des Suezkanals langwierig und teuer, die Anreise per Bahn oder Auto über Istanbul durch den Irak ist durch die politischen Ereignisse im Mittleren Orient nicht mehr möglich.

Reisen Sie in Indien auf eigene Faust, allein oder in kleinen Gruppen, so kann man für wenig Geld mit Zug und Bus überall hinkommen, aber dies sind weder die komfortabelsten noch die schnellsten Möglichkeiten. Das Eisenbahnnetz, die »Indian Railways«, ist mit 58000 km Schienenlänge und mehr als 7000 Bahnhöfen das bedeutendste in Asien und das viertgrößte der Erde, zudem das wichtigste Transportmittel für Personen und Güter. Der Reisende kann zwischen drei Wagenklassen wählen: der klimatisierten Luxusklasse und einer 1. und 2. Klasse. Die Züge fahren sehr langsam, und die Distanzen sind sehr groß: Zwischen Delhi und Kalkutta sind es knapp 1500 km, zwischen Bombay und Kalkutta knapp 2200 km. Dies sollte man berücksichtigen. Reservierungen sind bereits sechs Monate im voraus möglich und sehr zu empfehlen, vor allem für Nachtschnellzüge.

Für längere Distanzen zwischen den Provinzhauptstädten und den bedeutenden kulturellen Zentren bieten die »Indian Airlines Corporation« und die Fluggesellschaft »Vayudoot« ein dichtes Netz von Flugverbindungen mit mehr als 60 Flughäfen. Mit einem speziellen Ticket, das in Indien mit Devisen (Dollars bevorzugt) bezahlt werden muß, kann man im Zeitraum von drei Wochen unbegrenzt fliegen. Vorausbuchungen von Europa aus sind möglich, für die beliebtesten Strecken gibt es oft lange Wartelisten.

Einen raschen Überblick über die wichtigsten Sehenswürdigkeiten in den großen Städten bieten die Stadtrundfahrten der »India Tourism Development Corporation (I. T. D. C.)«. Will man auf eigene Faust kürzere Entfernungen bewältigen, sollte man das gut ausgebaute Netz der Linienbusse benutzen, die zum einen sehr billig sind, zum anderen die beste Möglichkeit bieten, Land und Leute kennenzulernen.

Vermeiden Sie es jedoch, sich ein Auto zu mieten und selbst damit fahren zu wollen. In Indien herrscht nicht nur Linksverkehr, sondern auch ein permanentes Verkehrschaos. Im Durchschnittstempo von 30 bis 40 km/h schiebt sich eine hupende wilde Masse von Autos zwischen Menschen, zweirädrigen Karren, Viehherden und Radfahrern dahin, oder ein Sadhu meditiert mitten auf der Fahrbahn.

Weitaus nervenschonender ist es, sich ein Auto mit Chauffeur zu mieten. Dann läßt sich das pittoreske Schauspiel in der Stadt und auf dem Land gelassener genießen. Die Hauptstraßen sind gut ausgebaut, Nebenstraßen können jedoch (etwa nach Monsunregen) in desolatem Zustand sein. Zu beachten ist auch: Wollen Sie mit dem Mietwagen einen Abstecher in einen anderen Staat machen, müssen Sie dies vorher der Vermittlungsagentur melden, die die entsprechende Bewilligung dafür einholen muß.

In den Großstädten selbst gibt es eine Vielfalt von Taxis: Die Taxi-Scooters oder »motorrickshaws« haben jeweils Zähler. Bei Fahrradtaxis (»rickshaws«) und Pferdewagen (»tongas«), die vor allem in kleineren Städten zu finden sind, sollten Sie den Fahrpreis vorher aushandeln und sich bereits im Hotel nach den gängigen Tarifen erkundigen.

Übernachtungsmöglichkeiten gibt es in allen Spielarten vom vollklimatisierten Fünf-Sterne-Luxushotel bis zum einfachen Ein-Stern-Hotel. Adressen von indischen Familien, die bereit sind, einen ausländischen Gast aufzunehmen, erhalten Sie in den Büros der »India Tourist Offices».

Jede Region Indiens hat ihre kulinarischen Spezialitäten, die man in jedem Fall der europäischen Küche großer Hotels vorziehen sollte. Jedoch sollte man immer daran denken, daß die Inder mit scharfen Gewürzen mehr als verschwenderisch umgehen.

Außerhalb erstrangiger Hotels sollte man kein Wasser trinken, wenn man nicht sicher ist, daß es abgekocht ist. Auf rohes Gemüse, Salate und ungeschälte Früchte sollte man ebenso verzichten.

Verständigung

In den Städten sprechen und verstehen die meisten Leute Englisch, jedoch nicht auf dem Land. Hier hilft eine nützliche Zeichen- und Gestensprache mit typischen indischen Varianten: Die Verneinung geschieht zwar wie bei uns durch eine leichte Kopfdrehung von links nach rechts und zurück. Um ja zu sagen oder sein Einverständnis zu geben, wiegt man jedoch den Kopf mehrmals von einer Schulter zur anderen. Will man jemanden auffordern, herzukommen, streckt man den Arm horizontal aus und beugt die Finger zur Handfläche als würde man einen Tennisball greifen wollen.

Indien ist ein sehr gastfreundliches Land. Wird man privat eingeladen, sollte man, bevor man die Schwelle eines Hauses überschreitet, die Schuhe ausziehen. Vermeiden Sie es, die Hand zum Gruß auszustrecken, da Sie nicht wissen können, wie weit Ihr Gastgeber die Kastengebote beachtet. Als Gruß falten Sie die Hände vor der Brust und sagen »Namaste« oder »Namaskar«. Aus Höflichkeit wird man Ihnen ein Glas Wasser anbieten, von dem Sie gegen alle Hygieneregeln trotzdem mindestens einen kleinen Schluck trinken müssen. Vor dem Essen wäscht man sich demonstrativ die Hände. Jeder Gast wird am Tisch mit einem runden Tablett, dem »thali«, persönlich bedient. Essen Sie nur mit der rechten, der »reinen« Hand. Mit dem Reis formen Sie Kügelchen, die man in Saucen tunkt und mit schnellen gewandten Bewegungen zum Mund führt. Oder Sie nehmen ein Stückchen des Fladenbrotes »Chapatti« und benützen es als Löffel. Trinken sollte man nur mit der linken Hand.

Falls Sie in indischen Privathäusern oder einfachen Hotels übernachten, werden Sie nur karg möblierte Räume vorfinden. Zum Schlafen wirft man nur eine Decke über sich. Selbst in reichen Häusern sind die Wohnungen frei von allem Überflüssigen.

Betritt man eine Moschee oder einen Tempel, sollte man zum Zeichen der Ehrfurcht seine Schuhe ausziehen. Werden Sie eingeladen, an einer hinduistischen Puja teilzunehmen, sollten Sie eine Rupie in die Opferschale legen. Der Mönch wird Ihnen dafür ein Stück Frucht oder Kuchen geben. In nichthinduistischen Heiligtümern wird der Zutritt manchmal verweigert. Dies sollte man respektieren.

Brauch ist es auch, dem Schuhhüter beim Verlassen eines Tempels ein paar Rupien zu geben, ebenso den Sadhus, den Schlangenbeschwörern oder Bärenführern. Nichts geben sollten Sie jedoch den Bettlern vor Hotels, in Bahnhöfen oder vor Museen, denn sonst wird sich ein Rattenschwanz weiterer Bettler an Ihre Fersen heften.

Naturschutzgebiete in Nordindien

Um die Tierwelt zu schützen, hat der indische Staat »National Parks« oder »Wild Life Sanctuaries« eingerichtet, die einem »Divisional Forest Officer« unterstehen, der auch für durchreisende Touristen zuständig ist. Er sorgt für Ihre Unterkunft und den Transport ins Parkinnere. Auch hier empfiehlt es sich, den Besuch schon vom deutschen Reisebüro aus zu planen.

Die wichtigsten und größten Reservate in Nordindien:

Im Staat Orissa kann man im *Simlipal National Park* (1000 qkm) Elefanten, Tiger und Wildschweine bewundern. Besuchszeit: Februar bis Mai. Im *Barmanavapara Park* (1200 qkm) im Staat Madhya Pradesh gibt es helle Tiger, Panther, Antilopen, Damhirsche und Gaurs. Besuchszeit: Februar bis Mai. Ebenfalls 1200 qkm groß ist der *National Park Sunderban* im Staat Westbengalen mit Tigern, Gaurs, Elefanten, Wildschweinen, Bären, Damhirschen und Vögeln (geöffnet Februar bis März). Der *Gir Forest* (1400 qkm) im Staat Gujarat ist von November bis Juni geöffnet und beherbergt asiatische Löwen, Panther, verschiedene Hirscharten und Vögel.

Kleinere Nationalparks

Im Staat *Assam*: Der *Kaziranga National Park* (430 qkm) enthält indische Panzernashörner, Elefanten, Leoparden, Wasserbüffel (Arni), Sumpfhirsche, Tiger, Pelikane und Wildschweine (geöffnet Januar bis April). Der *Manas Sanctuary* (270 qkm) hat ähnliche Tierarten, zudem herrliche Orchideen (Besuchszeit: Januar bis März). Im Staat *Bihar*: Antilopen, Tiger, Leoparden, Bären und Gaurs sind im 190 qkm großen *Hazaribagh National Park* zu bewundern. Sambars und Chitals, zwei seltene Hirscharten, Wölfe, Nilgaus, Tiger, Elefanten und Leoparden enthält der nur 26 qkm große *National Park Palamau*. Im Staat *Jammu* und *Kaschmir* können im *Dachigam Wild Life Sanctuary* von März bis November seltene Hirscharten wie das Moschustier und Hanguls (Kashmir-Hirsche) neben Schneeleoparden und Bären besichtigt werden. Seltene Gazellenarten, die Blackbucks und Chinkaras, beherbergt der *Gajner Wild Life Sanctuary* im Staat *Rajasthan* (Besuchszeit November bis April). Im Staat *Uttar Pradesh* liegt der *Dudwa National Park* mit Tigern, Panthern, Wildschweinen, Gazellen, Faultieren und Krokodilen.

Indische Feste

Der indische Staat gestattet allen seinen Völkern freie Religionsausübung. Daraus erklärt sich eine lange Liste von weltlichen und religiösen, gesamtindischen und regionalen Feiertagen.

Offizielle Feiertage sind der Neujahrstag, der Tag der Republik (26. Januar), der Unabhängigkeitstag (15. August) und die Geburtstage von Gandhi (2. Oktober) und Nehru (14. November).

Hinduistische Feste richten sich nach dem Mondkalender, bei dem es jedes Jahr 12 Mondmonate gibt und jedes dritte Jahr 13 Monate. So läßt sich der Zeitraum für ein Fest in etwa eingrenzen, nicht aber das genaue Datum von Jahr zu Jahr angeben. Genaue Auskünfte gibt es beim indischen Reisebüro.

Die Festlichkeiten erstrecken sich über mehrere Tage, mit farbenprächtigen Prozessionen, die Menschenmassen anziehen und zu Hause mit Festessen begangen werden. Hier die wichtigsten:

Das Jahr beginnt mit dem *Frühlingsfest Vasant Panchami* zu Ehren der Göttin Sarasvati, gefeiert wird von Mitte Januar bis Mitte Februar. Kurz darauf folgt Mitte Februar das Siva-Fest Sivaratri. Ein Frühlingsfest des Krishna-Kultes ist *Holi* – mit großen Feuerwerken. Kurz danach feiert man in Radjasthan das *Gangaurfest*. Mit glanzvollen Mysterienspielen wird der kurz darauf folgende Geburtstag des Helden Rama begangen. Im Sommer gibt es das Fest *Naga Panchami* zu Ehren der Schlangen, die im mythologischen Denken die Geister des Wassers und des Erdinnern symbolisieren. Das Fest *Janma Ashtami* gedenkt Krishnas Geburt. Dem Meergott Varuna und dem Regengott Indra sind die Feste *Narali Purnima* und *Raksha Bandhan* geweiht: Aufgeschlagene Kokosnüsse werden ins Meer geworfen, und die Brahmanen erneuern jedes Jahr ihre heilige Schnur. Das wichtigste Fest in Bombay ist die *Chatrapad* im August. Anfang September feiert man zu Ehren der Göttin Durga das *Dussehrafest*, bei dem in einem riesigen Maskenfest der Sieg des Guten über das Böse dargestellt wird. *Divali*, Ende September, ist dagegen ein Familienfest mit gutem Essen, Kerzenlicht und vielen Geschenken.

Der Rhythmus der islamischen Feste ist wieder anders: Sie verschieben sich jedes Jahr nach dem Mondkalender. Die glänzendsten

Feierlichkeiten, die mit Festspielen für Dichtkunst und Musik verbunden sind, kann man in Delhi, Aligarh und Lucknow bewundern, denn dort gibt es große Moslemgemeinden.

Weitere Informationen

Diese Angaben erheben keinen Anspruch auf Vollständigkeit.

Über die Kunst und Kultur Indiens gibt es eine Vielfalt von Büchern. Für Reisen nach Indien erhalten Sie weitere Informationen beim Indischen Verkehrsbüro, Kaiserstr. 77, 6000 Frankfurt 1, und in jedem guten Reisebüro.

Bibliographie

Einige dieser Bücher habe ich in meinem Elefantenbuch zitiert. Aus allen habe ich hilfreiche Hintergrundinformationen bezogen.

Harry Abbot, Reminiscences of Sonepore. Star Press, Calcutta 1896

Salim Ali, The Book of Indian Birds. Bombay Natural Society, Bombay 1979

George Franklin Atkinson, Curry and Rice. The Ingredients of Social Life at »Our Station« in India. Day and Day, London o.J.

R. D. Banerji, History of Orissa. Bd. 1 u. 2. Calcutta 1931

Sir J. Emmerson Tennant Bart, The Wild Elephant. Longmans Green, London 1867

A. L. Basham, The Wonder that was India. Sidgwick & Jackson, London 1954

Hilaire Belloc, The Bad Child's Book of Beasts. Duckworth, London 1938

J. Moray Brown, Shikar Sketches with Notes on Indian Field Sports. Hurst & Blackett, London 1887

Richard Carrington, Elephants. Chatto & Windus, London 1958

Jane Dunbar (Hg.), Tigers, Durbars and Kings. Fanny Eden's Indian Journals 1837 – 1838. John Murray, London 1988

Gerald Durrell, Rosie is my Relative. William Collins, London 1968

Emily Eden, Up the Country. Letters from India. Curzon Press, London 1978

Franklin Edgerton (Hg.), The Elephant-Lore of the Hindus: The Elephant Sport (Matanga-Lila) of Nilakantha. Yale University Press 1931

Abu 'L-Fazl, Ain-I-Akbari. (übersetzt von H. Blochmann). Calcutta-Asiatic Society of Bengal, Bengalen 1927

Robert Fermor-Heskeht, Architecture of the British Empire. The Vendome Press, New York 1986

Bamber Gascoigne, The Great Moghuls. Jonathan Cape, London 1971

C. F. Holder, Ivory King. Samson, Low, Marston Searle & Rivington, London 1886

Samuel Israel and *Bikram Grewal* (Hg.), Insight Guides: India. Harrap, London 1985

Ramchandra Jain (Hg.), McCrindle's Ancient India as described by Megasthenes and Arrian. Today & Tomorrow's, New Delhi 1972

Anne Morrow, Highness: The Maharajahs of India. Grafton Books, London 1986

Cynthia Moss, Elephant Memoirs: Thirteen Years in the Life of an Elephant Family. Elm Tree Books, London 1988

227

Naveen Patnaik, A Second Paradise: Indian Courtly Life 1590-1947. Sidgwick & Jackson, London 1985

An Old Planter, Reminiscences of Bihar by an old Planter. Thacker, Spink. Calcutta 1887

Louis Rousselet, Indian and Its Native Princes: Travels in Central India and in the Presidencies of Bombay and Bengal. (Hg. Lieutenant-Colonel Buckle). Scribner Armstrong, New York 1876

G. P. Sanderson, Pack Gear for Elephants. Calcutta 1887

G. P. Sanderson, Thirteen Years among the Wild Beasts of India. W. H. Allen, London 1890

Ivan T. Sanderson, The Dynasty of Abu. Cassel, London 1963

E. O. Shebbeare, Soondar Mooni. Victor Gollancz, London 1958

P. D. Stracey, Elephant Gold. Weidenfeld & Nicolson, London 1963

Edward Topsell, The History of Four-Footed Beasts, describing the True and Lively Figure of Every Beast ... Collected out of all the Volumes of C. Gesner and all other Writers of the Present Day. W. Jaggard, London 1607

Leonardo da Vinci, The Notebooks of Leonardo da Vinci. (Hg. Edward MacCurdy). George Braziller, New York 1954

Francis Watson, A Concise History of India. Thames & Hudson, London 1974

J. H. Williams, Big Charlie. Rupert Hart-Davis, London 1950

J. H. Williams, Elephant Bill. Rupert Hart-Davis, London 1959

Colonel Henry Yule and *A.C. Burnell*, Hobson-Jobson. John Murray, London 1903

228

Dank

In erster Linie möchte ich Naveen Patnaik und Aditya Patankar danken, deren Freundschaft, Unterstützung und Geduld eigentlich alles erst möglich gemacht hat.

Für die Zeit, die sie mir widmeten, ihr Wissen und ihre Findigkeit gebührt mein tiefster Dank: Sri Bijoyananda Patnaik, Sri Martand Singh, Ajiai Singh of Maksudpur, Maharaj Kumar Anang Udai Singh Deo und Maharaj Kumarani Vijay Lakshmi Devi of Patna, Maharaj Kumar Ranjit Singh of Wankaner, Sri Bal Manohar Jalan, Tavleen Singh und Pepita Seth.

Ebenfalls zu tiefster Dankbarkeit verpflichtet bin ich den folgenden Personen, die alle auf verschiedene Weise zum Gelingen des Unternehmens beigetragen haben:

In Indien: Rajmata Gayatri Devi von Jaipur, Maharaja Gaj Singh of Jodhpur, Maharani Vasundhara Raje von Dholpur, Maharaja Pradeep Chandra Bhanj Deo von Mayurbhanj, der Raja von Seraikella, Mahijir Singh Jhala, Rani Sunita Pitamber, Sri Bijoy Sorangi, Sri Brijendra Singh, Mrs. June Lal, Sanjiv Lal, Rajkumar Braja Bhannu Sing Deo, Bheem und Reeta Dev Varma, Hershad Kumari von Jamnagar, Amita Beg, Sri H.S. Jassal, Bittu Saghal, Doktor Duke Chawla, der verstorbene Sri Babla Senapathy, Sri. K.S. Patnaik, Sri Nand Kishore Singh, Sri Arun Pathak, Sri Ashok Singh, Sri Nilmandhab Mohanty, Sri. N.K. Panda, Kumud Choudhury, Sri B.C. Verma, Peter Carter, Toby Sinclair, Gudu und Christina Patnaik, D.K. Lahiri Choudhury, Doktor Kumar Suresh Singh, Pramod Kasliwal, Kumar Shaok Singh Diggi, Deepak Rana, Sita Ram Singh, Bishwanath Singh, Ranjivoy Singh, S.P. Singh und den Menschen von McCluskiegunge. Für ihre großzügige Gastfreundschaft und ihre selbstlose Unterstützung möchte ich Mr. P.R.S. Oberoi und den Managern und den Angestellten der Oberoi Hotels in Delhi, Bombay und Kalkutta meinen Dank aussprechen.

In England: Belinda Burton, Mariuska Chalmers, Mitchell Crites, Simon Elliot. Der stellvertretende High Commissioner für Indien, Mr. Salman Haidar, Sir Geoffrey Howe, Sir Owain Jenkins, Harry

Marshall, Don Munson, Marjorie Naisbitt, Doktor John Price, Joan Phillips und den Angestellten von Sussex Secreterial Services, John Hatt, Abner Stein und Beverly Sturdy.

Bei meinem Verlag Jonathan Cape: Georgina Capel, Jenny Cottom, Rachael Kerr, Hilary Turner, Sarah Wherry und ganz besonders meinem Herausgeber Tony Colwell, dessen Fürsorge und Gelehrsamkeit geradezu legendär ist.

Ich weiß nicht, wie ich meinen Dank an Gita Mehta formulieren soll, die mir völlig selbstlos Führung, Wissen, Ermutigung und Zeit gegeben hat; meiner Mutter und meinem Vater für ihre Unterstützung und ihre Erlaubnis, dieses Buch in ihrem Haus zu schreiben; Don McCullin dafür, wie immer ein unermüdlicher Reisebegleiter und Freund gewesen zu sein, und Bob, Anne und Belinda Wright dafür, Tara in Kipling Camp ein so herrliches Heim gegeben zu haben. Ich weiß, daß sie dort ein langes und sehr glückliches Leben haben wird.

Schließlich möchte ich noch den vielen ungenannten Menschen danken, die ich in Orissa und Bihar getroffen habe, und deren Freundlichkeit, Hilfsbereitschaft und Humor diese Reise für mich so unvergeßlich gemacht haben. Ich werde sie niemals vergessen.

Mark Shand, London, im Oktober 1990